民族复兴：

"中国梦"视角下高职院校
"工匠精神"传承与发展

柳 琼 著

电子科技大学出版社
University of Electronic Science and Technology of China Press

图书在版编目（CIP）数据

民族复兴："中国梦"视角下高职院校"工匠精神"传承与发展 / 柳琼著. -- 成都：电子科技大学出版社，2017.10
ISBN 978-7-5647-5188-3

Ⅰ.①民… Ⅱ.①柳… Ⅲ.①高等职业教育—素质教育—研究—中国 Ⅳ.①G718.5

中国版本图书馆CIP数据核字（2017）第236877号

民族复兴："中国梦"视角下高职院校"工匠精神"传承与发展

柳　琼　著

策划编辑　李述娜

责任编辑　谭炜麟

出版发行　电子科技大学出版社
　　　　　成都市一环路东一段159号电子信息产业大厦九楼　邮编　610051
主　　页　www.uestcp.com.cn
服务电话　028-83203399
邮购电话　028-83201495

印　　刷　北京一鑫印务有限责任公司
成品尺寸　170mm×240mm
印　　张　17.75
字　　数　285千字
版　　次　2018年7月第一版
印　　次　2018年7月第一次印刷
书　　号　ISBN 978-7-5647-5188-3
定　　价　62.00元

改革开放三十多年以来，我国经济发生了质的飞越。尤其是近几年，我国经济持续快速增长，APEC 会议、G20 金融峰会、"一带一路"峰会都我国包括经济实力在内的综合国力的展现。中国产业发展研究网：2016 年全年国内生产总值 74.4 万亿元，同比增长 6.7%。2017 年一季度，经济增速强劲回升，国内生产总值同比增长 6.9%，增速比去年同期加快 0.2 个百分点，增速创 2015 年四季度以来新高。

实现"中国梦"的道路上，我们又迈进了一大步，可以说，我们从来没有像现在这样接近过民族伟大复兴的目标。中国的 GDP 已经居于世界第二位。世界也都在为中国人创造的经济奇迹惊叹。每个中国人面对世界，最引以为傲的是"中国制造"四个字。确实，"made in china"已遍布世界的每一个角落，但是，如何把享誉全球的中国制造变成中国精造，又是每个国人心中的痛。从中国制造到中国精造，是一种量变到质变的过程，缺的不仅仅是尖端技术和超前创意，更多的是一种兢兢业业的传统，一种脚踏实地的作风，一种精益求精的大国工匠精神。

工匠精神一直流淌于中华民族的血脉之中，一部中华文明史凝聚着历朝历代工匠们的智慧和创造，如同诸子百家造就了中华民族思想天空的群星灿烂一样，工匠精神也曾造就我们民族的百业兴旺、空前繁荣，同样是星光璀璨。希望通过《民族复兴——"中国梦"视角下高职院校"工匠精神"传承与发展》一书能够为工匠精神的重振与回归贡献一分力量，同时希望能够为高职院校工匠精神的培育提供参考，让工匠精神更好地传承发展下去。

本书在编写过程中参考了大量相关文献和报道，在此表示感谢。由于时间问题，书中难免存在不足之处，希望大家批评指正。

目 录
CONTENTS

绪　论

乘着中国梦，迈向工匠精神 2.0

"中国梦"关乎着中国未来的发展方向，凝聚了中国人民对中华民族伟大复兴的憧憬和期待；它是整个中华民族不断追求的梦想，是亿万人民世代相传的夙愿，每个中国人都是中国梦的参与者、创造者。中国梦的实现离不开工匠精神，工匠精神是实现由"中国制造"到"中国精造"法宝。

工匠精神在中国自古有之，然而时至今日，中国虽号称"世界工厂"、制造业大国，但很多"中国制造"却成了质次价廉的代名词。中国迫切需要提升产品品质、创立自主品牌，而"工匠精神"正是中国极度缺乏、极度需要的。正如论者所言，纵观中国科技发展史，我们不但拥有《考工记》《天工开物》这般科技著作，也出过鲁班、庖丁这样的匠人，还有过青花秘色瓷、叠梁拱之类伟大的技术。在打造中国经济新引擎的当下，"工匠精神"需要时代的传承。

"工匠精神"，这个听起来有些古老的词汇，因为写入了中国政府工作报告而备受热议。工匠精神就是精雕细琢、精益求精、一丝不苟、追求极致的意思。工匠精神早已有之，只是在这个愈发浮躁的经济社会里，它被遗失了。

重提工匠精神，表面上看是因为"中国人到日本抢马桶盖""中国生产不出来圆珠笔芯"这些新闻刺激了公众的神经，而更深层的原因，则在于制造业这个中国经济的最核心部分已经出现了严重的问题。要想重振制造业，实现经济的可持续增长，就必须弘扬工匠精神，逐渐地消除经济发展中的浮躁之风。

如何重塑工匠精神？网络上有很多人提出了不同的见解，也非常推崇德国、日本等国家，他们都认同的一点是——先有工匠制度，再有工匠精神。工匠制度是能让劳动者保持一颗工匠之心、能让制造业企业养成工匠习惯的激励约束机制。德国、日本这些国家的工匠精神保留得好，也是源于工匠制度的完善。但舆论往往忽视的一点是：德国、日本同样是家族企业繁盛、企业传承做得好的国家，勿论博世、西门子、宝马、丰田这些制造业巨头都曾有辉煌的家族史，更可怕的是千千万万小微家族企业，有的传承百年，绝大多数是隐形冠军，它们共同构筑了这些国家的制造业基石，并将工匠精神代代相传。

可以说，没有家族企业传承，就谈不上什么工匠精神。《接力》杂志在制作《中国制造 2025 家族企业传承报告》的过程中，就深切地体会到这一点。中国也有一些这样的制造业家族企业，他们的坚守与执着也着实令人动容。

1.工匠精神是一种甘愿付出的精神

把一件产品做到极致，当作艺术品来做，视企业的名誉为生命，这在一个功利浮躁的社会中殊为不易。厦门益乐家具有限公司副总经理陈黎锋认为，60% 的创二代接班家族产业是出于一种情结，确切地说是责任感在召唤。小的时候，陈黎锋和四个兄弟姐妹是在车间的海绵垫上蹦蹦跳跳长大的。但他说最初并不喜欢家族的产业，因为被它"夺走"了一部分父亲的爱。但是，等陈黎锋长大，看到父亲与人喝酒谈完业务后，在深夜 12 点依然在看资料准备第二天的工作，那种必须为父亲分担点什么的责任感自然生成。

陈黎锋回到家族企业后先做了一年半的手工雕花工作，跟一个大师傅学。他一天可以雕二十个左右，虽然不是非常复杂的工艺，但要雕得很有立体感也不容易。陈黎锋说他家的家风就是尊重工艺、专注生产。"我爸和叔叔的办公室永远都是在一楼，在原材料进进出出的门口旁边，父辈喜欢看车间里忙碌的景象，所以他们会让我从基层做起。"

在对工艺的尊重、对生产的专注这方面，陈黎锋能够跟一些国外家族企业的"创 N 代"找到共鸣。因为业务的关系，陈黎锋认识一位在澳大利亚做红松木家具的家族企业第四代传人，他把这位"创四代"既视为朋友也视为对手。"这家企业虽然规模小，但已经存在了 100 多年，其经营智慧一定很高深，令我们尊重和敬畏"。而这位"创四代"最初也不想接班家族产业，闻到红松木的味道就想吐，但最终他还是接班了，同陈黎锋一样，出于一份责任、一种情结。

翁之旦也有同样的感觉，他是宁波华液机器制造有限公司的总经理，华液机器是做液压元件的。有一次一位 80 岁的瑞士家族企业创二代来购买产品，"80 后"与"80 岁"，两个创二代相谈甚欢，年龄的差距没有阻碍他们形成共鸣。

翁之旦与父亲先后毕业于同一所大学的同一个专业，父子俩都是毕业于浙江大学的流体传动与控制专业 (俗称液压)，而父亲是 1977 年恢复高考的第一届大学生。翁之旦不喜欢应酬，更爱去车间走走，有时候会看看图纸、画画草图。这位开着宾利、爱打网球的高才生，安静地待在偏远的工厂里，与父亲一起专注于冷僻的液压领域，年轻人有如此的心境，更多的是出于责任。

　　2.工匠精神是一种精益求精的态度

　　工匠精神追求的是精益求精，像做一件艺术品一样来制造产品，在这个过程中，要不得浮躁与功利的心态，更要有一种情结在里面——用心去做，为产品注入灵魂。家族企业在传承的过程中，一定是有这样的情结的，接班人有强烈的责任感，他不会允许家族的声誉受到损害，他不会粗制滥造去打价格战，如果是那样，何苦还要接班？早一点把企业卖掉岂不更好？

　　为什么德国、日本的制造业令人赞叹，正是因为有千千万万的家族企业，它们是细分领域的隐形冠军，它们秉承着工匠精神，一代一代地进行技术积累。这些家族企业没有那么的功利和浮躁，它们不会为了赚快钱而失去产品的品质，因为它们已经是"老钱"，它们更愿恪守某种价值观以让财富更好的传承。就如陈黎锋说的那位澳洲"创四代"，虽然家族企业的规模很小，从事的也是非常传统的制造业，但整个家族在澳洲有100多栋别墅，因为财富积累的时间太长了，财富增长也非常的稳健。反观国内的制造业家族企业，很多企业死亡的原因竟然是因为做了房地产！陈黎锋说在20世纪90年代家里完全可以进军房地产，或许可以赚到一大笔钱，但做企业的心态就变了，习惯于赚快钱就会让主业荒疏，也会面临更大的风险，几年努力的积累可能在一夕之间付之东流。

　　工匠精神是中国当今社会非常稀缺的品质，而优秀的家族企业是培育工匠精神最适宜的土壤，东西方皆是如此。因为家族企业成功传承所遵循的价值观与工匠精神是一致的，它们共同的敌人是浮躁的心态。所以没有家族企业传承，就谈不上你什么工匠精神。

　　在全球寿命超过200年历史的企业数量中，日本占据第一位，其后依次是德国、荷兰和法国。一家企业想要在产品质量和品牌声誉上取得一定的高度，这并不是一件十分困难的事情，但如果能够在多年后依然不忘初心、继续以质量为生命、不断地精益求精，那么这样的企业在时间长河中是很难被打败的，企业的工匠精神也将代代相传。

　　小林研业多年来专门为"iPod"等各种产品进行研磨加工。其中5名研磨技师花费了大约4年时间，为超过100万个"iPod"进行了背板的镜面加工。小林一夫社长表示，就像有女性的地方就有化妆品一样，有金属加工的地方就肯定会有研磨工艺。

小林研业位于新潟县燕市，这一地区拥有90多年汤勺、烹饪用具等器具的研磨加工历史，研磨行业的工匠们聚集一堂成立了"研磨工厂联合组织"的工匠集团。小林研业是集团的核心。1962年，小林一夫贷款50万日元建立公司开始创业。

在旋转的研磨机中安装名为"抛光轮"的圆形研具，一边涂抹研磨剂，一边将金属产品接触抛光轮，以自己的感觉来削磨金属表面。想要成为独当一面的研磨工匠，需要一定的练习和经验。而为了将所有金属产品表面在冲压加工时造成的划痕磨平，使金属表面光亮，抛光轮从纹理粗糙、切割力强的型号到如绢丝般柔软的型号，总共有超过100种型号。

小林一夫是个不墨守成规，爱动脑筋仔细钻研的人。他还特别愿意去接一些其他人不愿意做的困难工作来做，因为他觉得这些别人敬谢不敏的工作少有竞争对手，接单比较稳定。比方说装咖喱的器皿那种错综复杂的曲线形状很难研磨。小林却愿意放手一试。创业时的50万银行贷款通过小林一夫的不懈努力，在短短的10个月里就还清了。而之后小林研业也凭借其出色的技艺和良好的口碑在业界广受欢迎。

3. 当代中国一些坚持工匠精神的企业

中国的工匠精神由来已久。先哲庄子在《庖丁解牛》中提到"道进乎技"，"技"就是今天我们所说的"工匠精神"，即当某项技艺达到巅峰后，就与"道"相通。纵观中国历史，我们不但拥有《考工记》《天工开物》这般科技著作，还出过鲁班、庖丁这样的匠人，还有过青花秘色瓷、叠梁拱之类伟大的技术。

在当今工业机器人与智能3D打印技术时代下，在打造"中国智造"为经济新引擎的当下，"工匠精神"所代表的含义更加广泛，绝非仅仅是一流的技术工人、先进的企业管理和有质量保证的产品，还包括精益求精、推陈出新的精神，注重细节、专业敬业、力争第一的追求。君不见不断技术创新的华为，敢于砸冰箱的海尔，坚守产品质量却拒绝上市的老干妈……这些都是中国制造业工匠精神的榜样力量。

（1）坚决不上市的方太

互联网时代，越来越多的企业追求跨界、融合，但也依然有企业坚守在一个领域，精耕细作，并越发具有生命力。方太就是其中之一。在十几年的成长史里，它不代工，不打价格战，既不愿被并购进入跨国公司体系，也不愿整合周边资源做大规模；在房地产兴盛期，它拒绝了地方政府抛来的橄榄枝；在资本火热期，它又宣布坚决不上市。

20 年来，方太的主流产品已连续 11 年销量全面领先。就在方太站在企业发展 20 年新起点，谋求以智能化、互联网为主题的新一轮高端战略转型升级之际，方太一直在企业内部实施和坚持的"工匠精神"却意外走红，不仅被写入了总理的政府工作报告，还成为驱动整个中国制造产业未来持续转型的最大动力。

自创立之初，方太就将工匠精神作为企业发展驱动力。从中国第一台自主设计的深型吸油烟机，到嵌入式成套化厨电，到健康环保有品位有文化的生活方式，再到奠定近吸式与欧式机"双机王"市场地位的全新一代智能油烟机，方太始终围绕着用户体验打造高端精品，这和方太集团董事长兼总裁茅忠群提出的工匠精神内涵一致。

方太坚持认为，诠释工匠精神的关键词是品质，以用户为中心，创造出高品位和高质量的产品，而这些需要强大的技术研发和制造能力作为支撑。

在这一点上，方太建立了由 300 名行业顶级专家组成的研发团队，每年投入经营收入 5% 以上的资金，聘请来自德、日、意等地的设计力量，采用最先进的高端厨房生产设备和国际工业制造先进技术用于产品的研发、设计和制造。为了提升制造水平，方太率先建立了智慧工厂，采用大型机械手组合而成的全自动冲压流水线，全面提升生产效率，同时，对品质的把关则更为严苛，无论是吸油烟机还是燃气灶、洗碗机都需要经过不下千次的实验。

不仅如此，方太的工匠精神还体现在企业文化上，一方面独创出"匠人文化"，通过工匠技能比武、方太工匠评选、名师带高徒等方式，创造培育匠人的文化土壤，不断全方位培养能工巧匠，而且通过强化训练，有些熟练的工人甚至通过手感就能准确测算出不同钢板的厚度。另外一方面，还在企业内部推行"儒家文化"，通过文化修养让研发团队、制造团队整体静下心来专注做产品。

如果说打造工匠精神是家电企业高端化转型的一条明路，那么如何在这条路上持之以恒地走下去而不是抄小路，更是对企业耐力和创新能力的考验。要想工匠精神支撑企业战略的可持续增长，不仅要让工匠精神真正落地，还需要转化成为创造高品质的持续生产力。依靠自主创新关键技术强化产品的竞争优势，在制造上"如切如磋，如琢如磨"，用匠人文化打磨中国制造，用"苛刻"

的产品品质扩大高端市场阵地，最终实现高端市场的引领发展。

中国虽然是制造大国，但茅忠群认为，能够出精品的公司不多，中国经济发展太快，普遍存在人心浮躁的状态，很少有企业家愿意真正地沉下心来，把一件事情做得非常扎实。"如果企业家的心是浮躁的，那员工的心一定也是浮躁的，就不可能真正用工匠精神去打造产品。"

"过去这么多年钱太好赚，很多企业忘了打基础。中国的制造业比较浮躁，还没有真正沉下心来把产品做好。"说到中国制造业，茅忠群认为能够代表中国制造水平的产品还很少，整体品质与日本、德国差距很大。

在方太的生产车间里，几只大型机械手组合而成的全自动冲压流水线，8秒就能出一个成品部件，满负荷运作能代替12个工人的工作量。生产效率提高的同时，对品质的把关则更严苛。方太"风魔方"吸油烟机经历过不下千次的实验，找到了爆炒油烟扩散的高度，并由此创造了四点一线的风道，更好的达到笼烟、吸烟、排烟效果。而为了研发生产这样一款真正满足家庭主妇需求，四面八方不跑烟的吸油烟机，方太研发团队甚至炒掉了一千公斤辣椒，使材料，声音品质到电磁干扰，多项指标值都优于同行，实现"用户体验"最大化。

将细节做到极致，最奇妙的惊喜一定是来源于细节，企业的最高境界不是做好产品，而是给出惊喜。俗话说，慢工出细活，在心浮气躁、追求"短、平、快"带来的即时利益的当今社会，工匠精神渐行渐远。"创新发展需要工匠精神和工匠文化，做产品要精益求精，这是成为一家伟大企业的必经之路"。茅忠群如是说。

（2）坚持创新的创维

在农耕文明和旧工业时代，工匠精神仅仅是一种精细化生产的要求，是一种对产品精益求精的理念。当今天产业量化成为发展基础的科技时代，工匠精神能否实现与时代背景的合理对接，从而产生新的时代价值，需要中国制造业集体实践和探索。时代需要工匠精神的回归！但工匠精神并不是可以移植的，它是长期积累、传承的形成的文化传统。创维人28年来对工匠精神的坚守、实践和升华，在今天互联网时代，对中国制造业很有启示。

强调"持续不断地改进，永不停顿地创新"是创维"彻底产品主义"的核心理念。家电产品并非旧时代小作坊的简单器物，它是高科技产品，它有不断推送的附加功能、随时升级的市场需求、日趋完善的性价标准，这些动态的变化只能用科技创新来解决。

创维 2015 年推出了全球首部量产 4KOLED 电视。在产品设计之初，没有任何可参照的先例，一切都是从头做起。项目确立后，每一道工序都遇到问题。比如音响效果、电源驱动、结构材料、机械化控制等等，就连为了更加美观使用的透明材料亚克力也难以与金属机身做到无缝嵌合。但技术人员没有被困难吓倒，电源的大小和位置一次次不厌其烦调整，工人组装不好就自己上阵组装，测试阶段，设计人员顶着高温，连续多日在实验室做双倍耐受实验，直到确认完全达到标准。每一个员工，都会把产品当作自己的孩子呵护。新产品从产品创意到上市销售，几乎需要整年的时间。没有可以效仿的产品，一切由零开始。独特新颖的设计固然耗神费思，调试、组装也并非容易。一台新产品调整画质的阶段是相当煎熬的，需要又慢又细，且无限重复，直到完美。高低温耐受试验是关系到质量生命、关系到品牌信誉的重要环节，设计人员为了放心，经常要在 40 几度高温高湿的老化房守上几天几夜。

创维人在 28 年中，除了保持传统工匠精神精益求精的品质之外，还在工作实践中不断寻找时代赋予工匠精神的更多内涵。团队精神便是其中很重要的一点。从 ID 设计到项目研发，从材料选择到精细组装，每一个环节都有产品经理和项目技术人员持续跟踪，统筹协调。产品上市后，售后服务部门和产品经理，乃至 ID 设计人员都会不定期回访用户，询问使用情况。从外形、色彩、性能等各个方面接受用户的反馈和建议，对任何可能优化的部分都了然于心。

这就是创维人的独具匠心，他们在互联网时代对工匠精神持续升华，在企业厚重的文化土壤里，培育出更具时代感已经融入创维文化体系中的工匠精神，捍卫着"中国制造"名片上的荣耀与尊严。

（3）中华老字号王老吉

"老字号企业精益求精的精神就是工匠精神。"王老吉大健康产业有限公司董事长陈矛曾如是说。细数传承百年文明的中华老字号，在经历过历史的洗礼后，如今依然能活跃在商界中，凉茶始祖王老吉算是其中的代表之一。回顾这几年，王老吉一直秉承对产品精心打造、精工制作的理念，不断吸收最前沿的技术，创造出新的成果，以实际行动践行着工匠精神。

在产品制作方面，王老吉对每一罐凉茶精工细作，不仅保证了每一罐产品的高质量，还针对消费者的不同诉求，开发出无糖型、固体凉茶等新产品，让消费者在口感上有更多的选择。在科技创新层面，王老吉采用世界先进的 DNA 条形码技术，用于原材料鉴定，成功解决了凉茶行业的三大难题：为产品质量提供科学高效的质量把控体系；对原材料及其伪品的 DNA 条形码准确识别，从源头上确保凉茶品质的正宗；在确保原料和品质稳定的基础上，推动中国凉茶行业的国际化发展。对高新技术的采用，夯实了王老吉在凉茶行业绝对的正宗地位。

为了使整个凉茶行业标准化，王老吉一直坚持执行 GMP 认证标准，努力树立行业标杆。此外，王老吉还委托诺贝尔奖得主穆拉德为代表，携手瑞士 SGS 共同启动了"王老吉凉茶植物饮料国际标准研究项目"，为凉茶达到国际化标准奠定了基础。

作为中国凉茶制造业的行业标杆，王老吉将工匠精神付诸行动，不仅在企业文化中以此为准则，更是专注于培养专心、专业的专家和技术工人，扎根基层，扎根专业领域，深耕凉茶产品，精益求精，俨然成为工匠精神的鲜明旗帜。

（4）将钱用在刀刃上的正泰

36 套方案、800 多副模具，只为一个产品。乐清市正泰工业园内的终端电器制造部，一条条自动化流水线十分繁忙，正泰的新一代低压电器产品"昆仑"系列正源源不断地下线。3 月底，这个系列的新品在北京的一场新品发布会上一亮相，就有 38 家客户现场认购，产品供不应求。

低压电器是正泰集团赖以起家的主要产品，如今尽管已居行业主导地位，但正泰始终居安思危，以工匠精神不断把这一传统当家产品做到极致。

正泰为此组建了一支 400 多人的专业研发团队，花 3 年时间、投入 1.5 亿元不断进行打磨和升级，今年 1 月正式推出"昆仑"系列。这个系列产品不仅在安全可靠性上达到了新的高度，而且能够适应 -35℃ 到 70℃ 的严苛环境，还实现了智能化、数字化。

用工匠精神来打磨产品，靠的是对品质的执着追求。这也正是正泰电器始终追求的。正泰电器工程师说，在开发系列产品之一、塑壳断路器时，光模具就做了 800 多副；为设计一个小小细节，短短 5 天时间内就做了 36 套方案，最后优中选优，确定了一种最为简单可靠的方案……到新产品上市前，"昆仑"已获得至少 360 项专利技术，并且通过 7800 多项可靠性测试。

在正泰，塑造工匠精神有一整套制度来保障。正泰强调用制度养成工匠习惯，再把工匠习惯升华为工匠精神。收集"金点子"来提升品质、效率、安全，在正泰已形成一整套制度，极大激发了一线员工的热情和活力。

2015 年，正泰共投入研发费用近 20 亿元，仅高端智能电器研发投入就达 8

亿元，取得了 300 多项专利。与此同时，正泰集团全年主营业务收入比上年增长 15%。

　　面对制造业一边是成本优势快速消失，一边是产能过剩日益严峻的种种困境，正泰集团却在董事长南存辉的带领下逆流而上，在进行了逆势投资、人才抄底、收购整合等一系列调整举措后，成为"全球最好的制造业企业之一"。正泰集团董事长南存辉说：这是一次颠覆式、创造需求、引领消费的过程，过程很痛苦，但必须这样做。在南存辉的话语背后，是工匠精神，是中国智能。

　　专注，是工匠精神的体现。"有人劝我投资房地产，不投资至少损失 100 亿元人民币。我说也许不止，也许没有。"专注制造业的南存辉，选择将钱用在刀刃上——打磨"中国智造"。

　　正泰集团董事长南存辉认为，弘扬工匠精神，将在全社会倡导一种"做专、做精、做细、做实"的作风。树立工匠精神，将带动中国制造业从中低端走向中高端，推动中国从"制造大国"变为"制造强国"。

　　4. 开启精造时代，迈向工匠精神 2.0

　　说起工匠精神，我们无法避开德国和日本这两个国家。这两个国家相隔甚远，但生产的产品都有共同的特点，就是质量一流。但是，这两个国家的产品也有所区别。德国的产品与德国的思辨文化一致——严谨；日本的产品与日本的生活习惯相融——细致。

　　而我国却截然不同。一些国人始终认为人分尊卑、职业分贵贱，他们没有耐心去重复做一件看似简单劳动的手艺活，而这些手艺活，有时候不仅要做一辈子。日本一家烤年糕店做了几十代人，持续 1000 多年。1000 多年来，每天来排队买年糕的人络绎不绝，原因只有一个，味道绝妙，无与伦比。

　　现状是，日本的一流匠人比比皆是。但在中国，有一技之长的匠人却并不太为人们所关注。两个如此近邻的国家，却有着很大的不同，究其原因，主要是文化的差异。在我国手艺人没有得到相应的社会地位。我们还需强化"职业不分贵贱，人不分尊卑"的社会风气。

　　现在，国人渐渐明白了，无论是金融思维还是互联网思维，没有一流的产品，这些思维都是空中楼阁。"中国制造"只有踏实地转型为"中国精造"，中国经济的根基才能牢固。而"中国精造"不仅仅需要国家政策的调整，还需要培养几千万一流工匠，让工匠精神扎根中国文化。这样，"中国精造"才不会成为空中楼阁，"中国精造"之梦才能成为现实，"中国制造"才能完成向"中国精造"的转型。只有工匠精神在各个领域中做到无处不在，中国制造业才可能达到德国和日本制造业的水准，才能繁荣不衰。

"工匠精神"放在每个普通大众身上讲，它就是一种认真精神、敬业精神。有"工匠精神"的人，不仅仅把工作当作养家糊口的工具，还会树立一种对职业敬畏、对工作执着、对产品负责的态度，不断追求完美，给客户提供无可挑剔的产品和体验。为此，他们会将精益求精的精神融入工作的每个流程、每个细节，让每个环节都做到完美。而与"工匠精神"相对的，就是"差不多精神"，凡事差不多就行了，从来不追求100%。我们每个人都应当摒弃"差不多精神"，做一个追求极致的人。

"工匠精神"放到管理者层面讲，就是一种企业家精神。有"工匠精神"的管理者，会非常追求创新：包括产品创新、技术创新、管理创新、销售创新等等，从创新中寻找新的机会、新的进步点，让企业、部门获得延续不断的生命力。有"工匠精神"的管理者，一定是一个敬业、执着的人，他们会将全身心都投入到工作中，把事业当成了自己的一切，企业的任何一处出现了问题，他都会尽心尽力去想办法、找对策，绝不会坐视不理，更不会选择离开。

中国工匠精神1.0时代造就了四大发明、万国来朝的盛况，造就了多彩的农耕文明，那是一个令后人骄傲与怀念的时代。中国工匠精神1.0时代的精工巧制之物大都陈列在历史博物馆中，或皇室及显贵之家，散发着超越时空的魅力。当代中国人若要再续古人辉煌，在全球制造舞台上成为焦点，制造出抗衡时空的精品，出路无二，只能重拾工匠精神，开创工业文明时代的工匠精神2.0。

工匠精神2.0是"中国制造"的出路，也是中国其他行业的出路。放眼望去，中国制造业中一些企业存在的浮躁、贪大、求全、唯利是图等问题。解决当下中国制造业和中国各行业问题症结的药引子，最后只能回归到重塑国民素质的有效教育上，那就是开启重视劳动与技能的工匠教育，以及倡导人人平等的平民教育。

第一章　中国梦与工匠精神

中国梦，就是实现中华民族的伟大复兴，是一个伟大的梦。中国梦的实现不能没有工匠和工匠精神。工匠精神对于一个国家和民族振兴发挥着巨大的作用。

第一节　中国梦

中国梦，是中国共产党第十八次全国代表大会召开以来，习近平总书记所提出的重要指导思想和重要执政理念，正式提出于 2012 年 11 月 29 日。习总书记把"中国梦"定义为"实现中华民族伟大复兴，就是中华民族近代以来最伟大梦想"，并且表示这个梦"一定能实现"。"中国梦"的核心目标也可以概括为"两个一百年"的目标，也就是：到 2021 年中国共产党成立 100 周年和 2049 年中华人民共和国成立 100 周年时，逐步并最终顺利实现中华民族的伟大复兴，具体表现是国家富强、民族振兴、人民幸福，实现途径是走中国特色的社会主义道路、坚持中国特色社会主义理论体系、弘扬民族精神、凝聚中国力量，实施手段是政治、经济、文化、社会、生态文明五位一体建设。

一、中国梦的由来及其含义

1. 从历史技角度看中国梦的由来

"振兴中华"这句话，最早是孙中山先生提出来的。他在 1894 年兴中会成立章程中写道："是会之设，专为振兴中华"。我们党成立以后，承担起领导人民振兴中华的神圣使命。毛泽东、邓小平、江泽民、胡锦涛同志都对民族复兴做了大量论述。改革开放初期，"团结起来，振兴中华"这个口号，是最响亮的一句话。周恩来同志的"为中华崛起而读书",为人们所熟知,一直是青年学子奋发向上的励志警句。

那么,中国梦,民族复兴,为什么能够凝聚中国人民,凝聚中华民族呢?

外国人往往不理解中国为什么会发展得这么快,中国人搞发展的劲头为什么这么大。这首先要看看中国的历史。中国在历史上曾经很辉煌,而近代以来又很悲惨,受尽屈辱,这个反差太大了。习近平同志说,每一个中国人想起那段历史都会感到心痛。所以,中国人总有那么一股民族复兴的心结和劲头,这是一种精神动力。实现中国梦必须要有中国精神,一个重要的精神力量就是爱国主义。每个人的命运与国家民族的强盛息息相关。用中国梦来凝聚人民、激励人民,非常准确,非常有力量。

中国历史上的辉煌时期,首推汉唐。汉朝距今已有 2000 多年,现在世界上还把中国的语言文字称作汉语,把中国学称作汉学,可见它的影响。在唐朝的时候,发展得最好的时期,是又强大又可亲的形象。强大而可亲,这是毛泽东同志说过的话,是治国的理想境界。当时是时清海宴、文怀远人、和睦万邦的景象。

中国的衰落,是在明朝中叶以后。邓小平同志讲过这段历史。他说:"如果从明朝中叶算起,到鸦片战争,有三百多年的闭关自守,如果从康熙算起,也有近二百年。长期闭关自守,把中国搞得贫穷落后,愚昧无知。"明朝中叶大约是在 1500 年前后的时候。1449 年发生土木之变,明英宗被瓦剌军俘虏,被认为是明朝由盛转衰的转折点。历史学家黄仁宇写的《万历十五年》这本书,也描绘了明朝衰落的情景。他从大历史观的角度认为,这不但是明朝的转折时期,也是中华民族的转折时期。当时西方已经过文艺复兴,资本主义生产力和生产关系发展起来了。特别是 1492 年哥伦布发现新大陆后,开始资本主义全球化进程,西方世界发展速度加快。马克思、恩格斯在《共产党宣言》中讲了这个历史。这正是在明朝中叶的时候。斯塔夫里阿诺斯在他著名的《世界通史》里,把世界史划分为 1500 年以前的历史和 1500 年以后的历史,也说明这是个重要历史转折时期。明朝初年郑和下西洋,比哥伦布早了近 100 年,但是二者的目的和理念完全不同。这样,中国就开始落后了。

到了清朝康熙时期,国家看起来还很强大,但实际上是落日的辉煌。当时,英国已经过光荣革命,跑在了最前面。法国经过宗教改革,开始了启蒙运动。原本落后的俄国也在 1698 年开始改革,赶上了世界发展潮流。恩格斯称彼得大帝是"真正的伟人",能够顺时而变。而清朝却不了解世界的变化,以为自己很强大,思想僵化保守。康熙也喜欢西学,但不是作为强国之道学的,他不理解其中的新思想,固守自己那套旧的东西,认为西方的东西不过是奇技淫巧。中国当时的落后,并非国力不行,而是理念的落后,是生产力性质的落后。大清帝国与欧洲先进国家在认识、眼界、气势上,已经不能相比。大清虽大,也只是囿于一隅,而那些被称作"蕞尔小国"的西方国家,早已经着眼于全世界了。

1840年鸦片战争,中国被打败,开始了屈辱的历史,从此也开始了民族复兴的历史,也就是开始了中国梦的历史。

2."两个百年"和"两重任务"

在很长一个时期,中国人真是在做梦,找不到出路。毛泽东同志诗曰:长夜难明赤县天,百年魔怪舞翩跹。经过170多年的奋斗,现在是到了快要梦想成真的时候。习近平同志说:"我们比历史上任何时期都更接近中华民族伟大复兴的目标,比历史上任何时期都更有信心、有能力实现这个目标。"

那么,从"长夜难明"到"梦想成真",是怎样的一个过程呢?回顾近代以来的历史,可以看得很清楚。孙中山先生提出了"振兴中华"的口号,推翻了满清王朝,做出了重大贡献,但是没有找到民族复兴的出路。是中国共产党成立以后,领导人民经过不懈奋斗,才逐步使这个梦想成为现实。这个过程,可以概括为"两个百年""两重任务"。

(1)"两个百年"

所谓"两个百年",就是实现中国梦的两个历史阶段。第一个百年,从1840年鸦片战争到1949年新中国成立。这个百年,是从无路可走,到找到复兴之路,实现国家独立、民族解放的历史。这是民族复兴的第一个阶段。第二个百年,是从1949年新中国成立到这个世纪中叶,在新中国建立100年的时候,完成邓小平同志提出的我国现代化第三步发展战略目标,建成富强民主文明和谐的社会主义现代化国家,实现中华民族的伟大复兴。现在,我们就是处于完成第二个百年任务的阶段。

这两个100年,最早是毛泽东同志说的。关于第一个百年,他在《新民主主义论》中就讲到了。第二个百年,是他在1961年接见英国元帅蒙哥马利时讲的。他说:"在我国,要建设起强大的社会主义经济,我估计要花一百多年。"他还讲过:"要赶上和超过世界上最先进的资本主义国家,没有一百多年的时间，我看是不行的。"后来邓小平同志按照这个思想，提出了到21世纪中叶的"三步走"发展战略，使实现中国梦第二个百年的目标具体化、明确化了。他说，第一步是在20世纪80年代实现温饱，第二步是在20世纪90年代实现小康，第三步是再用50年时间，到下个世纪中叶基本实现现代化。后来，在第一步和第二步目标完成的情况下，我们党把第三步目标进一步具体化，提出了新三步走战略。即在新世纪的第一个十年里国民生产总值翻一番，在第二个十年里再翻一番，全面建成小康社会，然后向着21世纪中叶的伟大目标前进。

两个百年"说明，实现中国梦是一个长期奋斗、接续奋斗的历史过程。我们党一直是执着地向着这个目标努力的。党的十八大报告提出的全面建成小康社会的目标，就是按照这个"梦"设计的。

十八大报告也讲了两个百年，即建党100年和新中国建立100年。这和上面说的"两个百年"不矛盾。第二个百年是一样的，第一个百年有交叉。十八大报告讲建党100年的目标，是强调现阶段我们的任务是在2020年全面建成小康社会。这是在实现中国梦的过程中一个具有重大意义的阶段性目标，是我们现在正在干的事情。同时，从建党说起，也表达了一个更深刻的含义，就是只有在中国共产党成立以后，才使中国梦的实现有了可能。一个是建党，一个是新中国建立，这是实现中国梦的两个关键历史节点。

（2）"两重任务"

"两重任务"是说，实现民族复兴是一个任务，但对我们党来讲，还有一个任务，就是搞社会主义，建设中国特色社会主义。

这"两重任务"是密切相关的。我们知道，在19世纪中叶，世界上发生了两件大事，一个是1840年鸦片战争，一个是1848年《共产党宣言》发表，马克思主义诞生。这两件事情当时看起来似乎没有什么关系，但是对中国后来的发展则是紧密相连的。鸦片战争使中国沦为半殖民地，由此提出了民族复兴的任务，而马克思主义则给我们指出了实现民族复兴的正确道路。我们党在马克思主义指导下，先是通过新民主主义革命完成了国家独立、民族解放的任务，然后又通过搞社会主义革命和建设来完成现代化的任务。历史证明，救中国和发展中国都要靠马克思主义，靠中国化的马克思主义。所以，实现民族复兴是我们的梦，建设社会主义最终实现共产主义也是我们的梦。这二者是不可分割的，实际上是一个梦。对于共产党员来说，特别不能忘记搞社会主义这个任务，这是我们的崇高理想。

习近平同志在讲中国梦的时候强调，实现中国梦必须走中国道路，即走中国特色社会主义道路。他说，中国特色社会主义"凝结着实现中华民族伟大复兴这个近代以来中华民族最根本的梦想"。这句话说明，中国梦要落到中国道路上，只有把这条路走好，才能使这一梦想最终成为伟大而光辉的现实。

二、中国梦的含义及特征

1.中国梦的含义

关于中国梦的含义人民日报社副总编辑陈俊宏是这样人为的：第一，"中国梦"是中国人对于自己的国家、民族和自己个人未来前景的美好梦想，是"国家富强、民族振兴、人民幸福"，是在实现"两个一百年"奋斗目标基础上的梦想。第二，"中国梦"靠走中国道路、弘扬中国精神、凝聚中国力量来实现，也需要两岸同胞共同来圆，是包括实现祖国完全统一的梦想。第三，"中国梦"是坚持和平发展、坚持合作共赢、参与全球治理的梦想，是推动建设公正、民主、和谐的世界秩序的梦想。第四，"中国梦"是维护人类文明多样性，不同文明、不同价值观相互交融和包容的梦想，是中国人为人类做出更大贡献的梦想。第五，"中国梦"与世界和平发展紧密联系在一起。实现中国梦，不仅造福中国人民，而且造福各国人民。中国好，世界会更好；世界好，中国同样会更好。"中国梦"与"美国梦"以及其他国家的梦并不冲突，而且是一种相互补充的关系。因此，"中国梦"不是"帝国梦"，不是"一国梦"，不是"排他梦"，更不是"霸权梦"。

事实上，中国梦是国家民族的梦，也是每个中国人的梦，归根到底是人民的梦。中国梦、中国道路最终都要落到老百姓的幸福生活上。这是习近平同志特别强调的。他说，"实现中华民族伟大复兴的中国梦，就是要实现国家富强、民族振兴、人民幸福。"

中国梦不仅仅是理想、是目标，也是现实，反映在每个中国人的生活中。中国梦的实现，要体现在解决老百姓关心的一件一件具体事情上。只有这样，才能使人民群众感受到这个梦的好处，是真实的、可以实现的，感觉到这个梦和他们有关系，愿意为实现这个梦而付出、去奋斗。由此，这个梦也才能真正成为凝聚人民、激励人民的一个实实在在的奋斗目标。邓小平同志当初之所以要用"小康"这个概念来表述我们的目标，党的十八大提出全面建成小康社会，使每个老百姓都过上更加富裕、更高水平的小康生活，正是基于这个认识。

每一个人心中都有一个梦，都有追求幸福生活、享受幸福生活的权利。老百姓的梦是什么？习近平同志在当选中共中央总书记后的第一次讲话中就说到这个问题。他说："我们的人民热爱生活，期盼有更好的教育、更稳定的工作、更满意的收入、更可靠的社会保障、更高水平的医疗卫生服务、更舒适的居住条件、更优美的环境，期盼孩子们能成长得更好、工作得更好、生活得更好。"这些话说得多么实在、具体、亲切。

　　共同富裕，公平正义，民主法治，自由平等，清正廉洁，诚信友善，文明和谐，天蓝水净，世界和平……十八大报告在这些方面提出的新目标新要求，都反映了老百姓的愿望。

　　实现中国梦，就是实现老百姓的梦。"人民对美好生活的向往，就是我们的奋斗目标。"习近平同志给我们提出了明确的要求："必须不断为人民造福"，使人民"共同享有人生出彩的机会，共同享有梦想成真的机会，共同享有同祖国和时代一起成长与进步的机会"。我们要把对中国梦的追求转化为做好每一项工作的动力，必须继续谦虚谨慎、兢兢业业，不能有丝毫自满，不能有丝毫懈怠；必须脚踏实地，再接再厉，一往无前，继续把中国特色社会主义事业推向前进，继续为实现中华民族伟大复兴的中国梦而努力奋斗。

　　实现中国梦，创造全体人民更加美好的生活，任重而道远，需要坚韧不拔的精神，需要众志成城的力量，需要我们每一个人的艰苦努力。人世间的一切幸福，都要靠辛勤的劳动来创造。我们要心往一处想，劲往一处使，用13亿人的智慧和力量，汇集起不可战胜的磅礴力量。这就是中国精神，这就是中国力量，是中国各族人民大团结的力量。有了这种精神和力量，什么困难都能克服。中华民族在追求中国梦的历史进程中，经过了一代又一代人的努力，付出了千百万人的生命，已经创造了无数的辉煌，正在一步一步地接近我们的宏伟目标，我们要继续为之奋斗。中国梦不再是梦，而是中国人民更加幸福美好的现实生活。

　　中国早已告别了屈辱的历史，中华民族早已自立于世界民族之林，中国人在世界上早已有了尊严。但是，要使中国变得更加富强、更加文明，中国人更受尊重，中华民族为世界和平发展与人类进步做出更大贡献，我们还需要加倍努力。两个百年的中国梦，第一个百年的任务我们已经完成，第二个百年也已行程过半。行百里者半九十，为山九仞不能功亏一篑。历史的重任落在我们这一代人身上。每一个共产党人，每一个中国人，都应该意识到自己身上的责任，为国家、为民族、为家庭、为孩子们脚踏实地做出自己应有的一份贡献。

简单来说，中国梦可以概括为以下几点。

（1）中国梦百姓的小康梦

习近平总书记说："中国梦，归根到底是人民的梦。他说："要实现中华民族伟大复兴的中国梦，就是要实现国家富强、民族振兴、人民幸福。"中国梦是民族的梦，也是每个中国人的梦。

（2）中国梦是追求和平的梦

中国梦需要和平，只有和平才能实现梦想。天下太平、共享大同是中华民族绵延数千年的理想。历经苦难，中国人民珍惜和平，希望同世界各国一道共谋和平、共护和平、共享和平。历史将证明，实现中国梦给世界带来的是机遇不是威胁，是和平不是动荡，是进步不是倒退。拿破仑说过，中国是一头沉睡的狮子，当这头睡狮醒来时，世界都会为之发抖。中国这头狮子已经醒了，但这是一只和平的、可亲的、文明的狮子。

（3）中国梦是追求幸福的梦

中国梦是中华民族的梦，也是每个中国人的梦。我们的方向就是让每个人获得发展自我和奉献社会的机会，共同享有人生出彩的机会，共同享有梦想成真的机会，保证人民平等参与、平等发展权利，维护社会公平正义，使发展成果更多更公平惠及全体人民，朝着共同富裕方向稳步前进。

（4）中国梦是奉献世界的梦

"穷则独善其身，达则兼善天下。"这是中华民族始终崇尚的品德和胸怀。中国一心一意办好自己的事情，既是对自己负责，也是为世界做贡献。随着中国不断发展，中国已经并将继续尽己所能，为世界和平与发展做出自己的贡献。

2.中国梦的特征

"中国梦"的内涵，是实现国家富强、民族复兴、人民幸福、社会和谐。当代中国所处的发展阶段，决定了全面建成小康社会是"中国梦"的根本要求，相应地，"中国梦"也呈现出这个阶段的诸多重要时代特征。

（1）综合国力进一步跃升的"实力特征"。"中国梦"的第一要义，就是实现综合国力进一步跃升。

（2）社会和谐进一步提升的"幸福特征"。党领导全国各族人民共圆"中国梦"的根本目的，就是要实现好、维护好、发展好最广大人民的根本利益，进而提升全社会的幸福指数。提升幸福指数是个复杂的系统工程，既要考虑物质因素，又要考虑非物质因素，从根本上讲，就是要进一步提升社会和谐的水平。

（3）中华文明在复兴中进一步演进的"文明特征"。中华文明是世界上唯一几千年来不断延续、传承至今的文明，但要体现现代文明色彩，就必须超越数千年来创造的农耕文明形态。

（4）促进人全面发展的"价值特征"。《共产党宣言》指出，共产党人的最终目标是建立"每个人的自由发展是一切人的自由发展的条件"的"联合体"。"中国梦"具有多个维度，而其价值维度就是要实现人的全面发展。

三、中国梦的发展历程

实现中华民族伟大复兴的"中国梦"，是随着另一场梦的破碎产生的：长期以来，中华文明以其独有的特色和辉煌走在了世界文明发展的前列，为世界文明进步做出过巨大的贡献。然而，随着资本主义生产方式的兴起，随着近代工业革命脚步的加快，中国很快落伍了。故步自封的封建统治者仍然沉浸在往日的辉煌所造就的梦想之中，等待着"万国来仪"。不料，等来的却是西方列强的船坚炮利，等来的却是亡国灭顶之灾。

在唤醒中华民族萌发出中国梦的过程中，无数仁人志士屡蹶屡起，不懈探索奋斗。然而真正把中国人民和中华民族带上实现"中国梦"的人间正道的，是中国共产党。

中国共产党自1921年诞生之日起，就在华夏大地掀起了一场前所未有的彻底反帝反封建的新民主主义革命。在这场史无前例的伟大革命中，中国共产党从蹒跚学步的幼年迅速成长起来，经历过一次又一次血与火的考验。从大革命失败的血雨腥风到井冈山的星火燎原，从第五次反"围剿"失败到经过万里长征后在抗日烽火中再起，从奋起反击国民党军的全面内战到五星红旗在天安门广场冉冉升起。

从1840年起，中华民族为实现中国梦，整整走过了109年，才迈出了赢得民族独立、人民解放的第一步。在这一百余年的前80年间，中国人民始终在黑暗中探索。只有中国共产党的诞生和奋斗，才把中国从黑暗引向了光明。在整个中国革命中，中国共产党为了实现"中国梦"牺牲了数百万优秀党员，中华民族牺牲了上千万英雄儿女，英烈们的鲜血染红了五星红旗。对于这段历史、对于为这段历史而献身的先烈，中国人要永远铭记。

新中国成立伊始，毛泽东同志等老一辈革命家就带领中国共产党和全国各族人民，为建设一个繁荣昌盛、各族人民当家做主的社会主义现代化国家而奋斗。建立起具有中国自己特点、适合中国国情的社会主义根本制度。首先建立起来的，是以工人阶级为领导、工农联盟为基础、最广泛的人民民主统一战线为纽带的人民民主专政的国体。这一国体的建立，使新中国有可能在对极少数敌对势力实行专政的同时，在人民内部实行最广泛的民主。在此基础上，逐步建立了人民代表大会这一根本政治制度和中国共产党领导的多党合作和政治协商制度、民族区域自治制度，以及以公有制为主体的社会主义经济制度。

然而，探索的道路并不平坦。在一个经济文化落后的东方大国实行彻底的民主革命并取得胜利固然不易，在这样的大国穷国中建设社会主义现代化国家更是一件前无古人的伟业。实现伟大的梦想，想要一帆风顺，没有牺牲，不付出代价，是难以想象的。"大跃进"和"文化大革命"的发生，就是这样的沉痛教训。同历次犯错误一样，从失误中警醒，并以对人民、对历史高度负责的态度彻底纠正错误的，不是别人，而是中国共产党。

党的十一届三中全会以来，邓小平同志一面坚持和发展毛泽东思想，实事求是地纠正毛泽东晚年所犯错误，实事求是地充分肯定毛泽东同志的历史地位和伟大功绩，一面应对新问题、解决新问题，开创了改革开放和中国特色社会主义事业。改革开放极大地改变了中国的面貌，在华夏大地再一次掀起了一场前所未有的深刻革命，极大地解放和发展了社会生产力，创造出令世人惊叹的中国奇迹。

中国人民建立和完善了社会主义市场经济，极大地解放和发展了社会生产力，形成公有制为主体、多种所有制经济共同发展的基本经济制度新格局。经济总量跃居世界第二位，人民生活水平实现从温饱到总体小康的历史性跨越。中国特色社会主义建设，随着道路的拓展、理论的创新不断向前发展，总体布局从经济建设、政治建设、文化建设三位一体发展为四位一体，又发展为经济、政治、文化、社会、生态文明建设五位一体。中国特色社会主义道路越走越宽广。

改革开放新时期全部成就归结到一点，就是开辟中国特色社会主义道路，形成中国特色社会主义理论体系，确立中国特色社会主义制度。它们"三位一体"，分别以实现途径、行动指南、根本保障共同支撑着中国特色社会主义伟大实践，形成了最鲜明的中国特色、中国经验。有了道路、理论、制度支撑的

"中国梦"距离我们不再遥远，它是必定实现的美好未来。

从新中国成立之日起，我们正在为实现"中国梦"经历着第二个一百年。在这第二个一百年，我们经历过近30年的建设、探索与曲折，以党的十一届三中全会为起点，走上了中国特色社会主义康庄大道。在我们的前面，还有36年的新征程，将要达到两个一百年的奋斗目标，即在中国共产党成立一百年时全面建成小康社会，在新中国成立一百年时建成富强民主文明和谐的社会主义现代化国家。

党的十八大最重要的历史性贡献，就是提出了凝聚党心、体现民意的行动纲领，推举出带领全国各族人民继续前进的新一届中央领导集体。这个行动纲领概括起来，就是要以马克思列宁主义、毛泽东思想、邓小平理论、"三个代表"重要思想、科学发展观为指导思想，坚定不移地坚持中国特色社会主义道路、理论体系、制度，为全面建成小康社会而奋斗。为此，必须做到夺取中国特色社会主义新胜利的八项基本要求。我们要朝着"中国梦"曙光初绽的方向奋勇前进，开创祖国更为光明的复兴前景。

四、实现中国梦的战略举措

"中国梦"关乎着中国未来的发展方向，凝聚了中国人民对中华民族伟大复兴的憧憬和期待；它是整个中华民族不断追求的梦想，是亿万人民世代相传的夙愿，每个中国人都是中国梦的参与者、创造者。习近平总书记强调，"中国梦归根到底是人民的梦，必须紧紧依靠人民来实现，必须不断为人民造福。"那么，在举国上下共圆"中国梦"的浓厚氛围中，在实现中国梦的进程里，党员干部应该做出以下几个举措。

1.深刻认识开展党的群众路线教育实践活动的思想内涵

全心全意为人民服务是党的根本宗旨，群众路线是党的生命线和根本工作路线。开展党的群众路线教育实践活动站位高、立意深、落点实，主要体现了四个方面的内涵属性。

（1）体现了教育实践活动的政治性

"为民"是党的生命力所在，是宗旨和目标；"务实"是为民的方法和态度；"清廉"是为民的前提和基础。"为民务实清廉"共同构成党员干部作风建设的基本要求，即树立"群众主体"的价值观、"服务为民"的执政观、"实干富民"的政绩观和"清正廉洁"的修养观。为民务实清廉，体现了教育实践活动的政治性，必然成为新时期加强党的执政能力和先进性、纯洁性建设的根本要求。

（2）体现了教育实践活动的战略性

党的群众路线教育实践活动是新形势下加强党性教育的新探索、实现中国梦的动员令，是改进党风教育的新模式、实现中国梦的进军号，是严肃党纪的新要求、实现中国梦的誓师词，是凝聚党心民心的新工程、实现中国梦的擂台赛，是锤炼党员干部的新检验、实现中国梦的集结号。我们必须坚持用党的群众路线科学理念武装头脑，常照理想信念、党纪党规、群众意愿这"三面镜子"，真正把党的群众观点和群众路线内化为党员干部的主体意识，成为实现中国梦的精神动力。

（3）体现了教育实践活动的现实性

当前，党员干部贯彻落实党的群众路线总体是好的，在联系服务人民群众方面做了大量富有成效的工作，但也存在着不符合为民务实清廉要求的问题。主要表现在理想信念动摇，宗旨意识淡薄，精神懈怠；贪图名利，弄虚作假，不务实效；脱离群众，脱离实际，不负责任；铺张浪费，奢靡享乐，甚至以权谋私、腐化堕落。深入开展群众路线教育实践活动恰逢其时，具有很强的现实针对性。其目的就是要把贯彻落实中央八项规定作为切入点，坚决反对形式主义、官僚主义、享乐主义和奢靡之风，保持党同人民群众的血肉联系，发挥党密切联系群众的优势，进一步推进新形势下加强党的建设这项伟大工程。

（4）体现了教育实践活动的操作性

为民，就要牢记宗旨、心系群众，实现好、维护好、发展好人民群众的根本利益，做到权为民所用、情为民所系、利为民所谋。务实，就要求真务实、真抓实干，坚持重实际、鼓实劲、求实效，扎扎实实地把党和国家的各项决策和工作落到实处。清廉，就要严于律己，廉洁奉公，严格遵守党纪国法，坚持高尚的精神追求，永葆共产党人清正廉洁的政治本色。深刻理解为民务实清廉的政治性、战略性和现实性，才能切实增强开展活动的自觉性和坚定性，进一步突出教育实践活动的操作性。

2.全面领会开展党的群众路线教育实践活动的精神实质

中央明确提出，党的群众路线教育实践活动全过程，要贯穿"照镜子、正衣冠、洗洗澡、治治病"的总要求。贯彻这一总要求，其目的在于坚持围绕中心、服务大局，把作风建设放在突出位置，以作风建设的新成效凝聚起推动事业发展的强大力量，进一步全面贯彻落实党的十八大提出的各项任务。其实质在于教育引导党员干部树立群众观点，弘扬优良作风，解决突出问题，保持清廉本色，推动干部作风进一步转变，干群关系进一步密切，为民务实清廉形象进一步树立。

从思想上把握好活动的总要求和精神实质，需要解决好认识、理解和辨别问题。开展党的群众路线教育实践活动，集中体现了辩证唯物主义的世界观和方法论，彰显了党的根本宗旨，贯穿了全心全意为群众服务的思想。

在基本原则上，要坚持正面教育为主，坚持批评和自我批评，坚持群众满意标准，坚持分类指导，坚持领导带头，坚持探索创新。在工作重点上，要抓好县处级以上领导机关和党员干部，抓好直接联系服务群众的党员干部和窗口单位、服务行业，找准不同层级、不同领域和行业群众反映强烈的突出问题，分类提出提高执政能力和保持先进性、纯洁性的具体要求，确定各自的重点教育实践内容和重点解决的问题。在方式方法上，一要处理好教育与实践的关系。坚持从学习教育入手，强化实践特色，引入实绩公示制度，在本单位、本系统范围内，"晒一晒"各级党组织和党员的实绩，让广大群众知晓和监督。二要处理好正面教育与正风肃纪的关系。坚持正面教育为主，通过专题民主生活会、整改等形式，以群众提、自己找、上级点、相互帮方式，认真查摆问题，进行自我剖析和党性分析，开展批评与自我批评，达到净化思想、永葆纯洁、创先争优的境界；上级党组织要派督导组全程下级领导班子的专题民主生活会，可邀请党员、群众代表进行民主评议、民主测评。三要处理好党内活动与群众参与的关系。坚持开门搞教育，考评权力交群众，把群众满意度调查作为检验活动实效的一个有力杠杆。各地各部门也要逐级回馈群众满意度的情况，形成一个压力传递的良性机制，把群众满意当成一种动力，形成一股向心力。

从实践上把握好活动的总要求和精神实质，就需要解决好立场、态度和方法问题。要把站稳立场放在群众路线教育实践活动的首位，带着感情做群众工作。要把实现好、维护好、发展好群众的根本利益作为这次活动的出发点和落脚点，使我们的工作获得广泛、可靠、牢固的群众基础和力量源泉。要把改进作风、提升能力作为群众路线教育实践活动的关键，切实解决有的领导机关、领导班子和一些领导干部形式主义、官僚主义、享乐主义突出，奢靡之风严重等问题。要把深化加强基层建设年活动作为党的群众路线教育实践活动的重要载体和抓手，确保活动开好局、起好步。

贯彻党的群众路线教育实践活动"照镜子、正衣冠"的总要求：一是照党章党规的镜子，正政治纪律的衣冠。要对照党章规定的八项义务，认真查找和纠正党性党风党纪方面存在的问题，加强党性修养和党性锻炼，增强党员意识，做合格党员。党员领导干部要按照党章规定的六项基本条件，检查和弥补自身不足，讲党性、重品行、作表率，模范遵守党纪国法。二是照群众期盼的镜子，正宗旨要求的衣冠。对照群众的所思所盼，特别是群众反映的强烈问题，坚持问政于民、问需于民、问计于民，做到心系百姓、真情为民，践行好为人民服务的宗旨，在贴近群众中增进与群众的感情，在办好民生实事中提升群众的福祉，在为民解难中维护群众的权益，踏踏实实地为群众做好事、办实事、解难事。三是照改进作风的镜子，正廉洁自律的衣冠。对照党的工作作风规范要求，坚持廉洁从政、勤奋从政，确保群众赋予的权力用来为群众谋利益；坚持自我净化、自我完善、自我革新、自我提高，敢于触及思想，正视矛盾和问题，从自己做起，从现在改起，时时处处维护良好形象，切实解决群众反映强烈的突出问题；着力解决党员干部特别是领导干部在思想作风、学风、工作作风、领导作风和生活作风的问题，提高为群众服务的工作能力；坚持惩前毖后、治病救人方针，区别情况，对症下药，对群众反映有问题的党员干部进行教育提醒和查处，对损害群众利益的不正之风和突出问题进行专项治理，对不合格党员进行组织处置。

贯彻党的群众路线教育实践活动"洗洗澡、治治病"的总要求：一要洗一洗实干兴邦澡，治一治形式主义病；二要洗一洗勇于担当澡，治一治畏难退让病；三要洗一洗艰苦创业澡，治一治享乐主义病；四要洗一洗脚踏实地澡，治一治弄虚作假病；五要洗一洗夙夜为公澡，治一治官僚主义病；六要洗一洗廉洁自律澡，治一治奢靡浪费病。

3.准确把握开展党的群众路线教育实践活动的实践要求

贯彻"照镜子、正衣冠、洗洗澡、治治病"的总要求，努力在解决作风不实、不正、不廉上取得实效，在提高群众工作能力、密切党群干群关系、全心全意为人民服务上取得实际成效，确保教育实践活动沿着正确轨道扎实推进。从去年开始，我们在全市深入开展了以保持党的先进性、纯洁性为目标的"三增一做"（增强群众观念、增强自治组织、增强惠民措施、做群众贴心人）主题实践活动，有效改善了党群干群关系，促进了经济社会又好又快地发展。目前，我们要结合新形势、新任务，准确把握开展党的群众路线教育实践活动的新要求、新标准，切实提高教育实践活动的针对性、实效性。

（1）为民

为民是党性，必须从思想深处扎下"以人为本、执政为民"之根。一要开展爱民教育，破除私权观念，强化服务意识，在思想上体现执政为民。要确立正确的权力观、价值观、政绩观，实现好维护好发展好群众的利益。要深怀爱民之心，运用说服教育、示范引导和提供服务等方法，关心群众利益，体察群众情绪，反映群众诉求，形成和谐的党群、干群关系。二要开展亲民教育，破除集权观念，强化民主理念，在决策上贯彻执政为民。建立健全公共政策和公共事务的咨询制度、公示制度、听证制度和走访调查制度，最大限度地满足群众的知情权、参与权，在决策中体现民意、集中民智和符合民利，为调动群众实现中国梦提供动力保证。三要开展利民教育，破除特权观念，强化公仆情怀，在行动上落实执政为民。要把群众的利益作为落实党的方针政策的基本着眼点，把为民办实事规范化、制度化，诚心诚意办实事，尽心竭办解难事，坚持不懈做好事。

（2）务实

务实是党风，必须从实践起点扎实"求真务实、真抓实干"之基。一要以"干"求实，推动跨越发展。欠发达地区要跨越发展，必须以"人一之我十之、人十之我百之"的拼搏奉献、苦干实干的精神来奋斗，必须瞄准短板，抓住关键，以实事求是、开拓创新的方法来进行。二要以"真"求实，推动转型发展。三要以"快"求实，推动加速发展。要用发展的办法解决前进中的各种问题，努力在较长时期内保持一个高于全国、全省、高于我市以往的发展速度。四要以"恒"求实，推动持续发展。坚持不懈走绿色崛起之路，引导和推动绿色、循环、低碳发展，强化生态建设，构建首都生态屏障。五要以"攻"求实，推动扶贫发展。

（3）清廉

清廉是党纪，必须从机制设计扎牢"清廉自律、廉洁政治"之网。一要建立免疫机制，构筑思想防线。把加强思想道德建设作为第一道防线，注重启动内因、强基固本，加强对党员干部理想信念、党纪国法、社会主义荣辱观、廉洁自律教育，夯实廉洁从政的思想基础，筑牢思想道德防线，不断增强党员干部自身的免疫力。二要建立防御机制，构筑制度防线。建立覆盖各领域、全过程的制度体系，从源头上铲除滋生腐败的土壤，形成用制度管权、管事、管人的有效机制，健全党风廉政建设责任制、民主集中制、专家咨询制、决策责任制和财务管理、政务公开、办事公正、领导干部个人重大事项报告等制度，规范运作程序，在各个环节扎牢廉政篱笆，把制度通过程序具体化、固定化，形成长效机制。三要建立预警机制，构筑监督防线。贯彻落实好党内监督条例，做好民主生活会、述职述廉、廉政谈话和党员领导干部报告个人有关事项等事情，及时发现和纠正存在问题；建立健全决策权、执行权、监督权既相互制约又相互协调的权力结构和运行机制，做到决策更加科学，执行更加高效，监督更加有力，从而保证权力依法运行，最大限度地防止权力滥用现象的发生。做好政务公开工作，将重大事项的决策和实施过程公开，让权力在阳光下运行。四要建立威慑机制，构筑纪律防线。增强惩治的威慑力，始终保持对腐败的高压态势，通过对重大典型案件的剖析研究，引以为戒、警钟长鸣。认真落实党风廉政建设责任制和廉洁自律有关规定，克己慎行，净化自己的工作圈、生活圈和社交圈，形成制度管、领导管、干部互管的管理体系，坚持做到一身正气，廉洁勤政。

五、中国梦的基本路线与基本要素

1.基本路线

全面把握群众路线与实现中国梦的内在联系：群众路线体现了党的性质与宗旨，是党的根本工作路线、工作方法和宝贵经验总结。中国梦是凝聚全党全国各族人民团结奋斗的一面旗帜，深刻领会和把握中国梦的精神实质，要求我们深化对党的群众路线的认识。党的群众路线，是马克思主义群众观的一座丰碑，也是我党发展马克思主义群众观的一大创举。随着中国革命和建设实践的不断推进，群众路线的内涵不断丰富，党对群众路线的认识不断深化。

（1）必经之路

中国特色社会主义道路的内涵与指向，与民族伟大复兴的宏伟目标是一致的、吻合的，只有经由中国特色社会主义道路，才能实现民族伟大复兴的宏伟目标。

实现中华民族伟大复兴的中国梦，是近代以来国人的理想和追求，而其关键在于选择正确的发展道路。习近平总书记在参观《复兴之路》展览后强调：改革开放以来，我们总结历史经验，不断艰辛探索，终于找到了实现中华民族伟大复兴的正确道路，取得了举世瞩目的成果。这条道路就是中国特色社会主义。在2013年的全国人大会议闭幕会上，习近平主席重申："实现中国梦必须走中国道路。这就是中国特色社会主义道路。"这是历史的结论，也是现实的必然，既指明了实现中国梦的方向，也彰显了坚持中国特色社会主义道路的重要性。

（2）强军之梦

习近平总书记在参观《复兴之路》展览时关于实现民族复兴是中华民族近代以来最伟大梦想的深情解读，在会见驻穗部队领导干部时关于"中国梦"是强国梦也是强军梦的深邃阐释，凝聚了几代中国人的共同夙愿，体现了中华民族和中国人民的整体利益，奏响了中国的发展强大不可逆转的时代强音，带给中国人特别是当代中国军人深刻的启迪和极大的激励。

"中国梦"首先是一个"强军梦"。中华民族有着悠久灿烂的文明，长期居于世界文明发展的前列。近代中国的灾难，是从西方列强在军事上比中国强大并欺负中国开始的。

在中国特色社会主义道路上，人民解放军已由昔日的"小米加步枪"，发展成为诸军兵种合成、具有一定现代化水平并开始向信息化迈进的强大军队。

（3）真抓实干成就"中国梦"

"中国梦"凝聚着亿万人民对美好生活的期盼，对民族复兴的希望。全国两会将把党的十八大指出的全面建成小康社会的前景、路径，更加清晰地呈现在全国人民面前。人民的期待需要转化为一项项具体措施，落实到一件件好事实事。唯有真抓，才能直面问题攻坚克难；唯有实干，才能托起民族复兴的伟大梦想。

（4）弘扬中华文化实现"中国梦"

党的十八大报告中提出："加强社会公德、职业道德、家庭美德、个人品德教育，弘扬中华传统美德，弘扬时代新风。"建设优秀传统文化传承体系，弘扬中华优秀传统文化。习近平总书记在十二届全国人大一次会议闭幕会上发表重要讲话，表示，实现中国梦必须弘扬中国精神。这就是以爱国主义为核心的民族精神，以改革创新为核心的时代精神。这种精神是凝心聚力的兴国之魂、强国之魂。

2.基本要素

中国社科院马克思主义研究院研究员、博士生导师辛向阳指出实现中国梦，需要坚持"五个有"：有路、有魂、有底、有人、有备。

（1）有路是指中国梦的实现有着中国道路的支撑。实现中国梦必须走中国道路，中国道路不是别的道路，就是中国特色社会主义道路。中国特色社会主义道路具有三大优势：社会主义道路的优势，融入经济全球化的优势，民族特色的优势。社会主义道路的一个独特优势是能够在公平的基础上实现广大人民群众的共同富裕，以社会主义来守护社会公正。

（2）有魂是指中国梦的实现有着中国特色社会主义理论体系的指导。中国特色社会主义理论体系具有三大能量：能够把握趋势、抓住机遇、化解风险。

（3）有底是指中国梦的实现有着中国特色社会主义制度作为基础和可靠保障。中国特色社会主义制度具有三大能力：集中力量办大事、成熟定型成大事、融合发展干大事。

（4）有人是指中国梦的实现有着广大人民群众这一历史主体。中国人的梦想正是在国家梦、民族梦的实现中不断得以实现的。

（5）有备是指中国梦的实现不会是一帆风顺的，必须时刻准备迎接挑战。在发展中国特色社会主义的过程中实现伟大复兴的中国梦，必须准备进行具有许多新的历史特点的伟大斗争。我们必须有足够估计，树立忧患意识，做好最充分的准备，迎接各种挑战。

第二节　工匠精神是实现中国梦的基础

中国梦，就是实现中华民族的伟大复兴，是一个伟大的梦。中国梦的实现需要工匠精神的支持，国家、企业乃至个人都需要弘扬工匠精神。

一、工匠精神的意义所在

据统计，全球寿命超过 200 年的企业，日本有 3146 家，为全球最多，德国有 837 家，荷兰有 222 家，法国有 196 家。之所以企业能够发展至今，是因为他们都在传承着工匠精神。然而我国作为一个制造业大国，工人数量众多，但能被称为工匠的却屈指可数。从表面看起来，工人和工匠之间只有一字之差，但两者却有天壤之别。当前，一些贴有"中国制造"的商品在国外成了粗制滥造的代名词，只能在地摊上去销售。那么什么才是我们所需要的"工匠精神"呢？

1."工匠精神"是持之以恒中守住寂寞

要想在某一领域成为顶尖的专家，一定比常人付出更多的辛劳和汗水。工匠精神是甘于寂寞，刻苦钻研，淡泊名利，有"不达目的不罢休"的执着，有"时不我待，只争朝夕"的拼搏，还有干一行爱一行专一行的"螺丝钉"精神。如果一辈子专注于某一领域的研究，从入门到权威绝非难事。有的人朝三暮四，眼高手低，三天打鱼两天晒网，最终一事无成，就算有所收获也没有达到某方面的极致。"工匠精神"就是让我们认定了就坚持，坚持了就无怨无悔，沉在工作中，带点"傻劲"，牺牲休息时间，数十年如一日，视工作如生命，笑在最后，站在人生最高领奖台。"工匠精神"还是一种"苦"的精神，在这个日新月异的世界里，工作是修行，产品是修炼，需要我们不浮不殆，不急不躁，筚路蓝缕，久久为功。

2."工匠精神"是注重细节中追求品质

"天下大事，必作于细"，我国的工匠们同样毫不逊色，古有中国四大发明和鲁班等引以为荣，影响和激励一代又一代中国人，成为不竭动力，他们是工匠精神的魂。今有能在牛皮纸一样薄的钢板上焊接而不出现一丝漏点，有人能把密封精度控制到头发丝的五十分之一，还有人检测手感堪比 X 光那般精准，令人叹服。"宝剑锋从磨砺出"，细节决定成败。选定了工作就当作一生的事业好好耕耘，从小处着手，立足现在，放眼未来，不断超越，工作与艺术同在，点亮"工匠精神"之灯，让事业熠熠生辉，让中国智造屹立于世界，成为响亮的品牌。各行各业都能成就人生价值，德国的工人换一个下水井盖都要经过十几道程序，每个步骤严丝合缝的安装，让看到的人都赞叹为艺术。发扬工匠精神，于细节中闪光，匠心独运铸就品牌。

3."工匠精神"是锲而不舍中寻找成功

成功往往是无数次的失败中启迪和坚持后的收获。屠呦呦获诺贝尔奖也不是一帆风顺的，是与失败的摩擦中碰撞出的智慧火花。大师，往往是失败最多的人。在平凡的岗位上不断超越，精益求精，就是不折不扣的"工匠精神"，工作收获的成功与人生价值的实现竞相绽放。有的人遇到挫折便退缩，有困难就灰心丧气。"工匠精神"需要越挫越勇的精神，在"明知山有虎，偏向虎山行"中绝处逢生，独享柳暗花明的惊喜。因为世界上没有一蹴而就的改革，也难得"四两拨千斤"的创新。所谓的终南捷径，不过是自欺欺人。"工匠精神"是一种"专"的精神，如果一生专注做一事，珍视"身后名"，不贪"眼前利"，也是一种追求极致的精神，专业专注的精神。发扬工匠精神，百折不挠，便会成功。

4."工匠精神"是一种热爱工作的职业精神

和普通工人不一样的是，工匠的工作不单是为了谋生，而是为了从中获得快乐。这也是很少有工匠会去改变自己所从事职业的原因。这些工匠都能够耐得住清贫和寂寞，数十年如一日地追求着职业技能的极致化，靠着传承和钻研，凭着专注和坚守，去缔造了一个又一个的奇迹。中国航天科技集团一院火箭总装厂高级技师高凤林，他是发动机焊接的第一人，为此，很多企业试图用高薪聘请他，甚至有人开出几倍工资加两套北京住房的诱人条件。高凤林却不为所动，都一一拒绝。理由很简单，用高凤林的话说，就是每每看到自己生产的发动机把卫星送到太空，就有一种成功后的自豪感，这种自豪感用金钱买不到。

5."工匠精神"是一种精益求精的工作态度

能够被称之为工匠，其手艺自然得到社会公认。但工匠对于自己制造的产品，却永远不会满足。在他们的心目中，制作出来的产品应该没有最好，只有更好。"工匠精神"的代表人物哈里森费时40余年，先后造了五台航海钟，最后一个钟，创造了航行了64天，只慢了5秒的记录，从而完美解决了航海经度定位问题。而我国的工匠们同样毫不逊色，他们中有人能在牛皮纸一样薄的钢板上焊接而不出现一丝漏点，有人能把密封精度控制到头发丝的五十分之一，还有人检测手感堪比X光那般精准，令人叹服。而这没有一丝不苟、精益求精的工作态度显然是无法做到的。

二、中国制造需要工匠精神

"华丽的中国时代正在展开"，这是韩国《超级中国》纪录片开篇的第一句话。诚然，改革开放后的中国不仅经济上突飞猛进，综合国力也有大幅度的提升：4万亿美元外汇储备高居世界第一，10万亿美元的GDP总额位列世界第二，2014年对全球经济增长做出将近30%的贡献；APEC会议在北京的召开场面盛大，达沃斯论坛更像是中国的主战场，仿佛中国又回到了鼎盛的大唐、辉煌的大清。天安门阅兵彰显"超级中国"实力，航空母舰的成功出海，更像是我泱泱大国再度崛起的强大信号。

"幸福"似乎来得太突然。老一辈的人还没来得及享受冰箱、彩电、洗衣机"新三样"的幸福生活，转眼就进入了人人有手机、村村通公路的时代，电脑也早已成为广大农民们日常生活必不可少的工具之一。中国现在的高铁里程更是位居世界第一，2016年中国高铁运营里程超过2.2万公里，占全球高铁运营里程的 65% 以上。中国正在加速迈进"高铁时代",高铁也正在成为中国的新"外交名片"和"形象代表"。我们有底气发问:当今世界,还有什么可以阻挡国运昌盛、经济繁荣的中国,还有什么是这九百六十万平方公里的土地上不能发生的?!

秦朝的阿房宫、明朝的紫禁城、清朝的圆明园,每一个伟大的时代都有它的绝对地标,圆明园更堪称是空前绝后的皇家园林,世界少有的建筑奇迹。上至先秦的青铜礼器,下至历朝历代的名人书画,奇珍异宝应有尽有。

那么为什么国力强大的中国,现在依然重建不了曾经无比辉煌的圆明园?为什么当初只是作为"水龙头"的十二兽首,如今却会成为世界顶级瑰宝?

中国有着举世闻名的五大名窑,陶瓷艺术天下无出其右者;司母戊鼎的铸铜技术、工艺精湛的炼铁技术,穿越千年,依然令人惊叹,越王勾践之宝剑至今仍能吹毛断发;横亘在中国北方的万里长城、坐落在中轴线上宏伟壮丽的紫禁城风姿不减当年。千年历史的沉淀,加上如今盛世的辉煌,难道现在的中国连个小小的圆明园也造不出来吗?中国有着"Copy to China"的称号,在"Copy is Right"的文化熏陶下,纵使无法重新创造,难道还不能"复制"吗?

"一切手工技艺,皆由口传心授。"正如瑞士钟表业的奠基人与开创者布克所说的那样:"金字塔的建造者,绝不会是奴隶,而只能是一批欢快的自由人。"而这一判断与希罗多德在《历史》中关于金字塔是由 30 万奴隶所建造的记载截然相反。布克是一位钟表制作大师,他能轻松地制造出日误差低于 1/100 秒的钟表。但是在他因宗教问题被囚禁期间,他却连日误差低于 1/10 秒的钟表也制作不出来。布克后来将这一现象归因为制作钟表时的心情:"一个钟表匠在不满和愤懑中,要想圆满地完成制作钟表的 1200 道工序,是不可能的;在对抗和憎恨中,要精确地磨锉出一块钟表所需要的 254 个零件,更是比登天还难。"由此他推断能够建造工程浩大、建造精细、连一片小小的刀片都插不进去的金字塔的人,必定是一批"怀有虔诚之心的自由人。"

这些自由人被称为"工匠",他们所秉承的信念被称为"工匠精神"。任何人只要有好点子并且有时间去努力实现,就可以被称为工匠,而他们对自己的产品往往精雕细琢、精益求精,这就是工匠精神。工匠的核心不是去"制造"什么,而是一种追求卓越的"心态",而这种精神正是当下国人所不具备的。

制造业有一个通律,只有当工人的月薪达到一定程度的时候才可以造汽车和飞机。因为汽车、飞机这类对安全性要求很高的产品对工人的敬业程度要求很高，稍有闪失，即会埋下日后车祸空难的隐患。笔者曾经去过北京的一家汽车公司，部分工人在汽车制造的过程中态度相当松散，需要人工检测及手工操作的环节都是随便应付。这样的员工除了工资上的问题，也有可能是幸福指数不高，导致工人带着不满的情绪工作，最终产品质量如何，结果可想而知。

美国是一个追求工匠精神的国度，然而最近在美国西海岸却发生了工人罢工事件，据调查目前这里全职工人的平均年薪高达 14.7 万美元，而美国大学教授的平均年薪也才 10 万美元左右。马云曾经说过，员工离职不外乎两个原因：一个是钱没给到位，另一个是心委屈了，归根到底就一条——干得不爽。也就是说，工资和幸福指数共同决定了工人的工作状态，工匠精神建立在物质和精神的满足之上。

如今中国工人的人均收入已经比东南亚等国家高出一大截，中国制造业工资水平最高超过东南亚国家 6 倍有余，越南劳动者的平均月工资仅为 181 美元。但工人能不能造出好产品，不仅在于他收入提高了没有，还在于他的幸福感提高了没有。圆明园时代，一个工匠可以凭自己的手艺，一年到头精雕一对石狮子，让家人过上衣食无虞的生活；如今，一个石匠一年打十对石狮子也过不上小康生活；这就是当下中国为什么重修不了圆明园的主因。

在移动互联网时代的浪潮中，智能化程度越来越高，现在开车的司机已经不再会修车，自行车简单的修理或许都难以胜任，更别说修电脑手机之类的东西了。东莞、苏州制造业的大波倒闭潮，微软、通用汽车、耐克、松下等外企的集体撤资，已经成为对中国制造的强烈警示。背后的原因是整个民族某种精神上的缺失，是中国在经历上下五千年之后，对工匠精神的丧失。如果继续走当前的路子，中国将失去制造大国的优势。"四大发明"之后，中国再也没有惊艳世界的发明。大呼要从"中国制造"到"中国创造"的中国，需要重新找回已经丧失的工匠精神，这才是当下中国迫切需要解决的问题！

"百尺竿头须进步，十方世界是全身。"从 60% 到 90% 已然优秀，但是从 99% 到 99.99% 的态度才是真正的工匠精神。工匠精神是民族精神的一部分，但是崇尚"自己动手，丰衣足食"勤劳勇敢的中国人却遗失了这一优良传统。

美国在德国的工匠精神的催发下，造就了一批伟大的企业，也使美国一直走在世界的前沿。反观自己，在一个连首富都认为"这世界上人们最通用的信仰就是钱"的国度里，中国要重新找回"工匠精神"，任重而道远。有"工匠魂"，才能实现"中国梦"。

民族复兴
——"中国梦"视角下高职院校"工匠精神"传承与发展

三、中国梦呼唤工匠精神

任何一个国家和民族的振兴与发展都离不开工匠和工匠精神，他们在国家经济发展和科技进步中起着至关重要的作用。

在欧债危机中，德国被公认为是最有能力解救欧盟各国的国家。但在19世纪时，英国曾专门使用"德国制造"的标签剔除低端的德国产品，可在一个多世纪后的今天，"德国制造"依然成为全球眼红并企图追赶的"制造业偶像"。德国的辉煌成就靠的不是享誉全球的大型跨国公司，而是隐身于德国乡间、却都在本领域拥有世界第一称号的众多中小企业。这些中小企业有一个共同特点，就是都有非常优秀的手工艺传承，工人们具有令人尊敬的匠人精神。在德国，人们认为一个专注的技能操作工人和科学家没什么两样。

在日本，如果你被称为匠人，那是得到了极大的尊重，只有在一个行业内非常专注、做得非常出类拔萃的人，才能被称为匠人。日本的很多小企业只生产一种产品，专攻一门技术，磨一项工艺。在日本的中小企业里，常常可见从老板到工人，从早到晚，一年到头，精心地打造一个零件，苦练一项技艺，数十年如一日。在他们看来，中小企业在研发上赶超大企业不切实际，但长时间对于一项产品或加工工艺的专注，通过熟能生巧掌握的技能，可以确保企业的核心竞争力长久不衰。日本马尔特长川是一家成立于1924年的小公司，至今员工还只有115人，几十年来只生产锤子、钳子、美容用具等产品。但是这家公司却是日本在欧美市场上份额最大的钳子类工具厂商，全世界最贵的指甲钳就是这家公司生产的，它生产的一把指甲钳、一把指甲锉，加一个皮套，竟然能卖到15000日元，约合人民币1000元。这家公司设计的产品精致美观，先后获得过51次日本的设计大奖。

无论是德国还是日本，二战以后经济得以快速崛起，制造业能傲视全球，很大程度上得益于他们的工匠精神。

中国的传统手工艺制作在农耕时期就名扬海内外，历史上各类能工巧匠辈出。鲁班是中国工匠的杰出代表，他生活在春秋末期到战国初期，出生于世代工匠家庭，从小跟随家人从事土木建筑劳动，掌握了高超的劳动技能，积累了丰富的实践经验，有许多发明创造。据史料记载，鲁班不仅发明了墨斗、曲尺、刨子、钻子、凿子、锯子等劳动工具，他还在古代兵器、农业机具方面有不少发明创造。鲁班的名字已成为中国古代劳动人民智慧的象征，被视为技艺高超工匠的化身。1987 年，中国建筑业联合会创立"中国建筑工程鲁班奖"，1996 年该奖与建设部"国家优质工程奖"合二为一，定名为"中国建设工程鲁班奖"。"鲁班奖"的声誉超出了建筑行业，受到了社会的广泛关注和认可，成为公认的质量品牌的标志，是当代中国企业对中国工匠精神的传承。然而，在中国文化中把劳动分为贵贱和上下，宋代著名学者汪洙在《神童诗》中说"万般皆下品，惟有读书高"，认为所有行业都是低贱的，只有读书入仕才是正途。这种思想至今仍在影响着人们的观念，每年"公考"的火爆场景就是例证；同时，随着改革开放的深入，在经济体制从计划走向市场的变革中，对人们的价值取向必然产生影响，在职业选择时过多的重视工资、福利待遇和工作环境；此外，现代化进程不断加速，科学技术日新月异，也使得人们坚守和潜心某一职业技能劳动更加不易。这些状况表明中国的工匠精神正在渐渐流失。

中华民族的伟大复兴需要寻回工匠精神。改革开放以来，中国经济快速发展，已成为世界第二大经济体，但是人均 GDP 在世界排名第 90 位，说明仍然属于发展中国家，与发达国家还有很大差距。尤其是 30 多年的快速发展主要是依靠量的增加，高消耗、高污染、低效益。我国 1 亿美元的 GDP，需要消耗能源 12.03 万吨标准煤，大约是日本的 7.2 倍，德国的 5.62 倍，美国的 3.5 倍，是世界平均水平的 3.28 倍。现在"中国制造"在国际市场上随处可见，但遗憾的是我们的产品基本上都为中低端产品，只能以廉价取胜。一架美能达相机，外形完全一致，只是产地分别标明中国或日本，价格就完全不同。据了解，美能达相机在中国的工厂和日本的工厂生产线完全是相同的。同样的机械设备，做同样的产品，为什么我们做的在世界市场上只能卖中低端的价格，而日本人做的却能卖高价，值得我们深思。"科学技术是第一生产力"，但技术往往是画在图纸上的东西或具体的设备，必须由高超技能的工人操作才能真正发挥作用。日本制造的优势就是因为有很多掌握高超技能的熟练工人，能够最准确地将图纸上的设计变为真实的产品。实现中华民族伟大复兴的中国梦，需要大力发展高科技，高素质的技术工人同样不可或缺，现代工业科技与手工艺将会长期共存，像丰田公司这样高度自动化生产线作业，现在仍有一道工序要由手工艺高手来完成。

当下中国经济正在转型，转变发展方式，更加重视提高经济发展的质量，各项工作需要不断改革创新，包括体制机制改革、技术创新、管理创新、营销创新。改革创新的原动力来自于人们对自己事业的热爱，对从事的工作、工艺、技术、科技的陶醉、痴迷，倾注了情感。所以，弘扬工匠精神，也是发展高新技术，加快经济转型升级的需要。有"工匠魂"，才能实现"中国梦"。

第三节　追逐中国梦的大国工匠们

2015 年劳动节期间，中央电视台新闻频道连续播出了《大国工匠》系列节目，介绍了八位身怀绝技的"大国工匠"。他们是：长征火箭"心脏"的焊接人高凤林，凭借高超的技艺，用"工匠精神"锻造了"中国品质"；錾刻工艺美术师孟剑锋，在上百万次的錾刻中，没有一次疏漏；深海载人潜水器零件装配专家顾秋亮，装配的零件丝毫不差，人称"顾两丝"；中国商飞大飞机制造首席钳工胡双钱，在 35 年的工匠生涯中加工了数十万个飞机零件，未出现过一个次品，被称为航空"手艺人"；在液化天然气船上"缝"钢板的焊接大师张冬伟，其焊接的殷瓦板只有牛皮纸一样薄，手工焊缝长达 13 公里，如果有一个针眼大小的漏点，都有可能带来致命后果，然而面对如此艰辛的任务，他做到了万无一失；捞纸大师周东红，经他捞的宣纸，成了国内著名书画家青睐的上乘纸品；高铁研磨师宁允展，其负责手工研磨的空间只有 0.05 毫米，技术难度非同一般，可他做到了；港珠澳大桥岛隧工程首席钳工管延安，其安装的精密设备完成了 16 次海底隧道对接，为港珠澳大桥岛隧工程的顺利进行做出了重大贡献。

《大国工匠》宣传片讲述了八位不同岗位的劳动者，靠着自己过硬的技术，用灵巧的双手，创造了一个又一个的奇迹，在自己平凡的岗位上追求着职业技能的完美，最终脱颖而出，为民谋福，贡献社会的故事。在这八位工匠中有一个共同特点：对专业执着，甚至是痴迷。他们是各个岗位上的高级技工，生产的飞机、火箭、高铁、轮船是质量要求非常高的产品。如果 0.1% 的质量问题，飞机可能会坠落；高铁可能会脱轨；轮船可能会沉没。这些 100% 的保证质量在他们的眼里已经习以为常。如今，中国经济经过三十多年的飞速发展，经济总质量有显著提高，已跃居世界第二。这些都离不开他们日日夜夜加班加点，离不开那种执着的工匠精神。

一、火箭"心脏"焊接工高凤林

高凤林是中国航天科技集团公司第一科研研究院首都航天机械公司的一名特种熔融焊接工高级技师，从事火箭发动机焊接工作。在他的手中，焊枪是针，弧光是线，他追寻着焊光，在火箭发动机的"金缕玉衣"上焊出了一片天。

1. 矢志报国，航天事业练就焊接神技

当大街上的广播中传出我国第一颗人造地球卫星传回的"东方红"乐曲声，年幼的高凤林产生了疑问："卫星是怎么飞到天上去的？"

图 1-1　焊接工高凤林

当他以优异的成绩从中学毕业面临抉择时，母亲一句："报考七机部技校吧，去解你小时候的迷惑。"从此，他便与航天结下了不解之缘。

迈出校门的高凤林，走进了人才济济的火箭发动机焊接车间氩弧焊组，跟随我国第一代氩弧焊工学习技艺。师傅给学员们讲中国航天艰难的创业史，讲七十年代初 25 天完成 25 台发动机的"双二五"感人事迹，讲航天产品成败的深远影响，还有党和国家对航天事业的关怀和鼓励。也就是从那时起，"航天"两个字深深镌刻在高凤林的内心。他暗下决心，要成为像师傅那样对航天事业有用的人。

为了练好基本功，他吃饭时习惯拿筷子比划着焊接送丝的动作，喝水时习惯端着盛满水的缸子练稳定性，休息时举着铁块练耐力，更曾冒着高温观察铁水的流动规律。渐渐地，高凤林日益积攒的能量迸发出来。

20 世纪 90 年代，为我国主力火箭长三甲系列运载火箭设计的新型大推力氢氧发动机，其大喷管的焊接曾一度成为研制瓶颈。火箭大喷管的形状有点儿像牵牛花的喇叭口，是复杂的变截面螺旋管束式，延伸段由 248 根壁厚只有 0.33 毫米的细方管通过工人手工焊接而成。全部焊缝长达近 900 米，管壁比一张纸还薄，焊枪停留 0.1 秒就有可能把管子烧穿或者焊漏，一旦出现烧穿和焊漏，不但大喷管面临报废，损失百万，而且影响火箭研制进度和发射日期。高凤林和同事经过不断摸索，凭借着高超的技艺攻克了烧穿和焊漏两大难关。然而，焊接出的第一台大喷管 X 光检测显示，焊缝有 200 多处裂纹，大喷管将被判"死刑"。高凤林没有被吓倒，他从材料的性能、大喷管结构特点等展开分析排查。最终，在高层技术分析会上，他在众多技术专家的质疑声中大胆直言，是假裂纹。经过剖切试验，200倍的显微镜下显示他的判断是正确的。就此，第一台大喷管被成功送上了试车台，这一新型号大推力发动机的成功应用，使我国火箭的运载能力得到大幅提升。

随着承担的急活、难活越来越多，高凤林挑起了更多的重担。在某型号引射筒的焊接攻关中，他大胆改进，使近一年半没有解决的难题得以解决，保证了近一亿产值的产品交付；国家某潜基重点型号临近发射的关键时刻，艇上发射系统出现故障。高凤林在型号总师的直接授意下，研究采用特殊技法，连夜排除了故障，保证了该型产品如期发射。

久而久之，高凤林成为远近闻名的能工巧匠，社会上的一些单位遇到解决不了的技术难题，也登门求助。一次，我国从俄罗斯引进的一种中远程客机发动机出现了裂纹，很多权威专家都没有办法修好，俄罗斯派来的专家更是断言，只有把发动机拆下来，运回俄罗斯去修，或者请俄罗斯的专家来中国，才能焊接好。高凤林被请到了机场，看着眼前这个瘦弱的年轻人，俄罗斯专家仍然不相信地说："你们不行，中国方面的专家谁也修不了！"高凤林通过翻译告诉俄方专家："你等着，我十分钟之内就能把它焊好！"事实证明，高凤林不是"吹牛"。焊完后，俄方专家反反复复检查了好几遍，面带微笑对高凤林竖起了大拇指。高凤林展现了中国人的志气，展示了中国高技能人才的技艺，为祖国争得了荣誉。

2.勇于创新，自我突破成就专家工人

高凤林在工作中敢闯敢试，坚持创新突破，将无数次"不可能"变为"可能"。某型号发动机阀座组件，生产合格率仅为35%。型号需求半年时间要拿出大批量合格产品。该产品采用的是软钎焊加工，而高凤林的专业是熔焊，这是一次跨专业的攻关。高凤林从理论层面认清机理，在技术层面把握关键。他跑图书馆，浏览专业技术网站，千方百计搜寻国内外相关资料。每天，高凤林带领组员在20多平方米的操作间进行试验，两个月里试验上百次，理清了两种材料的成因机理，并有针对性地从环境、温度、操作控制等方面反复改进，最终形成的加工工艺使该产品的合格率达到90%。

不断取得的成功没有让高凤林飘飘然，他反而越来越感到知识的可贵，认为操作工人应该用智慧武装头脑，更好地指导实操作业。离开学校8年后，高凤林重新走进校园，捧起课本，开始了长达4年艰苦的业余学习。为了让知识面更广一些，他选择了机械工艺设计与制造专业。快毕业的时候，高凤林还在一次航天系统大型技术比赛中报了名。白天穿梭于工作现场、训练场、课堂，晚上抱着两摞厚厚的书籍学习到三四点钟，由于过度紧张和劳累，不到 30 岁的他头发一把把地往下掉。功夫不负有心人，高凤林先在技术比赛中取得了实操第一、理论第二的好成绩，不久又拿到了盼望多年的大学专科文凭，之后他又完成了从本科到研究生的学习。

"不仅会干，还要能写出来指导别人干"。高凤林一直这样要求自己。在操作难度很大的发动机喷管对接焊中，高凤林研究产品的特点，灵活运用所学的高次方程公式和线积分公式，提出了"反变形补偿法"进行变形控制，后来这一工艺获得了国家科技进步二等奖；他还主编了首部型号发动机焊接技术操作手册等行业规范，多次被指定参加相关航天标准的制定。自学、实践、总结、再实践的过程，让高凤林逐渐成为国内权威的焊接专家，成为大家眼中把深厚的理论与精湛的技艺完美结合的专家型工人。

2006 年，由世界 16 个国家和地区参与的反物质探测器项目，因为低温超导磁铁的制造难题陷入了困境。来自国际和国内两批技术专家提出的方案，都没能通过美国宇航局主导的国际联盟的评审。一筹莫展时，诺贝尔奖获得者丁肇中教授通过一些渠道打听到了高凤林，请他出手相助。高凤林到现场进行了基础性调研考证，并听取了之前两个方案的详细分析。他凭借丰富的实践经验和深厚的理论基础，指出：按照传统的控制方法，这两个方案都已无可挑剔，但对这种特殊结构，却存在重大隐患。他陈述了自己的设计方案，并最终获得美国宇航局和国际联盟的认可。他还以 NASA 特派专家的身份督导项目的实施。一位专家这样评价高凤林："你既有深厚的理论，又有丰富的实践经验，你是两个维度看问题，看来高技能人才是大有用武之地！"

现阶段，高凤林正带领他的团队围绕重型发动机的新装备、新技术、新工艺、新材料开展焊接技术攻关。未来将进行机器人焊接自动化系统功能开发，实现全过程监测技术、视频控制技术、仿真模拟技术在新型发动机推力室、喷管等复杂空间结构上的应用，不断攀登，持续引领专业发展。

3.甘于奉献，埋头实干见证平凡伟大

航天产品的特殊性和风险性，决定了许多问题的解决都要在十分艰苦和危险的条件下进行。高凤林在焊接第一线甘于奉献、埋头苦干，在最需要的时刻迎难而上，在"平凡"的岗位上，做出了不平凡的成绩。

为了满足大容量、大吨位卫星的发射，我国建造了亚洲最大的全箭振动试验塔，其中振动大梁的焊接是关键，焊缝强度要求不小于基材强度的90%，属于一级焊缝。而制作振动大梁的材料很特殊，它常温硬度高、韧性好，含合金元素多，焊接时极易产生合金元素烧蚀，造成基材强度下降，影响材料的机械性能，焊接难度很大。为了满足振动大梁的焊接要求，高凤林决定采用多层快速连续堆焊，使金属在熔融状态下尽可能减少停留时间，又不因冷却过快造成金属组织结构变坏，而这就需要在高温下连续不断地操作。焊件表面温度达几百度，高凤林的双手被烤得发干、发焦、发糊，鼓起了一串串的水泡。为了按时保质完成任务，他咬牙坚持下来，最终焊出了合格的振动大梁。在后来载人航天工程实施期间，对振动大梁进行升级测试，结果表明大梁焊接质量良好，承载能力可由原来的360吨提高到420吨，能为我国运载火箭的研制继续服役。振动大梁经受住了时间的考验，而高凤林的手上至今还有因严重烤伤留下的疤痕。

在长征五号先进上面级的研制生产中，发动机在发射台试验过程中突然出现内壁泄漏。而发动机如果不能赶在年底之前完成验证性试车，整个研制进度就要推迟一年，返厂处理又根本没有时间。紧急中，高凤林带领相关人员奔赴试车台。站在试车台上面对产品，身后就是几十米的山涧，高凤林临危不惧，沉下心做好相关准备工作。因为特殊的环境，故障点无法观测，操作空间又非常狭小，高凤林就在只能勉强塞进一只手臂的情况下，运用高超技巧和特殊工艺艰难施焊，终于完成了这次"抢险"。

高凤林对航天事业的热忱和忠诚，在炽热的弧光照耀下越发闪亮。外资企业曾以高薪和解决住房等条件聘请，他不为所动；许多次可以提拔的机会，高凤林也都放弃了。他始终认为，他的根在焊接岗位上。

为了攻克国家某重点攻关项目，近半年的时间，他天天趴在冰冷的产品上，关节麻木了、青紫了，他毫不在乎，甚至被同事戏称为"和产品结婚的人"；在技术攻关的关键时期，他和恋人一周偶尔见一次面，见了面也只待上十几分钟就匆匆离去；当恋人成为妻子后，他将家托付给妻子，即使妻子怀孕他都无暇悉心照顾陪伴，孩子出世那天，他还是从工作岗位上匆忙赶往医院……高凤林的理由很简单：因为国家任务不能等，航天事业的发展不能等。

高凤林一直扎根在航天第一线从事火箭发动机的焊接工作，在航天产品发动机型号的重大攻关项目中攻克两百多项难关，他还积极贡献自己的才智，在钛合金自行车、大型真空炉、超薄大型波纹管等多个领域填补了技术空白，为国民经济创造价值。

4.乐于育人，传道授业铺就桃李花香

一枝独秀不是春，高凤林除了自己是技能大师，他还有一个意义重大的工作，就是不断培养更多像他一样优秀的航天高技能人才，从一个人的闪光，拓展到一群人发光发亮。

"能进高师傅的班组，跟着他学技术，本身就是很荣幸的事情，他的成功事迹还有敬业、钻研、不断突破极限的精神，都在一点一滴地影响着我们，给我们树立了很高的标杆。"他的徒弟说。高凤林用自己的行为潜移默化地影响着身边的年轻人，而这种言传身教的影响是深远的。

在技术传承上，高凤林毫无保留地把自己积累的丰富经验传授给年轻人。他指导徒弟如何掌握好焊接的工艺控制过程，来达到最佳焊接效果。针对出现的问题，他能够找准病因，对症下药，手把手地指导，帮助徒弟举一反三。今天，他所在的班组，19名组员中有5名全国技术能手、1名中央企业技术能手和1名航天技术能手。

高凤林还摸索总结出了一套人才培养和管理的方法。他所倡导的"师带徒""一带一"，所创造的"焊接"育人法，在实践中得到广泛认同和应用。2005年，高凤林所在的班组被国防邮电工会和航天科技集团公司联合命名为"高凤林班组"，成为航天一院首个以劳模名字命名的班组。此后，班组在高凤林的带领下，凭借骄人的业绩相继荣获"全国工人先锋号"、全国学习型优秀班组、全国安全生产示范班组、中央国有企业学习型红旗班组"标杆"等多项荣誉称号。2011年，作为国家人社部首批命名的50个技能大师工作室之一——高凤林国家级技能大师工作室正式挂牌，成为实至名归的人才育成基地。

作为班组建设示范基地，高凤林班组在出模式、出成果、出人才、出经验方面充分发挥了典型示范和辐射带动作用。班组与航天系统内外30余个班组结对共建，开展多种交流和合作。通过技术合作解决航天发动机焊接研制等20多项重大科研课题。接待多期人社部全国优秀班组长培训班以及来自中国商飞、中国电科、首钢集团等近200多家兄弟单位的参访交流。不断汲取先进经验，创新班组建设方法，为完成航天型号任务，弘扬航天文化和树立航天品牌发挥了积极作用。

高凤林著有论文30多篇，分别发表于《航天制造技术》《航天产品应用焊接技术》《现代焊接》、集团《绝招绝技》等刊物；每年授课 120 多课时以上，听众上千人次。他的事迹多次被收入《中华名人录》《当代人才》《国际人才》《支部生活》等期刊，被《人民日报》《工人日报》《科技导报》《实话实说》《焦点访谈》《新人物周刊》《探月现场直播》等媒体和节目报道，引导和激励着更多的青年技工学习技术、为国贡献。

"事业为天，技能是地"，高凤林参加工作 30 多年来，默默奋战在火箭发动机系统焊接第一线，他敢为人先、勇于创新，艰苦奋斗、甘于奉献，为中国航天事业的发展做出了突出贡献。他热爱自己的祖国和所从事的事业，以主人翁的责任感、刻苦钻研的精神、无私奉献的态度，走出了一条成才之路，成为新时代高技能人才的楷模。在他身上劳模精神得以发扬光大，散发出更多的光和热，汇聚成这个时代宝贵的精神财富。

二、錾刻工艺美术师孟剑锋

孟剑锋是北京工美集团的一名錾刻工艺师。从业二十年来，他追求极致，对作品负责，对口碑负责，对自己的良心负责，将诚实劳动内化于心，这是大国工匠的立身之本，中国制造的品质保障。

錾刻是我国一项有近 3000 年历史的传统工艺，它使用的工具叫錾子，上面有圆形、细纹、半月行等不同形状的花纹，工匠敲击錾子，就会在金、银、铜等金属上錾刻出千变万化的浮雕图案。

北京工美集团技工孟剑锋是国家高级技师，他和其他技工一起，在一个 80 年代的老厂房里，熔炼、掐丝、整形、錾刻。从细小的首饰、工艺摆件，到两弹一星和航天英雄的奖章，一件件精美的作品就这样在他们手里诞生了。

敲击不同的錾子，就会在金属上留下不同的花纹，因此，要錾刻一个精美的图案，第一步要开好錾子，每开一个錾子都是一次创新。孟剑锋就曾为了一把錾子反反复复琢磨了一个多月，睡着觉都会去想这些事。

让孟剑锋失眠的是北京 APEC 会议上送给外国领导人和夫人的国礼。一个像是草藤编织，有着粗糙质感的果盘，里面有一条柔软的银色丝巾，丝巾上的图案清晰自然，赏心悦目，让

图 1-2 錾刻师孟剑锋

人不由得想去摸一下。传统的錾刻作品大都做在铜器上，很少有金银器上的錾刻，而命名为"和美"的这个国礼，设计要求是一个超级精美的银器錾刻。更为繁难的是，作品所需要的纹理不是规范的几何图形，而是要求呈现出纺织物自然柔美的垂落状态，要表现出纺织物的自然褶皱，并且在宽度只有0.1毫米的皱褶中也要錾刻上花纹，表现出丝织品随着光线移动而产生的明暗变化，再现真切的丝光感。让一张仅有0.6毫米的银片幻化为这件国礼，一向自信的孟剑锋还真被难住了。

一件独具特色的錾刻作品需要设计打造出最适合的錾子，孟剑锋为此昼思夜想。为了分别做出果盘的粗糙感和丝巾的光感，孟剑锋反复琢磨、试验，在尖部直径只有一毫米的錾子上，一次又一次地开凿、磨平，再开凿，再磨平，亲手制作了近30把錾子，最小的一把在放大镜下做了5天。

开好錾子仅仅完成了制作国礼的第一步，最难的是，在这个厚度只有0.6毫米的银片上，有无数条细密的经纬线相互交错，在光的折射下才形成了图案，而这需要进行上百万次的錾刻敲击。这就要求，錾刻时要稳准狠，同时又要特别留神，不能錾透了。上百万次錾刻，只要有一次失误，就前功尽弃。工艺美术不像一些行业，有严格的量化指标，或明确标准，因此，做得如何除了具备一定的技艺外，凭的是工匠的感觉、眼力，还有良心。追求极致是孟剑锋给自己提的标准。

在孟剑锋心目中，没有瑕疵，并且是纯手工，才配得上做国礼。为了做出支撑果盘的中国结，孟剑锋可谓煞费苦心。一般编中国结都是软的东西，但用银编就很费劲，因为银会很快变硬。有技师准备用机械铸造出来再焊接到果盘上，但铸造出来的银丝上有砂眼，尽管极其微小，孟剑锋心里却怎么也过不去这道坎。他认为，每一件手工作品有自己独特的生命力，应该在盘子上展现出中国人五千年文化技艺的传承。于是他开始尝试用银丝手工编织中国结，不断退火将其变软后做下去，而他的手上也起了一层又一层大泡。可他用指甲刀剪去死皮，第二天接着又干。

最终，孟剑锋打造出了这个让各国领导人都赞叹不已的国礼作品"和美"。古老的中国錾刻技术，给各国元首开了一个小小的玩笑，在送给他们的国礼中，有一个

图1-3　錾刻作品"和美"

是金色的果盘里放了一块柔软的丝巾，看到的人都会情不自禁地伸手去抓，结果没有一个人能抓得起来，谁也想不到这块丝巾是用纯银錾刻出来的。

作品受到众人赞叹的背后，是孟剑锋22年对艺术的追求和潜心付出。虽然已经是国家高级工艺美术技师，但孟剑锋对自己还是有些不满意，他觉得要干好工艺美术这行还应该懂绘画，现在有时间就和爱人一起出去写生、练素描。可是，这双做雕刻、錾刻灵巧的双手，拿起画笔就显得笨拙了。孟剑锋说，他已经拜师在学习绘画，有一天，他一定会拿出一个像样的绘画作品，就像练挫平、做錾刻那样，他就是要超越自己，追求极致。

三、"两丝"钳工顾秋亮

顾秋亮是中国船舶重工集团公司第七〇二研究所水下工程研究开发部职工，蛟龙号载人潜水器首席装配钳工技师。

1.调皮徒弟练就"两丝"绝活

深海载人潜水器有十几万个零部件，组装起来最大的难度就是密封性，精密度要求达到了"丝"级。而在中

图1-4 "两丝"钳工顾秋亮

国载人潜水器的组装中，能实现这个精密度的只有钳工顾秋亮，人称为"顾两丝"。

顾秋亮做学徒的时候可没少挨师傅的骂。说起爱徒顾秋亮，他的师傅张桂宝笑着说："那时候，他刚进车间，比较调皮，经常挨骂，还屡教不改，我们就说他，像茅坑里面的石头一样，又臭又硬。"

但骂归骂，聪明灵巧的顾秋亮仍然是师傅们眼中的一块好材料。就像对待一块优质钢板一样，要制作成高精度的零件，就得一下一下、一层一层地用锉刀锉磨。师傅们不厌其烦的调教终于让这块"顽石"慢慢收住了心，开始专心于技术，沉下心来用最扎实的办法练习基本功。

回忆让顾秋亮感慨不已。那时，师傅要求他用一块10厘米大小的方铁，锉成一块0.5厘米厚薄的铁板，就是5毫米。为此，他连锉了十五六块方铁，锉刀都用断了几十把。一遍遍地锉钢板，一遍遍地动脑筋琢磨，渐渐的顾秋亮手里的活儿有了灵性，做的工件全部免检，"两丝"的名号也渐渐被叫响了。

顾秋亮打了个比方：锉钢板能达到0.2（丝）的精度，对手上控制力的要求极高，就好像拿着一碗水去跑步，既要快，又不能让水泼出来。

2. 为蛟龙号装上明亮的"眼睛"

在人体的各种器官中，眼睛是最为娇嫩、最为精密的器官了。潜水器载人舱的观察窗就是"蛟龙"的眼睛。2004年，"蛟龙号"开始组装，顾秋亮和他师傅级的前辈们一起被抽调到这个项目上。凭着"两丝"的功力，顾秋亮被任命为装配组组长。

他们最大的挑战就是确保潜水器的密封性。"蛟龙号"安装的难度是在球体跟玻璃的接触面，要控制在0.2丝（1丝等于0.01毫米）以下。0.2丝，用精密仪器来控制这么小的间隔或许不算难，可难就难在载人舱观察窗的玻璃异常娇气，不能与任何金属仪器接触。因为一旦两者摩擦出一个小小的划痕，在深海几百个大气压的水压下，玻璃窗就可能漏水，甚至破碎，直接危及下潜人员的生命。因此，安装载人舱玻璃，也是组装载人潜水器里最精细的活儿。而为了解决潜水器密封性的问题，要做大量装配试验，顾秋亮在整个试验和装配过程中，每天工作到凌晨，双休变成单休，周六加班，这些都是常有事。

除了依靠精密仪器，顾秋亮更多的是依靠自己的判断。他即便是在摇晃的大海上，纯手工打磨维修的潜水器密封面平面度也能控制在两丝以内。

"蛟龙号"是中国首个大深度载人潜水器，组装起来没有可以借鉴的经验，顾秋亮只能一点点摸索。靠眼睛看、靠手抚摸。时间长了，顾秋亮两只手基本上没有纹路了，现在用指纹打卡都成问题。

3. 用平凡之躯铸就的大师级工匠

20世纪80年代中期，顾秋亮锉到"丝"级别的这手绝活，曾震惊了国内机械圈。有人请他出去工作，开出的薪水相比当时的物价简直就是天价：先给6万元，之后每月工资500元，但被那时每月工资不到百元的顾秋亮拒绝了。

刚参加"蛟龙号"项目时，他原来所在的实验室一直希望他回去，收入能多一半，这对于他这个单职工、女儿上学急需用钱的家庭来说，能起不少作用，但他一想到自己的使命，还是坚持了下来。

2009年至2012年，顾秋亮作为蛟龙号海上试验技术保障骨干，全程参与了蛟龙号载人潜水器1000米、3000米、5000米和7000米四个阶段的海上试验。参加海上试验时，顾秋亮已是五十多岁，但他克服了严重的晕船反应和海上艰苦的工作生活条件等诸多困难，安排好家中生病的妻子，义无反顾地投入到每年近 100 天的海试中。他带领装配保障组不仅完成了蛟龙号的日常维护保养，还和科技人员一道攻关，解决了海上试验中遇到的技术难题，如压载铁的安装、水下灯光的调整、布放回收接口的设置等，并将自己的技术和心得体会毫无保留地传授给国家深海基地的技术人员，为海试的顺利进行和蛟龙号投入正规化的业务运行立下了汗马功劳。

2015 年 3 月，顾秋亮参加装配的"蛟龙号"离开了 702 所，正式安家在青岛国家深海基地码头。而另一项任务又下达到顾秋亮等人的肩头——组装中国首个自主设计制造的 4500 米载人潜水器。"蛟龙号"中的载人球是在俄罗斯定制的，而要组装的 4500 米载人潜水器，完全是中国自己制造的，这对于国家、对于他和同事们来说，意义当然非同一般。目前，已是花甲的顾秋亮仍坚守在科研生产第一线，为载人深潜事业不断书写我国深蓝乃至世界深蓝的奇迹默默奉献。

四、航空"手艺人"胡双钱

胡双钱，中国商飞上海飞机制造有限公司高级技师，现任中国商飞上海飞机制造有限公司数控机加车间钳工组组长，主要负责 ARJ21-700 飞机项目零件生产、C919 大型客机项目技术攻关及青年员工的培养。先后获得"上海市质量金奖""全国五一劳动奖章""全国劳动模范"等荣誉。

1960 年 7 月，胡双钱出生在一个普通的工人家庭。也许，在父母的眼里，"技术"就是一门"手艺"，一门能够谋生的手艺。父母希望他能学会一门手艺，掌握一项可以安身立命的技术。在父母的教诲下，成为一名技术工人的梦想，早早地在胡双钱心里扎下了根。

与一些人相比，胡双钱是幸运的。1977 年，中断了 10 年的高考制度得以恢复，中国由此重新迎来了尊重知识、尊重人才的春天。那一年，胡双钱刚好中学毕业，他如愿进入了 5703 厂技工学校（上海飞机制造厂技校）。更幸运的是，在技校学习期间，胡双钱跟着老师参与了运 10 飞机零部件的加工生产，有了一次难得的实践机会。他十分珍惜这次机

图 1-5　飞机制造钳工胡双钱

会，虚心向师傅请教，苦练操作技能，从不轻易放过每一个问题。由于飞机的零件加工都是一些精度要求高、技术难度大的精细活，他从中学到了许多技巧和方法。功夫不负有心人，经过理论学习和技术钻研，胡双钱很快就能独立操作了。

20岁那年，上海航空工业（集团）有限公司组织技术大赛，年轻的胡双钱积极报名参赛，在赛场上一鸣惊人，取得了第四名的好成绩。后来，凡是遇上技术比赛，胡双钱就踊跃报名参加，因为他想通过这一平台不断学习、不断钻研、不断提高。就如胡双钱所说，精湛的技术是靠长期的积累磨炼出来的。胡双钱以他"精益求精，追求完美，打造极致"的工匠精神，在平凡的岗位上做出了不平凡的业绩。

1.36年无差错的"手艺人"

胡双钱从小就喜欢飞机。制造飞机在他心目中更是一件神圣的事，也是他从小藏在心底的梦想。1980年，技校毕业的他成为上海飞机制造厂（现上海飞机制造有限公司）的一名钳工。从此，伴随着中国飞机制造业发展的坎坎坷坷，他始终坚守在这个岗位上，发挥着一个"手艺人"的价值。

一次，生产急需一个特殊零件，从原厂调配需要几天的时间，为了不耽误工期，只能用钛合金毛坯来现场临时加工。这个任务交给了胡双钱。0.024毫米相当于一根头发丝直径的一半，这个本来要靠细致编程的数控铣床来完成的零部件，在当时却只能依靠胡双钱的一双手和一台传统的铣钻床。打完这36个孔，胡双钱用了一个多小时。当这场"金属雕花"结束之后，零件一次性通过检验，送去安装。

航空工业要的就是精细活，大飞机的零件加工精度要求达到十分之一毫米级，有的孔径公差，相当于人的头发丝的三分之一。

工作中，无论零件是简单还是复杂，胡双钱都一视同仁，核对图纸、划线打磨、完成加工、交付产品，每个步骤他都反复检查数遍，直到"零瑕疵"。正是因为这种追求完美的"工匠精神"，胡双钱曾连续12年被公司评为"质量信得过岗位"，36年里产品100%合格，无一例返工单，曾获2002年的"上海质量金奖"。

2.飞机关乎生命，干活要凭良心

在一个3000平方米的现代化厂房里，胡双钱和他的钳工班组所在的角落并不起眼，而打磨、钻孔、抛光，对重要零件细微调整，这些大飞机需要的精细活都需要他们手工完成。

划线是钳工作业最基础的步骤，稍有不慎就会导致"差之毫厘、谬以千里"结果。为此，胡双钱发明了"对比复查法"：他从最简单的涂淡金水开始，把它当成是零件的初次划线，根据图纸零件形状涂在零件上，"好比在一张纸上先用毛笔写一个字，然后用钢笔再在这张纸上同一个地方写同样一个字，这样就可以增加一次复查的机会，减少事故的发生。"胡双钱说。

"反向验证法"则是令胡双钱最为珍视的"秘诀"。这也与最基础的划线有关：钳工在划线零件角度时，通常采用万能角度尺划线，那么如何验证划线是否正确？如果采用同样方法复查，很难找出差错。这时，胡双钱就会再用三角函数算出划线长度进行验证。结果一致，继续进行下面的操作；结果不相符，就说明有问题了。这样做，无异于在这一基础环节上做了双倍的工作量，但却为保证加工的准确和质量，减少报废等打下基础。

匠人之所以称之为"匠"，是因为他们拥有了某种娴熟的技能，但这个技能可以通过实践的积累"熟能生巧"，蕴藏在技能背后的，还有更深层次的精神内涵。对于胡双钱来说，在这些技术层面的"手艺"之上的，实际上是对生命的"尊重"。

3. 竭力打造一支精品团队

胡双钱的手艺和职业道德，不仅在工作中得到了工友们的钦佩，同时也获得了各级政府部门的认可。工作36年来，胡双钱先后获得全国劳动模范、全国"五一劳动奖章"、上海市质量金奖等，更在2015年，被授予全国敬业奉献模范称号。

现在，胡双钱主要负责ARJ21-700飞机项目的零件生产、C919大型客机项目技术攻关，并承担青年员工的培养工作。他常常鼓励青年安心型号研制，工作中做到严格按照零件"标准加工方法"加工零件，不多步骤、不漏程序，始终带着感恩、责任和思考做工作。在培养青年人的方式上，胡双钱更是有一套自己的方法，他积极发挥技术技能"双通道"的培养优势，让年轻人实现"一岗多能""一岗多专"。在他眼里，个人的荣誉并不重要，自己的活儿少了，说明集体的力量壮大了。作为"大国工匠"劳模创新工作室的领军人物的胡双钱，正在竭力为中国大飞机事业打造出一支技术创新、攻坚克难、吃苦耐劳、勇于追梦的精品团队而努力着。

五、殷瓦焊将张冬伟

张冬伟是沪东中华造船（集团）有
限公司总装二部围护系统车间电焊二组
班组长，高级技师，主要从事 LNG（液
化天然气）船的围护系统二氧化碳焊接
和氩弧焊焊接工作。从 2005 年至今，
张冬伟作为 LNG 船焊接骨干，参与了
沪东中华每艘 LNG 船的液货围护系统
的氩弧焊焊接工作，以其技术精湛、默

图 1-6　电焊能手张冬伟

默奉献的"大国工匠"风范，在 LNG 船建造中绽放异彩，让 LNG 船"中国制造"
更加闪亮。

1.梅花香自苦寒来

1998 年，张冬伟进入沪东中华所属的高级技工学校，学的是电焊专业。在
学校期间，由于成绩优异，他就被学校派出去参加了在上海船厂船舶有限公司
举办的技术交流活动。

2001 年，张冬伟从技校毕业，进入了沪东中华。他非常幸运，一进厂，就
遇到名师——沪东中华最年轻的焊接高级技师、专家型人才、全国技术能手和
中央企业劳动模范秦毅。当时，他和其他刚进入沪东中华的技校毕业生一起，
被厂里组成一个小组，由师傅秦毅带着，到船上去工作。

工作后没多久，张冬伟便以其出色的表现获得了一个参加集训的机会。集
训十分辛苦，有时为了干好一个焊接活，需要在钢板上连续工作七八个小时。
在集训时，他亲眼看见了秦毅单面焊双面成型的高超技艺。"当时我就感觉到焊
接中的学问不少，很多东西自己还不知道，书本上也没有看到过，我就对自己
说要努力向师傅学习。"他回忆说。事实上，在集训过程中，他作为一个新人，
就是凭着"勤奋、认真、好学"的精神给秦毅和其他人留下了深刻的印象。更
让张冬伟大开眼界的是，这段时间沪东中华正在积极备战国内首艘 LNG 船建造
所进行的大量高难度焊接技术培训。

LNG 船是国际上公认的高技术、高难度、高附加值的"三高"船舶，被誉
为"造船工业皇冠上的明珠"，其建造技术只有欧美和日韩等发达国家的极少
数船厂掌握。研发建造 LNG 船是沪东中华人响应党中央关于早日把我国建设成

为世界第一造船大国的号召，为实现中船集团公司"五三一"战略目标而进行的一次自我挑战，它对于推动和保障国家能源战略的实施，具有极为重要的意义。张冬伟是中国首批LNG船建造者之一，他从开始接触LNG船开始就立志为中国LNG船建造事业做出贡献。在建造过程中，张冬伟发扬了沪东中华"团结拼搏，争创一流"的企业精神，甘于吃苦，勇于奉献，用自己的聪明才智解决了一个又一个难题，为LNG系列船的顺利建造做出了突出贡献。

作为LNG船核心的围护系统，焊接是重中之重。承接LNG船对沪东中华来说是一个巨大的考验，国内没有先例可循，国外对我们又实行技术封锁，只能一步步在摸索中艰难前行。作为一名"80后"焊工，张冬伟的技术水平和经验不比老师傅差，甚至要高出许多，因为他对焊接的喜爱促使他不断地用心去研究和创新，围护系统建造的高难度和高技术正需要他这样的人才。面对肩上的重担，张冬伟不断地磨砺自己，用高标准要求自己。围护系统使用的殷瓦大部分为0.7mm厚的殷瓦钢，殷瓦焊接犹如在钢板上"绣花"，对人的耐心和责任心要求非常高，而他能够耐得住寂寞，潜心从事焊接工艺研究，不断地磨炼自己的心性，培养自己的专注度，短短几米长的焊缝，需要焊接五六个小时，如果不能沉下心来，根本就不能保质保量完成任务。

围护系统建造首先涉及的是基座连接件MO5自动焊焊接。由于现有加工精度和造船技术与国外存在较大差异，原本在总组时焊接的连接件，要在大舱成型后才能焊接。这样原先焊后再背面涂装油漆的工艺被彻底推翻，为保证围护系统的顺利建造，张冬伟与技术人员放弃了休息时间，日夜埋头图纸堆中，经过不懈攻关完成了MO5的工艺改动实验任务，并得到了船东和领导的一致好评。LNG船液货舱围护系统液穹区域、不锈钢托架是非常重要的支撑部件，与船体的安装间隙在4mm～7mm，要求单面焊接双面成形，变形要求控制在2mm以内，由于要接触温度低于-40℃以下，采用普通的二氧化碳工艺，低温力学性能达不到TIG加丝焊要求，因托架的特殊结构，张冬伟只做了一些专用的背面保护工袋，以避免氧化，焊接时温度严格控制在15℃以下，有效地减小了变形与合金元素的烧损。实验取得了成功，得到了专利方法国GTT公司和美国ABS船级社的认可，并用于LNG船实船生产当中，收到了良好的成效。

张冬伟在生产过程中非常注意经验的积累总结，国内没有现成的作业标准，他就不断摸索完善各类焊接工艺，先后参与编写了《14万立方米LNG船殷瓦管十字连接件焊接工艺研究》《LNG船殷瓦手工焊自动焊焊接工艺》《端部列板操作指导书及修补工艺》以及《MO2 自动焊与 MO3 凸缘螺柱自动焊产生的主要缺陷和修补方案》等作业指导书，为提高 LNG 船生产效率，保证产品质量发挥了积极作用。

国之大者在于人。随着各项荣誉接踵而至，外界的诱惑也纷至沓来。但他面对诱惑从不为所动，始终保持着对企业的忠诚。他的师傅是"80后"全国技术能手秦毅，秦毅手把手带教出了他，也教会他要去无私地帮助别人，也同样用高尚的品格教会了他做人的道理。

2. 坚持到底的魔力

这些年来，张冬伟从一名技校学生成长为顶尖的焊接技能人才，遇到了很多的困难和挑战。但是，他从来没有退缩过。"不管面对再大的阻碍，我都没有想到过放弃，一次都没有。"

其实，在 2005 年参与国内首艘 LNG 船建造的时候，张冬伟才不过 24 岁，几个小时、十几个小时，就这样守在殷瓦板上，持续不断地进行焊接。正是那种不怕困难、坚持到底的信念，让张冬伟具有了远超过其年龄的耐心和韧性，也让他在这个原本十分艰苦和枯燥的岗位上，找到了很大的乐趣。

张冬伟坦言，造船行业与其他行业相比，并不光鲜，相反十分艰苦，来自外界的诱惑很多也很大，不过，坚持到底是他一贯的作风，他不会被外界的繁华所动。而且，他从不到 20 岁就进入沪东中华技校，毕业后就在沪东中华工作，进厂后一直跟着师傅秦毅，此后一直参与建造 LNG 船，这些年来，是秦毅手把手地教他学技术，是沪东中华给了他参与建造高端产品的舞台，对秦毅、对沪东中华，他早已经有了深厚的感情，难以割舍。

10 余年来，张冬伟以坚定的信念和朴实的作风，为企业的发展默默耕耘，用实际行动践行着自己的青春誓言，他要尽自己最大的努力提升技能水平，也要将自己的知识和经验毫无保留地传授给身边的同事，以培养更多的技术能手。通过师徒带教的形式，自 2005 年至 2015 年的 10 年间，张冬伟累计指导培训了焊接最高等级殷瓦 G 证、SP3\SP4\SP7 等手工焊证，及 MO1—MO8 氩弧焊自动焊工 40 余人，殷瓦拆板工 6 人，涉及围护系统焊接的各个焊接种类，满足了 LNG 船围护系统建造的各项需求，并先后带出了 30 余名熟练掌握多种焊接类型的复合型殷瓦焊工，其中 2 名已经是班组长，其余均为车间的技术骨干。

六、捞纸大师周东红

周东红是中国宣纸股份有限公司的一名高级技工。30年来，经周东红捞的近千万张纸每张重量误差不超过1克，始终保持着成品率100%的记录，他加工的纸也成为韩美林、刘大为等著名画家及国家画院的"御用画纸"。2015年，周东红获得了全国五一劳动奖章，现在他依然每天都要长时间下水捞纸。他把捞纸当成一种责任，希望老祖宗留下的技艺能更好地传承下去。

图1-7 捞纸大师周东红

著名国画家李可染曾说过，"没有好的宣纸，就作不出传世的好国画。"而一张宣纸从投料到成纸，需要一百多道工序。而决定宣纸成败的就是捞纸这道工序，周东红就是一名捞纸工，国内不少著名的书画家都点名要他做的宣纸。

所谓"捞纸"，两个人抬着纸帘在水槽中左右晃动，一张湿润的宣纸便有了雏形，整个过程不过十几秒。但是宣纸的好与坏、厚与薄、纹理和丝络就全在这一"捞"上。双手要摆到水面上，不要动，像绳子一样吊着，然后整个手抬起来45度角，抬得齐肩那么高。要从正中间下水，用双手舀水往前走大概15厘米左右深度。这上下一两，指的是做成的每刀宣纸的重量不能超过上下一两的误差，也就是说做成的每张宣纸的重量的误差不能超过1克。周东红和他的搭档每天要重复这样的捞纸动作一千多次。三十年来，周东红捞的每一刀纸误差都不超过一两，这就是他的手艺。

如今周东红成了当地出了名的捞纸大师，每年经他手捞出的纸就超过30万张，没有一张不合格。看着周东红捞纸如行云流水，其实在他刚进厂的时候，他差点放弃了这个行业。当时他和另外一个人起早摸黑干了一个月，竟然没完成任务，于是就打了退堂鼓。但是他是一个很要面子的人。他一想，自己好不容易从一个农民变成了国有企业的技工，在亲戚朋友眼里也算是个有出息的人，如果辞掉工作怎么有脸回去见人。从此以后，他静下心来拜师学艺，勤学苦练。那时候他凌晨两点起床就去捞纸了，捞到下午五、六点才下班，冬天把手伸到冰冷刺骨的水里，即便是长了冻疮也要下水捞纸，勤学苦练，就为了找到那种感觉。

周东红最初从事捞纸行业，是为了生计，但是这么多年下来，他已经慢慢地爱上了这一张张宣纸，并想把这门手艺给好好传下去。虽然在造宣纸这个行当，周东红已经是响当当的人物，但是无论酷暑严寒，他依然坚持每天都要长时间下水捞纸，他说只有这样才能让手的感觉一直在。也正是带着这种工匠精神，30多年来，经周东红捞的近千万张纸，没有一张不合格。不忘初心，方得始终，周东红在传统技艺上的精益求精和极致追求，让他不仅体会着劳动的快乐，也增添了传承人类非物质文化遗产的自豪。

七、高铁研磨师宁允展

宁允展是南车青岛四方机车车辆股份有限公司车辆钳工高级技师，中国南车技能专家，国内从事高铁列车转向架"定位臂"研磨第一人。经他和团队研磨的产品，装上了800多列高速动车组，奔驰10亿多公里，相当于绕地球2.5万多圈。

图1-8 高铁研磨师宁允展

1. 刻苦钻研，攻克企业生产难题

宁允展出身工匠家庭。在身为工匠的父亲的耳濡目染中，宁允展从小就喜欢手艺。1991年，19岁的宁允展从铁路技校毕业，进入当时的四方机车车辆厂（南车四方股份公司前身），从事车辆钳工工作，一干就是20多年。

2004年，中国南车四方股份公司开始由国外引进高速动车组技术。转向架是高速动车组九大关键技术之一，而转向架构架上的"定位臂"，则是转向架的核心部位。正是这个接触面不足10平方厘米的"定位臂"，一度成为高速动车组试制初期困扰转向架制造的巨大难题。高速动车组在运行时速达200多公里的情况下，定位臂的接触面要承受相当于二三十吨的冲击力，定位臂和轮对节点必须有75%以上的接触面间隙小于0.05毫米，否则会直接影响行车安全。

唯一可行的操作方法就是手工研磨。然而经过机器粗加工后的定位臂，留给人工研磨的空间只有0.05毫米左右，也就是一根发丝的直径。在当时，国内并没有可供借鉴的成熟操作技术经验，宁允展主动请缨，向这项难度极高的研磨技术发起挑战。打磨机以300多转每秒的转速高速旋转，一旦磨小了，精度达不到要求，不慎磨大了，动辄十几万的构架就会报废。经过无数次反复研究试验，宁允展仅用一周的时间便掌握了外方熟练工人需花费数月才能掌握的技术，打破了这一瓶颈难题，他研磨出的定位臂受到外方专家的高度肯定。

在高速动车组进入大批量制造阶段后，"外方"的研磨方法已经不适应企业生产需要。宁允展将目光瞄向研磨工艺。他反复摸索，试验了近半年时间，发明了"风动砂轮纯手工研磨操作法"，采用分层、交错、叠加式研磨，将定位臂接触面织成了一张纹路细密、摩擦力超强的"网"。这一研磨法将研磨效率提高了1倍多，接触面的贴合率也从原来的75%提高到了90%以上，这项绝技被纳入工艺文件，应用到现场生产，使长期制约转向架批量制造的瓶颈难题得到破解，为高速动车组转向架的高质量、高产量的交出做出了突出贡献。他研磨的定位臂，已经创造了连续十年无次品的纪录。目前，就定位臂研磨而言，在国内能够在0.05毫米的研磨空间里进行打磨作业的只有宁允展一人。

2. 积极创新，争做企业节约创效代言人

宁允展出身钳工，但他自学了焊工、电工，是高速列车转向架生产的"多面手"。突破常规、寻找更好的方式方法解决问题，这成为他工作中始终如一坚持的原则。转向架检修加工部位容易损伤，由于精度要求高，修复起来非常困难。而一个加工件动辄上万元。针对这一突出难题，在行业内没有先例可以参照的情况下，宁允展将自己的研磨技术和焊接手法巧妙结合，独立发明了一套"精加工表面缺陷焊修方法"，修复精度最高可达到0.01毫米，相当于一根细头发丝的1/5，能够有效还原加工部位，这一操作法被中国南车认定为集团级别的"绝招绝技"。而他利用空闲时间研究出的"折断丝攻、螺栓的堆焊取出"操作法，适用于所有螺纹孔的检修或者新造过程，适用于全部具有螺纹孔的产品，具有非常广泛的推广价值，这项在行业内被广泛认可的"绝招绝技"，成为解决相关难题的必备"武器"。

宁允展善钻研、爱钻研的性格让他不断承接公司大量颇具实效性和针对性的生产制造攻关课题项目。在构架加工初期中，如何保证加工铁屑杂质排出、如何确保构架空气室内无铁屑等杂物？一直是长期以来困扰构架生产的难题。作为公司提高产品质量的大师级人物，宁允展认真研究分析了各车型构架内腔结构，决定通过技术革新从根源上避免铁屑等杂物进入空气室内。他结合各车型构架特点，不断地尝试各种方法，经过上百次的试验和改进巧妙地制作出了多套防护空气室工装，有效地避免了构架加工空簧孔时铁屑进入空气室内。空簧孔防护工装在各车型构架生产中得到应用及推广，并在高速动车组和出口产品上广泛应用，受到了上级部门的多次表彰。

3. 无私奉献，致力优质人才培养

作为高铁研磨的第一把手，宁允展当上了研磨班的班长。可没过几年，他主动辞去了班长职务。他认为一心扑在一线更加适合自己。之后，宁允展潜心研究工艺改进和工装发明，将多数时间和精力放在了怎样实实在在地解决问题上，做起了生产线上的"疑难杂症"处理专家。

授之以鱼更授之以渔。如何将自己的所学所获最大化地奉献给企业，宁允展一直在思考——将自己多年摸索出来的工作经验和技能传授给年轻的同事是他做出的选择。多年来，宁允展一方面不断为自己充电，一方面将自己的经验无私传授给身边的同事。在他传帮带的徒弟中，1人成为高级技师，2人成为技师，5人成为高级工，2人成为中级工，这些人均成为生产一线的骨干，通过这种无私传授，宁允展为企业发展培养输送了多名优质的制造技术人才，为企业的持续健康发展注入了来自基层的一股动力，他所带领的团队也由此成为基层互帮互助、凝心聚力的典范。

一心一意做手艺，不当班长不当官，扎根一线24年，宁允展与很多人有着不同的追求。"我不是完人，但我的产品一定是完美的。做到这一点，需要一辈子踏踏实实做手艺。"这是宁允展的信条。如今，国内铁道线上飞奔的高速列车，近一半来自宁允展所在的南车四方股份。宁允展说，身为第一代"高铁工匠"，他的梦想就是自己研磨的高速列车走出国门，驰骋世界！

八、深海钳工管延安

正在建设的港珠澳大桥连接珠海、澳门和香港，是迄今为止世界上最长，施工难度最大的跨海大桥。工程中最大的挑战就是在茫茫大海中央修建一条5.6公里的海底隧道，长度、规模、施工工艺都是我国首次尝试，因此一些经验丰富的老技师都面临着全新的挑战，钳工管延安就是其中的一个。管延安，中交港珠澳大桥岛隧工程V工区航修队钳工，负责沉管舾装和管内压载水系统安装等相关作业。经他安装的沉管设备，已成功完成18次海底隧道对接任务，无一次出现问题。

18岁管延安就开始跟着师傅学习钳工；"干一行，爱一行，钻一行"是他对自己的要求；有空的时候就看书学习，是他最大的工余爱好。二十多年的勤学

苦练和对工作的专注，心灵手巧的他不但精通
錾、削、钻、铰、攻、套、铆、磨、矫正、弯
形等各门钳工工艺，而且对电器安装调试、设
备维修也是得心应手。

2013 年年初，管延安来到珠海牛头岛，
成为岛隧工程建设大军一员。他所负责的沉管
舾装作业，导向杆和导向托架安装精度要求极
高，接缝处间隙误差不得超过正负 1 毫米，管
延安做到了零缝隙。每次安装，他带领舾装班
组同测量人员密切配合，利用千斤顶边安装边
调整，从最初需要调整五六次到现在只需调整
两次，就可以达到"零误差"标准。

图 1-9　深海钳工管延安

1. 重复出精彩

1996 年初，管延安跟师父学习电机维修。一次发电机常见故障维修后，他
"胸有成竹"，没有进行检查，结果发电机刚装上就又烧坏了。师父并未责罚，
可他自己却羞愧难当。他知道如果认真检查一遍就可避免这次事故。自此，维
修后的机器在送走前，他都会检查至少三遍——这已经成为烙在头脑里的习惯。

E15 沉管第三次浮运安装期间，管内压载水系统突发故障，水箱不能进水，
沉管安装只能暂停，必须安排人员进入半浮在海中的沉管内维修。浮在水上的
沉管犹如一个巨大的混凝土箱子，除了一个直径一米多点的人孔，没有其他的
换气通道，空气湿度在 95% 以上，里面又闷又湿。只要进入里面，不要说作业，
就是站立一会儿，身上的汗水就会渗出来黏在皮肤上，好像在身上裹了一层看
不见的膜，非常难受。

危急时刻，管延安带领班组人员快速开启人孔盖板进行检修，不一会儿，
发梢上的汗珠就沿着管延安的脸往下流，身上的工作服很快就湿透了，他顾不
得擦一擦汗水，还是那样专注地进行检修。昏暗的沉管里，绑在安全帽上的头
灯发出白色的光柱，稳稳地投射在绿色的阀碟上。从打开到密封的人孔盖板进
入管内检修、排除故障，到完成人孔盖板密封全程不超过三小时，效率之高令
人惊讶。这都得益于之前无数次的演练，管延安和他的团队在每节沉管沉放前
都要做至少 3 次演练，15 节沉管，他们做的演练远远不止 45 次。

20 年来，管延安以追求极致的态度，不厌其烦地重复检查、重复练习，快

速准确地完成了看似微不足道但又举足轻重的工作。

2.专注业务的有心人

管延安是一个十分较真的人，干什么事情都非常专注，以主人翁精神去解决每一个问题。一个个细小突破的集成，一件件普通工作的累积，成就了"大国工匠"的传奇。

每次沉管浮运安装前，岛隧工程项目总经理部都会组织全面精细的风险排查，针对所负责的任务，他有自己的一套检查方法。在一次对已安装完成的水下线缆固定卡环例行检查中，他发现线缆没有包胶皮——规范没有要求，又要大大延长作业时间。但有丰富经验的管延安知道，包胶皮后将降低对线缆的磨损，于是他立即将班组作业人员叫到现场，一起将八个卡环一一拆开，包好胶皮，再重新安装。他一个个最简单的细节教给了年轻人最重要的道理。

为了避免不熟悉情况的工人混拿、混用设备，管延安还建立起一套完善的设备管理机制，每一件设备都进行编号管理，每一个蝶阀都标明使用次数；并制作了"一丝不苟，不让隐患出坞门"的标语，醒目地立在航修队基地。这个标语就是我们的警示牌，每天一上班就会看见它，时时刻刻警示我们设备维修、管理都要做到100%，绝对不能有侥幸之心。

专注，做什么事情都静得下心来，这是同事们对管延安的一致评价。每次沉管安装完成后，压载水系统的电动蝶阀都要从沉管里面拆回牛头岛，经过维修、检测后方能重复使用。法兰盘是蝶阀的关键部件，每次维修管延安都亲自动手。铺开耐水砂纸，倒上研磨油，随着手臂不急不缓的摆动，一个直径20多厘米的金属盘在砂纸上均匀地画着圈。磨一会，用手摸一摸盘面，又磨了起来。十分钟，二十分钟，半个小时过去了，他仍然不急不缓一圈一圈地研磨着，原来锈迹斑斑的法兰盘变得光滑锃亮，管延安沿着盘边摸了一圈，均匀地打上黄油，细心地装配到电动蝶阀上。要找到最佳感觉，需要耐心，更需要时间，平时半个小时就能安好的设备，在这里需要四五个小时。

第二章 千年文明孕育工匠精神

中华文明辉煌璀璨，很长一段历史时期内，世界各国持续着对中华文明的尊崇，掀起了经久不衰的"东方热"。除了中华文化本身博大精深之外，最直观的莫过于那些令人惊叹、精美冠绝的中国器物，丝绸、瓷器、茶叶、漆器、金银器等产品曾是世界各国王宫贵族和富裕阶层最受追捧的宠儿。天工开物，随物赋形。我国古代工匠把自己的一生奉献给了一门职业，执着于一件技艺，发挥着自己的聪明才智，这种精神附着于精美绝伦的作品，世代相传，不仅是中华民族宝贵的物质财富，也给中华文明打下了不可磨灭的文化烙印。

2016年3月5日，国务院总理李克强在十二届全国人大四次会议上做政府工作报告。"工匠精神""互联网＋政务服务""相机调控""大众旅游时代"等词汇，第一次在政府工作报告中出现。工匠精神，这个与中国制造似乎绝缘的词汇，首次在"两会"被媒体、观察家和企业家们关注。一时间，官媒评论，自媒体深挖内涵，朋友圈转发，论坛热议，真是好不热闹。

那么何为"工匠精神"？我国的工匠精神源自何方，又有怎样的内涵和价值？下面我们将对这些内容进行具体分析。

第一节 我国工匠精神的起源与演变

何为"工匠精神"？就是精益求精的精神，就是专注专业的精神，就是一丝不苟的精神，就是精雕细琢的精神，就是持久坚韧的精神。说到这种精神，人们总会想到瑞士手表、德国机械、日本匠人。这首先可以从瑞士制表匠的例子上一窥究竟。瑞士制表商对每一个零件、每一道工序、每一块手表都精心打磨、专心雕琢、他们用心制造产品的态度就是"工匠精神"的思维和理念。在工匠们的眼里，只有对质量的精益求精、对制造的一丝不苟、对完美的孜孜追求，除此之外，没有其他。正是凭着这种凝神专一的"工匠精神"，瑞士手表得以誉满天下、畅销世界、成为经典。

还可以从获得奥斯卡奖的日本影片《入殓师》里获得答案。一个大提琴师下岗失业到葬仪馆当一名葬仪师，通过这位匠人出神入化的化妆技艺，一具具遗体被打扮装饰得就像活着睡着了一样，他也因此受到了人们的好评。这名葬仪师匠人的成功感言是：当你做某件事的时候，你就要跟它建立起一种难割难舍的情结，不要拒绝它，要把它看成是一个有生命、有灵气的生命体，要用心跟它进行交流。

"工匠精神"，不仅成就着工匠本身，而且长青着企业。比如，寿命超过200年的企业，日本有3146家，为全球最多，德国有837家，荷兰有222家，法国有196家。为什么这些长寿企业扎堆出现在这些国家，是一种偶然吗？他们长寿的秘诀是什么呢？研究者们发现，他们都在传承着一种精神——"工匠精神"！可见，这种精神的作用该是多么巨大！

实际上，"工匠精神"并不是舶来品，在我国，也早已有之。《庄子》中就记载了一个"庖丁解牛"的故事。厨师庖丁给梁惠王宰牛，他的手所接触的地方，肩膀所依靠的地方，双脚所踩的地方，膝盖所顶的地方，哗哗作响，进刀时霍霍地，没有不和谐音律的。每当碰到筋骨交错很难下刀的地方，他就小心翼翼地提高注意力，视力集中到一点，动作缓慢下来，动起刀来非常轻，霍啦一声，牛的骨和肉一下子就解开了。一连十九年，他的刀刃还像刚从磨刀石上磨出来的一样锋利。

一、我国工匠精神的起源

1.工匠文化之源

当下，整个社会都在呼唤"工匠精神"。这反映人们对精益求精、一丝不苟的精神的一种渴望。李克强总理提出"培育精益求精的工匠精神"，其实倡导的是一种理念、一种态度、一种行为方式甚至社会价值观。

工匠精神体现在制造业的诠释，是指某个领域的精专深化，当工人们注之以精湛的专业技能、敬业的态度、追求完美的执着，既尊重生产规律又敢于创新，如此生产的产品之可贵处就不仅仅在于物品的使用价值，更有工人融入其中的精神价值。

近年来，中国制造业一直在"跑步前进"，这种"追赶者"的心态导致许多企业也好，工人也好，对工匠精神认识或有缺失，急功近利、急于求成，过于重数量、速度和效率，忽视了对质量和细节的追求和把控，同时创新能力不强，没有形成完善的创新体系，许多产品体系只是解决了生产能力有无的问题，产品在功能、技术、品牌等各方面与发达国家差距明显。在这种背景下，我们必须认识到只有具备优良品质、丰富品种和优质品牌的企业，才能经历时间的洗礼而屹立不倒。因此，今天我们有必要对工匠精神的重要价值进行再审视。

　　经济学原理告诉我们，无论技术发展到什么水平，都离不开人这一最核心的生产要素。机器归根到底是延伸人类能力的工具，只能按照程序运作，只有人才能够不断追求精进和创新，这点是机器永远无法替代的。在中华民族发展的历史长河中，对品质的坚持一直是我国各行各业工匠们的第一追求。工匠最为可贵之处首先在于其对质量和技艺的永不妥协，这是他们对自己所从事职业的基本要求，是无论何时都需要坚守的基本底线，正是由遍布各个领域的工匠们历经数千年岁月的传承与创造，才造就了我国古代的工匠文化和工匠精神。

　　（1）工匠寻踪

　　工匠精神在中国自古有之。我国工匠群体从历史时间轴的起点开始，不断积聚着力量和惯性，凝集着中华民族的工匠精神，沿着时间的长河一步一步向前，留下了令世界惊叹的造物技艺。

　　今天我们从各类史料记载之中不难发现我国古代工匠们工匠精神缩影。早在 4300 年之前，便出现了有史可栽的工匠精神的萌芽。相传舜"陶河滨，河滨器皆不苦窳"，记录了舜早年在河滨制陶时，追求精工细作，并以此带动周围人们制作陶器也杜绝粗制滥造的事迹。自舜帝时期开始，再到夏朝的"奚仲"，商朝的"傅说"，春秋战同的"庆"，工匠开始大量出现在史书之中，其演变历史也随着我国古代政治、文化、商业、科技等领域的发展而不断推进，由此形成了我国独特悠久的工匠文化和工匠精神。

　　工匠一词最早指的就是手工业者，他们在古代被称为"百工"，是社会成员之一。成书于春秋末期战国初期的《周礼·考工记》是我国已知年代最久远的手工业技术文献，这本书在中国工艺美术史、科技史、文化史上有着举足轻重的地位，在当时的世界上也是独一无二的。全书共 7100 余字，记述了春秋战国时期官营手工业中的木工、金工、皮革、染色、刮磨、陶瓷等六大类 30 个工种的内容，反映了当时我国所达到的科技及工艺水平。

《考工记》把当时的社会成员划分为"王公、大夫、百工、农夫、妇功、商旅"六大类，对百工的职责做了明确界定："审曲面势，以饬五材，以辨民器，谓之百工"，也就是说工匠的职责是需要充分了解自然物材的形状和性能，对原材料进行辨别挑选，加工成各种器具供人所用，这种职业特性从本质上把工匠和那些"坐而论道"的王公区别开来，工匠成为当时除巫职之外的一个重要的专业阶层。同时，《考工记》记载："知者创物，巧者述之，守之，世谓之工。百工之事，皆圣人之作也"，这里将"创物"的"百工"称之为"圣人"，充分体现了早期的器具设计需要非凡的智慧。此外，历代中央政府机构不一定设有农部，但一定会设有工部，这些都反映我国古代对工匠的专业性、重要性和创造性的认知和重视。

（2）技艺精湛是生存之本

工匠的首要职责就是造物，技艺是造物的前提，也是工匠存在的第一要素。如何使技艺达到熟练精巧，古代工匠们有着超乎寻常的，甚至可以说是近乎偏执的追求，他们对自己的每一件作品都力求尽善尽美，并为自己的优秀作品而深感骄傲和自豪，如果工匠任凭质量不好的作品流传到市面上，往往会被认为是他职业生涯最大的耻辱。

果园厂是专门为明代宫廷制造漆器的工场，其兴盛主要归功于张德刚和包亮两人，他们出身于浙江嘉兴西塘地区颇负盛名的漆艺世家，由于技艺高超，在永乐年间被朝廷征用到果园厂，传授他们的技艺，管理漆艺事务。因此，永乐、宣德时期的"剔红"被后世公认为漆器工艺中登峰造极的精品。

"剔红"实际上是雕漆的一种，工艺流程极其繁复，惯常以木灰、金属为胎，而后在胎骨上层层髹红漆，少则几十层，多达一二百层，至相当的厚度，待半干时描上画稿，再雕刻以精美的花纹，而后烘干、打磨、做里退光。"剔红"是一种高度工艺化的制品，这个制作过程既复杂又困难，技艺不容易传承。因此，漆工匠必须精于漆艺与雕刻等技艺，才能做出精美的作品。

（3）心无旁骛才能臻于化境

古代工匠除了对自己的技艺要求严苛外，还对之怀有一种绝对的专注和执着，达到忘我的境界，这也一直是我国古代工匠穷其一生努力追求的最高境界。

梓庆是春秋时期一位有名的木匠，他技艺高超，尤其擅长制作一种乐器，那时人们称这种乐器为鐻。有一天，他精雕细琢了一把鐻，造型美观，花纹精细，以前从来没有人做出过这么完美的鐻，每一个见过的人无不叹为观止，大家都不相信是梓庆做的，认为只有鬼神才能做出这种极品。

这把鐻的名气越来越大，鲁国国君听说后也慕名前来欣赏，看到之后连声叫绝，同样不相信这是人力而为，特地招来梓庆询问，"你是不是会法术？这是用什么法术制作的？"梓庆回答："我不过是一个普普通通的人，怎么可能懂什么法术呢？"鲁国国君听他这样说，不太相信，紧接着问道："既然这样的话，那就请告诉我到底你是如何制作它的。"梓庆回答说，我其实并没有什么秘诀，做这把鐻之前，为获得内心的平静，我斋戒了三天。在这三天时间里，我聚精会神，摒弃心中的杂念，忘掉功名利禄，不去想能借此以获得什么赏赐或封官，只集中心思考虑怎么才能制作好它。然后斋戒五天，使自己不把别人的非议、褒贬放在心里；紧接着再斋戒七天，这时我达到了"忘我"的境界，已经能做到"不以物喜"，我感觉外界已经没有任何东西能够影响到我的技艺了。斋戒过后，我深入山林之中去寻找原材料，仔细观察各种树木的形状及质地，精心选取最适合做鐻的木材，直至一个完整的鐻已经成竹在胸之后，我才真正开始动手加工制作。其实做任何的木器，我都要经过同样的步骤和程序，以一颗无杂念之心，辅以木料自然之性。我想，这大概就是我制作出来的木器被誉为神工鬼斧制作的原因。国君听完，恍然大悟，这才明白何为"鬼斧神工"。

梓庆为鐻的故事给人们传递了这样一个理念，想把事情做到完美，必须摒除杂念，淡忘富贵、名利和自我，集中精神专注于自己的事业。

2.工匠文化的历史烙印

几千年来，我国古代工匠创造的灿烂辉煌的物质文明，不仅是中华民族宝贵的物质财富，同时也与我国传统文化演进交相辉映，留下了深刻的文化烙印。工匠的造物总是与当时所处的社会文化大环境息息相关，表现出了"物质"和"文化"是相互依存的。"文化"需要靠"物质"作为载体，一旦载体失去存在的价值，其所包容的文化价值同时也失去延续的理由。

春秋战国时期，在思想学术领域出现了"百家争鸣"的局面，体现在工艺制作方面，形成巧思、清新、活泼的特色；秦汉时期，儒学的宗教化反映在工艺制作的装饰题材上；唐代自信开放的文化政策体现在工艺生产上出现了百花争艳的局面，促成了中外工艺生产的交流，不但我国的工艺品输出国外，西亚、波斯、印度等外国文化也传入我国，华丽且开阔恢宏；宋代崇尚理学，倡导质朴和平淡，形成了工艺风格的严谨含蓄；元代尚武，工艺制作风格粗犷、豪放、刚劲；明代崇尚"知行合一"，工艺制作既有细巧严谨，又不失质朴自然；清代受外来文化的影响，反映在工艺方面，具有典型的游牧民族特性。

工匠文化也是中华文化的重要组成部分，在历史的每一段里程中，每一张宣纸、每一匹丝绸、每一件器皿都能反映出其核心的文化内涵。

（1）技艺精湛与追求完美

工匠承载着岁月时光的沉淀，累积成意个民族文化的符号。每一个工匠默默坚持的身影，所承继的是传统文化及其深植于风上民情所内含的生活智慧及工艺巧思。工匠创造了器物并代代相传，一直延续并发扬传承这种技艺，因此工匠群体得以形成。工匠的职责就是造物，技艺是造物的前提，技艺是工匠存在的第一要素。

工匠制造器物的心灵手巧、熟练程度是需要经过日复一日的劳动训练才能掌握的，这种技巧的训练，也包含了心性、人格等品德上的修炼，这是在学艺过程中所必须的历练，体现在技巧磨炼过程中不惜时间和精力去反复琢磨和改进产品，不断注重细节，追求完美极致，以严谨的精神和一丝不苟的态度，确保每一个细节的质量达到要求。

由此，"技"是指手艺、本领，也就是拥有一技之长，这是一个工匠必须具有的最基本的能力。"艺"包括了方法、知识等，也就是才能的方式方法。这也包含了工匠造物的过程和工艺创造的情感体验。只有对"技"和"艺"有了体悟，经过自己反复磨炼方可进入"道"的境界。掌握高超的技术技能，同时兼备良好的人文素养和创造性，这不单单是对工匠的职业要求，同时暗含着对职业精神和创造智慧的要求。

据欧阳修《归田录》记载，汴京开宝寺塔"在京师诸塔中最高，而制度甚精，都料匠预浩所造也"。都料匠，是工匠的总管或总工匠。工匠总管预浩负责监督开宝寺塔建成之后，却是"望之不正而势倾西北"，成了一座斜塔。大家都奇怪这是怎么回事，预浩解开了谜团，汴京的地势平坦无山，而多刮西北风，风吹之塔不用一百年，塔自然就正过来。意大利的比萨斜塔闻名于世，但其倾斜却并不是设计者的初衷，而开宝寺塔则是在充分考虑到气候因素前提下的刻意之举。这样来看，不光前人要感叹预浩"用心之精盖如此"，今天的我们也不得不为之叹服。可见，中国自古就有追求"精准""完美""创新"的传统。

（2）专注与敬业

抱守元一，潜心钻研，专注和敬业是工匠们的一致追求，他们旨在打造最优质的产品，代代累积着属于工匠的坚持与匠心，他们有着严苛的技术标准和挑剔的审美眼光，追求每件产品的至善至美，这就要求工匠除了具有熟练的技艺，还要有坚持专注的心理素质和制造心态。

由于工匠技艺的保守性和排他性，出现了以血缘为基础的家族行业。他们经过历代的钻研和总结，大都掌握了一整套精湛的工艺，为技术和管理经验的继承和发展做出了重要的贡献。

如在清朝时期，专门负责皇家建筑的设计及图纸、模型制作的工匠被称作样子匠，以雷氏一族最为著名，也称为"样式世家"。从康熙年间开始，雷氏家族的祖先雷金玉凭借自己的技艺北上到北京谋生。雷家不仅在北京站住了脚，且获得了皇帝的恩宠，开始了世传七代的样式房差务，自此之后，清朝主要的皇室建筑如宫殿、皇陵、圆明园、颐和园等都是这个家族负责的。这个世袭的建筑师家族被称为"样式雷"。正是雷氏家族世代都孜孜不倦地专注于皇家建筑，才形成了荣耀数百年的"样式雷"家族。

（3）人与自然和谐统一

古代工匠在制作过程中，将对自然的感悟融入作品中，以代表中华血脉的风土光影的创造，拉近了人与产品的距离。比如，商代青铜器主要是用作祭祀，最普遍的青铜器装饰纹样是饕餮纹，这个形象是牛、羊、猪等作为祭祀牺牲的形象的表现，但这种表现往往不是采用完全写实的手法，而是由工匠加以抽象化，强调其祭祀意义，它的社会意义大于其审美意义。

《庄子·达生》在讲述"梓庆为鐻"故事时还提到，梓庆在讲授自己成功的原因时，提出了"以天合天"的看法，就是天人合一，使二者浑然一体。由于古代乐器支架要制成飞禽走兽的形象，又因为悬挂的乐器种类不同而所用的飞禽走兽的形象也不同，所以梓庆就"入山林，观天性"，去观察木材以及飞禽走兽的天然形态。在这里，人与然的和谐统一，表现为一种美的展示过程，这也是工匠审美体验的外在表现。

（4）尊师重道与匠心传承

尊师重道是中华民族的传统美德，荀子甚至将尊师重道上升成一种国家意识形态，认为应成为治国安邦的基本道德规范。中国古代工匠的培养与传承一直尊崇这一传统，并且在师徒制的技艺传承过程中将其进一步发扬光大，并形成一套师道尊严的法度，成为一种道德约束。

我国古代工匠的技艺传承方式不管是"子承父业"还足"师徒传承"，师傅都拥有绝对的权威地位，徒弟必须要遵从师傅意愿，在师傅规定的领域内进行学习创作。俗话说"父屯之，师教之"，徒弟必须要尊重所学技艺，才有可能精于技艺，更重要的是徒弟对师傅的态度影响着他能否学成技艺，这就要求徒弟必须要尊敬师傅，所谓"一日为师，终身为父"。师傅既是徒弟的业务指导者，又是其人生导师，工匠精神就是在这种尊师重教的师道尊崇中得到一代代传承与发扬下来。

（5）与时俱进与破陈出新

如何通过自己所掌握的技艺来谋求尽可能多的经济利益、稳定其社会地位、巩固其社会关系，是工匠凭借其技艺立足之后所必须深入思考的问题。于是工匠的创新与创造能力成为其百尺竿头更进一步的必然要求。

创新精神从来都是工匠精神的核心之一，光从字面上解释"技艺"一词本身就含有创新的内涵。"技"指手艺本领，掌握和运用一门技术的能力。而"艺"则有富有创造性的方式方法的意思。暗含着对工匠创造智慧的要求。工匠的创造是一个累积式的发展过程，工匠要根据自己长期的实践经验和技术思考，不断领悟和反复总结，对前人的工艺或技艺进行改良创造以获得新的技术或新的产品，这就是所谓的"知行合一"，与时俱进和推陈出新也是工匠精神的重要表现。

（6）坚守诚信

古代工匠推动了中华民族物质文明和精神文明的繁荣与发展，他们的每一件艺术作品，不仅是非凡的物质遗存，更是一种精神遗存，是品格、力量、追求、意境的体现。从原始彩陶、商周青铜器到汉唐织锦、宋元瓷器、明清家具，这些安静的、灵动的、精美的、质朴的美，达到了极高的美学境界，赋予人们高度的艺术享受之外，还是多种情愫的表达，其传承的魅力系着过去连着现在，是民族精神和情感的延续，让我们能够通过这些器物去感受古代精神之力量和文化之内涵。制造产品如同做人，心正是根本，品格决定品牌，要打磨自我，以端正品格来坚守诚信，在专注和奉献中释放自己的能量。

与日本、德国、美国等工业强国有所不同，我国的工匠精神历经几千年的历史沉淀，根基更为深厚、特色更为鲜明，彰显了大国风范，并且以"精益求精、专注坚守、追求完美、推陈出新"为核心，共同构筑着我国工匠精神的灵魂。

二、我国工匠精神的历史演变

我国工匠精神具有悠久的历史，从原始社会到现代社会，从孕育产生到发展传承，经历了一个漫长的演变过程。这一方面展现了不同时期我国工匠精神的不同特点和要求，另一方面在一定意义上也创造了举世瞩目的古代技术文明。

1.孕育阶段：注重简约朴素，切磋琢磨

简约而不简单，朴素而不平淡，这不仅是中华民族传统文化的深刻意蕴，也孕育着我国古代的工匠精神。在原始社会末期，人类社会经历了三次重大的社会变革，即三次社会大分工。第一次社会大分工，畜牧业从农业中分离出来；第二次社会大分工，使手工业从农业中脱离出来。此后，便出现了专门从事手工劳动的生产者，也就是现在所说的手艺人或者工匠。然而，由于当时物质生产相对落后、科技文明相对不发达，人们往往以天然产物为原料加工制造生产工具或生活用具。从粗糙、不规则的"打制"石器到光滑、匀称的"磨制"石器；从"未有麻丝，衣其羽皮"（《礼记·礼运》）到"嫘祖始教民育蚕，治丝茧以供衣服"（《通鉴纲目外记》）；从简单的石器、骨器、木器等工艺制作到复杂的制陶、纺织、房屋建筑、舟车制作等原始手工业，无不体现了早期工匠艺人追求完整朴素的工匠精神。

掌握好技术、练就好手艺，这既是古代工匠艺人谋生的必备条件，也是工匠精神的基本要求。在河姆渡文化时期，用石、骨、象牙制成的饰品，磨制净光，寓意深邃，恰恰体现了这一点。譬如，工匠们制作刻有花纹的骨笄，并佩以磨得光洁晶莹的美石质的玦、璜、管、珠等装饰品来固定头发，还用虎、熊、野猪、獐的牙齿作佩饰，特别是以鸟为表现主题的工艺制品不仅反映了河姆渡文化时期手工业的发展水平，更表明了一种构思严谨巧妙，技艺细腻娴熟的工匠精神。还有，氏族部落用以象征地位的鸟形象牙圆雕，不仅要对天然材料进行加工，在加工过程中还要改变天然物质的物理性能和形式，刀法巧妙敏捷，线条简洁流畅，神态栩栩如生，极像一只展翅飞翔的鸟的剪影，如果不是专业工匠的精益求精，实在难以想象在原始文化遗产中竟有如此巧夺天工之物，它凝聚着我们中华民族祖先的聪明才智，是我国工匠技艺具有悠久历史的实物见证。此外，《诗经·卫风·淇奥》早就用"如切如磋，如琢如磨"的佳句来表彰工匠在对骨器、象牙、玉石进行切料、糙锉、细刻、磨光时所表现出来的认真制作、一丝不苟的精神。这种精神不仅是我国古代工匠艺人的价值追求，更是工匠精神的具体体现。

2.产生阶段：崇尚以德为先，德艺兼修

中国文化精神是一种"道德的精神"，这一种道德精神乃是中国人所内心追求的一种"做人"的理想标准，乃是中国人所积极争取渴望到达的一种"理想人格"。以德为先，不仅是我国古代工匠艺人必须遵循的职业准则，而且是工匠精神得以产生的价值基础。

春秋战国时期，以儒家思想为核心的政治伦理文化开始受到人们的广泛关注，"德为先，重教化"的圣人文化逐渐成为中华民族传统文化的重要内涵。随着生产力的发展和科学技术的进步，社会分工越来越细，职业也就越来越多，一些特定的职业不但要求人们具备特定的知识和技能，而且要求人们具备特定的道德观念、情感和品质工匠艺人作为一种职业团体，为了维护职业威望和信誉，适应社会的需要，在职业实践中，根据一般社会道德的基本要求，逐渐形成了自己职业的道德规范。《墨子·尚贤上》就有记载"兼士"必须符合三条标准，即"厚乎德行""辩乎言谈""博乎道术"，要做到"有力者疾以助人，有财者勉以分人，有道者劝以教人利人乎即为，不利人乎即止"，这种道德价值观，作为古代一些社会职业的道德评价标准，也得到工匠们的认同。此外，据先秦典籍《左传·文公七年》记载六府三事，谓之九功。水火金木土谷，谓之六府。正德、利用、厚生，谓之三事。义而行之，谓之德礼"。生产与生活的逐步浸染，凸显出了道德特征的精神走向，"正德、利用、厚生"成为古代工匠艺人的职业道德规范。其中，"正德"居于首位，就是要求工匠必须为人正直，端正德行。因此，"崇德尚贤"成为中国工匠精神的伦理走向。

有德之人，总不会让社会失望，对于工匠艺人来说，"德行"还需要"技能"的陪衬。若无"技能"相佐，梦想极有可能变为"玩笑"；若有"技能"相佐，梦想代代累积，永远不会成为"空谈"。所谓"德艺兼修"就是指工匠艺人不仅要有一种道德精神作为内在熏陶，还要具备一种精益求精的技术精神，"天有时，地有气，材有美，工有巧，合此四者，然后可以为良"，追求技艺之巧，也是我国传统工匠毕生的追求。据《考工记》记载，战国时期，编钟极其精致，可以做到"阛者中规，方者中矩，立者中悬，衡者中水，直者如生焉，继者如附焉"。此外，《庄子·养生主》也有记载"庖丁解牛"的故事。总之，我国古代工匠艺人不仅具备最基本的职业素养，更重要的是在他们身上体现了一种"德艺兼修"的工匠精神。

3.发展阶段：主张心传体知，师徒相承

所谓"心传体知"就是指以心传心，心心相印，体察领悟，身知体会。《春雨杂述·评书》就有记载："学书之法，非口传心授，不得其精。"对于我国古代工匠艺人来说，技艺的传承不仅是一种单纯的技术学习，更是一种内在的艺术熏陶和无形的心理契合。进入封建社会以后，随着经济发展水平的提高和社会发展的需要，以血缘关系为标志的代际传承逐渐走出家庭，种类繁多、形式多样的职业教育开始成为我国古代工匠艺人之间的承接体系和传承方式心传身授"的教育模式逐渐成为培养工匠的主要途径。这一方面得益于手工技艺的不断成熟，另一方面还在于传授者与受教者之间心灵的默会与领悟，以及所体现出的不以物喜、不以己悲、不被繁杂的外界环境所干扰的工匠精神，这不仅促进了技艺经验无间断地积淀，还有利于形成个性化风格的手工技艺。我国古代有不少行业和岗位都传承着这种"工匠精神"：纸坊，奉东汉宦官蔡伦为祖师；陶瓷业的祖师，有柏林、虞舜、老子、雷公等，被奉为"窑神"；皮匠、鞋匠以孙膑为祖师；酒坊的祖师是杜康；豆腐坊以乐毅为祖师等等。"一切手工技艺，皆由口传心授"，这些精工良匠们依靠言传身教的自然传承，在传授手艺的同时，也传递了耐心、专注、坚持的精神特质，而这种特质的培养，只能依赖于工匠艺人之间"以心传心、心心相印"的情感交流，以及"体察领悟，身知体会"的行为感染，这是现代大工业的组织制度与操作流程所无法承载的。

在我国古代，工匠们由于特殊的工作、学习方式，技术上的成就大都是通过"父子相传，师徒相承"等传统方式流传下来的。随着手工业技术的发展，起初以家庭为单位的技艺传授扩大到邻里之间，父子相传逐渐演变为拜师学艺，师徒们在一起生活、学习、讨论、钻研技术，通过传道、授业、解惑的方式不仅培养了大批手工艺人和工匠技师，也养成了他们"尊师重道，谦虚好学"的美德，所谓"师徒如父子""一日为师，终身为父"的习语就源自于艺徒制度。据《新唐书·百官志三》记载："钿镂之工，教以四年；车路乐器之工，三年；平漫刀稍之工，二年；矢镞竹漆屈柳之工，半焉；冠冕弁帻之工，九月。"这种不同工种学徒的年限规定，既体现了当时各行各业的职业技术水平，又充分说明在学艺的过程中，师徒之间在一起相处的时间之久、感情之深。此外，师徒相承，代代相传，不仅需要师傅具备一定的传授技艺能力，还需要师傅的博大胸襟与徒弟的聪慧勤奋。为人师者，应当性格豁达、心胸宽广，倾己所有传授给徒弟；为人徒者，不只是简单地继承师傅的技艺，更要自强不息、独立自主，在师傅的基础上能进一步创造出新的手艺与技法。总之，工匠艺人们对职业的尊重，对专业精神的信仰，对技艺传承的执着，对师徒情义的敬畏，无一不体现出我国古代工匠精神的价值意蕴。

4.传承阶段：提倡开放包容，勇于创新

创新是一个民族进步的灵魂，是一个国家兴旺发达的不竭动力，是现代工匠艺人应当具备的精神特质。在机械化生产与互联网产业日益发达的今天，创新变得容易，同时又变得非常困难人们越来越追求的是产品的规模化和批量化生产，流水车间工人机械反复地重复同一个动作，固然生产效率的提升也能够促进经济效益的增长，但是这些产品终究少了一些技艺的沉淀和凝练，而如今所提倡的"工匠精神"便是在产品里注入创新和活力。

工匠精神是对工艺文化的传承与创新。它的核心是一种"精神"、一种信念或者说一种情怀，是尊重自然、安分守己、尽善尽美、以诚相待的职业操守，是把一件事情、一门手艺当作信仰的追求，是单调、机械、重复工作中的一点点与众不同的想法。正如《我在故宫修文物》这部纪录片中一位青铜器修复师所说的，古代故宫的这些东西是有生命的，人在制物的过程中，总是要把自己想办法融到里头去，觉得这样才能实现工匠艺人的价值。手工艺作为我国的传统工艺文化，是劳动人民智慧的结晶，是宝贵的精神财富，更是中华文化自豪感的重要体现，对它的传承更有一种历史责任在里面。当然，工匠精神并非墨守成规，相反，因为追求极致甚至完美，工匠精神更是一种永不满足、不断超越的创新精神；工匠精神也不是因循守旧，它是在传统工艺的基础上不断创造新工艺、新技术的过程，传承与创新并存，这其中不仅包含的是中华民族传统文化的沉淀与融合，更是浮躁社会所缺乏的一种坚定气质与坚守。如今"中国创造"在全世界已经有了十足的影响力，正是无数工匠艺人十年如一日地追求卷职业技能的极致化，靠着传承和钻研，凭着专注和坚守，才缔造了一个又一个的"中国创造"。

第二节　工匠活动特点及发展规律

一、工匠的工作领域及其主要特点

要深入研究工匠精神，就需要首先了解工匠工作的领域和工匠技术的基本特征。具体来说，工匠的工作领域表现为如下几种情况。

1.自然矿物资源开采中的工匠工作

自然矿物资源开采主要是针对自然资源的开采，包括对煤炭的采掘、对金属矿和非金属矿物的开采，对石油和天然气的开采（也可以部分地包括农、林、牧、渔的自然性捕捞、采集，如伐木等）。在这一领域中工匠工作往往表现出一些共性的特点。

（1）在自然矿物资源开采活动中，工匠工作必须直接面对自然。在有这项工作以来，采掘都是人类生存发展的基础。尽管随着科学技术的进步，从事诸如采煤、采矿和采油的劳动者比例呈现大幅度减少的趋势，但人类所开采、利用和消耗的原煤、原矿和原油却是不断增多的。这一过程对工匠的技能要求也会逐步变化，工匠只有掌握新技术才能胜任自己原有领域的工作。同时也必须认识到，自然矿物资源开采中的工匠工作是直接向天然、自然索取。因此，工匠开展工作的前提是自然环境中具有所要开采的矿藏。天然资源在地下的储存量和储存条件决定着所需采取的方式方法，也决定了工匠的技能特征。采煤行业有露天开采和井下开采两种作业形式，也自然需要作业方式不同的技能，需要不同类型的工匠。产生这种现象主要是源于自然地理环境不同，因此，产生矿物开采生产领域工匠核心技能差异的重要因素是地质环境和开采条件。

（2）在自然矿物资源开采活动中，工匠工作需要面对黑箱性对象。获取煤炭、矿和石油等资源的开采活动，往往要在一定程度打开地下黑箱才能获得。现代采矿业是以地质学工作为基础的，对地下资源的开采之前是要进行勘探工作的，现代勘探技术已经具备了很高水平，但再高明的地下勘探也不可能完全获得矿产的全部信息，也就是说勘探所得的信息与地下矿藏的实际情况仍有一定差距。地下高度复杂的岩土层走向、厚度和结构，地下水、瓦斯、地压的状况，矿石、煤、油的丰度和分布，虽然勘探技术和手段不断提升，但是也不可能把要开采的矿产摸得清清楚楚。露天开采比井下开采相对容易，但也只能在有限范围内开启黑箱。同时，在绝大多数情况下是不能采用露天开采的方式去打开黑箱。因此，采矿行业需要经常面对生产中的不确定性和风险，人们虽高度重视安全并不断通过使用先进技术等手段努力保障安全，仍然需要面对潜在的伤亡事故。在面对如冒顶、井喷等突发性事故时，高新技术和工匠经验是减少损失的两个重要手段，缺一不可。在处理事故时，工匠的经验和心理素质都是工匠精神的组成部分。

（3）在自然矿物资源开采活动中需要相对众多的人力资源，使用巨大、重而相对粗笨的工具，并依靠工匠的经验实现目标。采煤、采矿、采油等自然矿物资源开采活动，需要将要开采的矿藏与原来处于一体的岩石和土层剥离，这往往需要大型钻机、电铲、重型汽车、海上石油平台等大型设备，在具体工作中往往是多台大型设备同时作业。矿产开采工作所使用的设备的主要特征就是功率大，因此对使用精度和误差要求也是比其他工作差一些的，可以不用十分精密和精确。

（4）从自然矿物资源开采活动历史看，在相当长的历史时期内开采工作所使用的工具多数是重而大的，使用手段也相对粗笨，甚至有时还要使用人的双手。这时工匠的经验主要依靠重复和熟练劳动获得。

（5）在自然矿物资源开采活动中，基础设施建设是一项必不可少的工作，不同开采环境会对基础设施建设提出不同的要求，这样也就对开展这项工作的工匠提出新的要求。技术人员不断地研究新环境提出新的建设目标，工匠必须根据新的建设目标开展工作，这时也会涉及具体操作手段的调整。

（6）随着人类开采工作的不断推进，开采工作呈现出一种难度不断加大、成本日趋提高的趋势。一方面要求降低开采成本，另一方需要提高工匠的能力。人类的开采工作通常采取先去开采品质高的富矿，再去开低品质的贫矿；无论是采煤、采矿、采油，总是先开采地表较浅的，而后再开采深层的矿物；同时，开采大多先在有水源、气候适宜、比较易于运输的地方进行，然后再去高寒、缺水、运输困难的地区，先在陆地开采再在海上和海底开采。因此，得到同样数量（重量或体积）的资源投入的技术和资金大不相同，对工匠的要求也差异很大。

（7）在自然矿物资源开采活动中，开采工作会受到相应的社会关系和社会文化因素的影响，同时也会造就新的社会环境、新的工匠从业机会。随着开采工作的进展，矿山和油田诞生就会对辅助生活设施有新的要求，于是就会在原本远离大城市的地区产生城市。我国的大庆、克拉玛依、盘锦、东营等城市的诞生就说明了这一点。因资源而诞生的城市，会改变所在地原有的生产业态，虽然采煤、采矿、采油都属于工业，但是上述业态的生产环境、劳动条件、劳动力和影响又与农业有着密切的联系，矿物开采会引起土地征用等问题，使部分原来属于农业生产的地域工业化。在人力资源领域，一方面，资源型企业在建设之初以及高速发展时期会大量招聘员工，这些新员工在成为企业技术工人后逐步成为能工巧匠；另一方面，资源型企业也会在生活领域有餐饮消费、文化娱乐、教育和医疗等方面的需求，这就会造就一批服务业的从业者。

2.工业加工行业中的工匠工作

人类通过开采或其他手段从大自然获得资源后，就需要对所获得的初级产品进行加工。加工工作是持续进行的，初加工、精加工到具体产品的生产与制作都可以被称为加工，通过加工自然逐步成为人工自然的形式。在工业加工行业中的工匠工作主要表现为如下特征。

（1）工业加工行业工匠工作的出现，标志着人类文明的进步和人类创造人工自然水平的提高。正如恩格斯所指出的："蒙昧时代是以采集现成的天然产物为主的时期，人类的制造品主要是用作采集的辅助工具。野蛮时代是学会经营畜牧业和农业的时期，是学会靠人类的活动来增加天然产物生产的方法的时期。文明时代是学会对天然产物进一步加工的时期，是真正的工业和艺术产生的时期。"

（2）工业加工行业工匠工作是以资源开采为基础的。人类所开采的天然资源的状况影响着工业加工行业的生产流程，矿物质量直接决定了工业加工行业工匠进行生产时的难易程度、方法和结果。同时，工业加工行业工匠的工艺水平又反过来影响着天然资源的开采，比如加工业主体工匠的工艺水平对矿产含量提出了要求后，一些含量较低的矿产就不会成为开采对象。以铁矿石为代表的金属矿产为例，达不到加工业所需的矿产质量要求，就无法进行选矿的加工和下一步的冶炼加工，也就无须开采。当然，加工业对矿产质量要求也不是一成不变的。加工业工匠整体工艺水平提高是引起矿产质量要求变动的重要因素，加工业甚至可以决定天然资源开采行业的产品价格、生产规模等。中国钢铁严重产能过剩直接影响行业效益，中央经济工作会议，"去产能"被列为供给侧结构性改革五大任务之首。虽然重点解决的是结构性产能过剩比较严重的问题，但是首先受到影响的是矿业企业。不仅如此，连续不断和规模日益扩大的加工可能会导致煤炭、石油等领域的矿产资源枯竭，也会影响到开采、加工行业中初加工领域工匠的就业形势。

（3）工业加工行业的工匠工作在人类改造自然过程中是比较典型的创造性工作，从业者有展示自己能力的空间。然而在自然资源开采工作中，工匠的实践活动由于受到自然环境的影响，导致可供自己发挥的空间变小。工业加工行业对自然的直接依赖性远小于自然资源开采行业，随着人类科学技术的进步，工匠的加工工具和手段也逐步进化，工匠受自然环境影响逐步减少，自由发挥的空间越来越大。这个过程尤其是工艺形成后的传承过程中，工匠精神逐步内化到工匠的实践活动之中。

（4）工业加工行业的工匠需要按照客户的质量要求进行操作。随着时间的推移，质量越来越被工匠重视，重视质量的意识逐步成为工匠精神的重要组成部分。人类的加工是从把天然资源加工成基本的工业原料开始的，称为初加工阶段，该阶段产生的是初加工产品；当初加工完成后，加工业工匠会把初加工产品再加工成各种零部件等的半制成品；接下来就会把半制成品加工成整机或成品。现代企业分工越来越细，一些高端加工领域企业可以购买低端加工企业的产品作为原材料。同时，也有的企业完成一个相对完整的加工流程。不管是何种形式的加工模式，大多数企业容易认为初加工、半制成品加工的质量精度可以不用要求太高，甚至有观点认为初加工阶段就是"粗加工"。事实上，在半制成品加工、成品加工阶段出现的质量问题，很多都是初加工阶段工作太粗引起的。因此，从加工工作开始就需要保证质量高，而且以后的工作也应该一步步精益求精，这样做的工匠不仅可以赢得市场，还会塑造出属于自己的工匠精神。

（5）加工业的进展往往表现为工匠所掌握的工艺的高级化和复杂化，大体上有从力学（机械）加工过渡到物理化学加工，以及从分离加工到合成加工的规律性。这是以人类科学技术进步，也就是对自然界物质运动形式的变化和物质结构的演化的认识为基础的。古代人制作石器和木器，制糖、酿酒、冶铜是人类加工的发端，近代棉、纱纺织，纺织机械以及蒸汽机成为人类进步的标志，而后金属冶炼和高分子化工的兴起改变了工匠的技能。而计算机、网络、信息技术使精密机床、汽车、合金、集成电路、人造纤维、人造橡胶、塑料加工、细胞融合、基因重组等产业飞速发展，也造就了新的工匠技能。

（6）加工业的产品很多，但是每个行业都会产生出具有代表性的产品，这种产品往往是一种最大量、最重要、最典型的产品。这些产品的佼佼者一般都是因为其制造者的水平而形成品牌，而产品的核心竞争力往往有工匠精神起到的潜在作用。生产制作葡萄酒绝不仅仅是简单的技术问题，还要看大自然是如何馈赠当地人的。例如在意大利酿酒的葡萄不是在温室大棚里种植的，而都是在露天环境下生长的，在葡萄的生长过程中种植者非常用心，防止外界各种因素的变化引起葡萄质量的改变。这样做的结果就使高端葡萄酒在农业及其加工领域成为收益非常高的产业，高端葡萄酒产量占总体的10%，但销售额却可以占到全部的40%左右。高端葡萄酒可以与时装行业一样，成为有特点、设计有个性的产品，甚至可以针对某一种活动专门设计、生产一种特殊口味的葡萄酒。可以说，作为高水平工匠的酿酒师，早已意识到要为服务公众而工作，而不是简单地生产一种生活必需品。

3.服务业中的工匠工作

国外有很多学者试图通过找出服务和商品的区别来对服务进行定义，也有一些学者通过否定的形式（即"服务不是什么"）来对服务进行定义，比较有代表性的人物有奎恩和伽格诺，他们认为"服务是指原始产出既不是产品也不是结构物的一种经济活动"。这一概念正是通过说明服务不是什么来定义的。为了使服务的概念更加明确，科特勒从服务的重要特征——无形性入手对服务进行了界定，他认为"服务是一方向另一方提供的无形的任何活动或者利益，并且不导致任何所有权的产生。它的产生可能与某种有形产品密切关联，也可能毫无关系"。

服务是无形产品和有形产品的有机结合，ISO 9004-2 在该标准的适用范围中做了清晰的论述："本标准所阐述的各种概念、原则和质量体系要素适用于各种服务类型，不管是只提供单一的服务，还是具备制造和供应某种产品两重性的综合体，它可以用一个连续的区间来表示，其范围包括直接有关产品的服务到几乎不涉及产品的服务。"

从上述定义中可以看出，服务是一种过程或行为，它并不像商品交易那样会发生所存权的转让，消费者能带走的是由服务所带来的体验。例如，旅游者出去旅游，并不能把享受到的服务带走，却在旅游的过程中得到了放松，留下了深刻的记忆。因此，在服务业领域中工匠的工作主要表现为如下特征。

（1）无形性

在服务业领域中工匠的工作具有无形性的特征，这并不是说整个服务过程都不需要借助于有形物体，事实上，100% 完全无形的服务也是很少存在的。以星级酒店为例，服务员的举止态度、酒店营造的氛围和酒店的形象等无形成分，与酒店所提供的食品是同等重要的，有时甚至更重要。服务本质上是无形的，服务不能被触摸，不能被品尝，不能被嗅到，亦不能被看到，这与商品的实质或有形性形成了鲜明的对比。服务除了其物理性质上的无形性外，也很难被人们领会。因此，服务在精神上也是无形的。服务的无形性特征使得消费者在购买服务者（工匠）提供的服务之前很难通过技术的手段去判断服务产品的质量。

（2）不可储存性

在服务业领域中工匠服务的不可储存性也是服务区别于商品的一大重要特征，商品在被生产出来之后可以被储存，可以在需要的时候从货架上拿下来出售。同时，消费者在购买商品之后可以自己决定什么时候享受。正是由于服务的无形性以及受生产和消费同时进行的制约，使得服务具有不可储存性，有些学者将之称为易逝性，其实道理是一样的。因为服务一经生产就必须被消费掉，否则就变得毫无用处。

（3）不可分离性

在服务业领域中工匠所提供服务的不可分离性是指服务的生产和消费通常是同时进行的。商品先被生产再被消费，在逻辑上存在着一个先后顺序，服务则是生产的同时被消费的。消费者也参与服务的生产过程，这是与商品生产的不同之处。例如，观众必须在电影上演的时候观看、驾驶员在开公共汽车的时候运输乘客等等。而商品的生产和消费可以分离，这使得商品在交付过程中不存在着人员接触，而由于服务的生产和消费的重叠就不能避免服务过程中人员的大量接触，这也使得人的因素特别是人的主观情绪在服务中发挥着尤为重要的作用。

（4）品质差异性

在服务业领域中工匠所提供的服务品质受到很多因素的影响，如消费群体的不同、服务人员的差异、外部环境以及服务时间的不同等，这些因素都能对服务的品质产生一定的影响。有形产品的标准化生产无法在服务中精确地进行，由同一个服务人员进行的每一次服务给顾客带来的效用和感知都存在这样或那样的差异。造成这些差异的主要原因可以分为以下四种情况。

第一种情况，服务人员的原因。人不可能像机器那样总是不犯错误地进行同一个动作，每个人都会有情绪起伏，这些都会影响到消费者的服务体验。例如，服务人员在情绪低落的时候就极有可能用不太友好的方式对待消费者。这种品质的差异性在很多服务性企业中都有体现。又如银行可以要求其职员行动一致，步调一致，但不同员工提供的服务在质量上却有很大的不同。员工的情绪会在很大程度上影响服务质量，银行没有能力控制其员工的情绪，只能采取一定的手段去调动员工的情绪。

第二种情况，消费者的原因。每一位消费者都有各自的特点和个性特征，因此，即使是对于同一种服务，每位消费者感受到的服务质量都是不一样的。个性因素会极大地影响消费者的行为，更会影响到消费者对于服务质量的评价。在一个群体之中，某个特定消费者还会影响到其他消费者的行为和表现。例如，旅游团对于导游人员服务水平的感知就会受到旅游团中比较有影响力的游客的影响。又如教师给一个班的学生上课，有的人听得津津有味，有的人则是昏昏欲睡。如何给消费者一种持久而均衡一致的服务体验，已经成为摆在服务管理者面前的一大难题。

第三种情况，环境因素。有很多外部因素都可能会影响到消费者对于服务质量的感知与评价。如天气因素，旅游者出去爬山的时候是晴天还是雨天；汽车在行驶过程中是否颠簸；消费者去银行是否要排队等等。这些环境因素都会对消费者的心理产生很大影响，但是它们却又很难被服务提供者所控制。

第四种情况，互动因素。很多服务都需要服务人员与消费者进行沟通。正是由于服务人员与消费者之间的相互作用，他们相互之间的情绪也会影响到对方，从而导致在由同一服务人员向同一顾客提供的多次服务中，顾客对于服务质量的评价也会各不相同。

（5）不可量化感知性

这是在服务业领域中工匠服务工作最为显著的特征之一，正是由于服务的无形性、不可储存性、不可分离性以及品质差异性，才导致了服务的不可感知性。这里的不可感知是指消费者在享受服务之前无法预知服务的质量。造成服务的不可感知性的因素大致有三点：

第一，服务元素的不可感知性。有很多服务元素是人们看不见、摸不着、嗅不到的。

第二，大多数服务都难以描述，消费者在购买服务之前，往往不能肯定自己能得到什么样的服务。

第三，顾客在接受服务后通常很难察觉或立即感受到服务所带来的利益，也难以对服务的质量做出客观准确的评价。

但是服务的"不可量化感知性"并不是指所有的服务产品都是完全不可感知的，只是提供了一个把服务产品同有形的消费品或工业品区分开来的判断方法。

传统服务业理论认为，服务业是除工业和农业生产之外的剩余部门或第三产业，并被赋予寄生性，不具有生产性，由此形成的三次产业统计分类，就将全部服务行业统统归类于第三产业，即形成标准服务业分类，使服务业内部各行业之间的差异和特性难以充分展现。因此，国内外的学者总想从不同角度寻找或设计新的服务业分类方法，这导致对服务业的分类理论层出不穷。

现在理论上常用的服务业分类方法主要有四种：一是按服务方式划分，将服务业分为现代服务业与传统服务业两大类；二是按服务对象划分，将服务业分为生产性服务业与消费性服务业两大类；三是按服务性质划分，将服务业分为营利性服务业与公益性服务业两大类；四是按服务产品划分，将服务业分为社会公共服务业与私营服务业两大类。

为了更好地分析服务业中工匠工作特征，我们使用按服务方式划分法对现代服务业领域工匠的工作特点做进一步分析。现代服务业作为传统服务业的对称，源于何方并不重要，关键是要搞清楚它的本质特性，使之能够与传统服务业相区别。

从理论归纳角度分析，现代服务业中工匠的工作具有四大基本特性：

第一，高科技性或高技术件。现代服务业科技含量高，服务方式或服务手段广泛采用了现代信息技术和最新的其他科技成果。

第二，知识性。现代服务业可以为消费者提供知识的生产、传播和使用服务，使知识在服务过程中实现了增值。

第三，高收益性或高附加值性。现代服务业不仅可以使服务过程产生知识和技术应用的增值效应，而且可以使服务过程产生服务的规模效应和个性化消费需求效应。就规模效应而言，现代服务业可以做到服务项目或服务产品的集合运作和全球化运作，使服务的单位成本降低或产生垄断性的收益。例如，电信业通过光纤线路或卫星通信网络，既可以提供电话服务，也可以提供电子邮件等网上服务；既可以为本国消费者提供服务，也可以为国外消费者提供跨境服务；既可以通过自然垄断方式取得高收益，也可以通过综合服务方式和全球化运作方式降低单位成本。就个性化消费需求效应而言，服务提供者可以按消费者的个性化需求设计服务项目和服务方式，并按个性化消费的特点和方式单独计价。

第四，从业人员高素质性。现代服务业的从业人员大都具有良好的教育背景、专业基础知识和技术、管理能力等，从而构成了现代服务业的核心能力和"白领""灰领"阶层的聚集区，以至于工匠和工程技术人员的界限较为模糊。

第五，工匠所从事的工作的新兴性。现代服务业在时间上是现代兴起的或通过创新活动而新兴的服务业，在发展进程上是继工业化产品大规模消费阶段之后才呈现出加速增长态势的服务业，或由过去演变而来的、具有巨大增长潜力的服务业。

二、工匠的生产技能起源及其与生产的关系

工匠的生产活动是人类发展不可或缺的，探讨工匠的生产活动过程就要从分析工匠生产活动中最重要的因素技能谈起。工匠的技能作为人类改造自然的

手段，是由实体、智能等要素构成的系统，但它并不是某种可以拿过来就用的既成工具。技能是工匠学习科学技术知识和实践操作规范后形成的一种能力，只有把技能作为一个与工匠联动的动态过程来理解，才能把握技能的本质及其发展的规律性。下面将从技能的起源、技能与生产关系两个角度对这一问题进行讨论。

1.技能的起源

下面分析的技能，主要是指各类工匠掌握的技能。这些技能都有其孕育、成长两个过程，近代和现代发展史中的工匠技能，也都是从无到有演化出来的。

对于技能的起源有很多种观点，如技能起源于生存需要，技能起源于劳动，起源于好奇心、兴趣，起源于游戏和娱乐，或技能起源于经验直觉，起源于偶然事件（机遇），以上各种说法都是有其理由和根据的。

技能起源于游戏和娱乐，起源于偶然事件的观点看上去是与技能起源于社会需要相悖的，但这些观点确实有事实为依据。中国古代制造炸药的技能就是从炼丹爆炸这个偶然的事件。在国外，公元前2世纪埃及人希罗写的《汽学》一书中讲述了一种游戏方法，在锅上装一个有轴的球，锅下烧火，当产生的蒸汽通过轴进入球内并从球上小孔喷出，球就转动起来。这可以看出，当时的人已经初步掌握了使用蒸汽动力的技能。

当然，工匠技能起源于人类需求的观点是最容易被人理解和接受的，也是可以有大量的史实作为证据的，人们的生活需求、劳动需求和其他的种种需求决定着工匠技能的发展。

但是在不少情况下，人们并没有明确的或强烈的社会需求也会有技术进步，进而掌握新技能。因为人们不是因为有了糖精、味素等调味品的使用需求之后工匠才掌握了糖精、味素的制作技能，而是由于科学家发明了相关产品，工匠才学会了这种生产技能。同时，在一些领域，人们的需求很强烈，由于科学技术水平达不到要求，工匠和科学技术人员都努力攻关也没有达到目标，比如人类一直希望获得的高效地利用太阳能的技能。

因此，绝对不能把工匠技能与需求的关系简单化，这样才能真正理解两者之间的关系。

第一，在讨论需求与工匠技能的关系时，不能把人的需求看作是某种抽象的、自在的、始终如一的东西，认为只要有"人的需求"就会源源不断地产生出各式各样的产品制造以及相关服务领域中的技能。事实上，除了人的自然生理需求是自从有人类以来几乎没出现过变化的以外，人的社会需求本身就有一个发端、形成的过程，人的需求往往是具体的、受多种条件制约的一种表达。不同历史时期的人类都会有与当时的制度类型、生产水平和文化状况相对应的需求，在这个基础上又有着适应时代需求的进展。

第二，从总体上说，人类主要具备自己所处时代的需求，工匠也只拥有这个时代的技能，但是，必须注意到人类的需求和愿望又常会"超越时代""脱离现实"，这种幻想性的追求也可能成为"需求"，虽然这种需求不同于现实需求，但它对工匠技能发展的影响却不能被研究者忽视。道士研究炼丹术的目的是追求不死成仙之路，显然这是"脱离现实"的，但道士在长年累月的炼丹活动中使人类掌握了制造火药、冶锌和湿法炼铜等技能。幻想需求与现实需求存在区别，有时却又难以明确划分。事实上，两者并没有绝对分明的界限，因为人们往往会把某些非现实的空想说成是异常现实的要求，或把某些有现实可能的追求说成是纯属胡思乱想的东西。这里将两者细分，是为了说明幻想与现实需求是有异又有同，现实需求和幻想需求都可以引导工匠生产实践技能进步。

第三，讨论需求与工匠技能的关系，实际上是与工匠实践活动目的相关。工匠开展生产（产品生产和提供服务）实践目的就是工匠通过使用技能实践解决客观需求。或简单说，客观需求就是工匠开展实践活动，满足需求就是工匠开展工作的目的。

2.技能与生产

技能与生产无疑是紧密相连的，都属于工匠实践活动和改造自然的范畴，没有不应用技能去开展实践活动的工匠，也没有不以生产实践活动为基础的工匠技能，工匠技能与生产实践活动密切相关。无论从世界历史、某个国家或企业看，工匠技能的提高与生产水平的发展基本上是同步或一致的。但是，我们又不能因此就说工匠技能与生产实践活动是无法划分的同一活动或过程。

为了进一步探析工匠技能与生产实践活动的关系，需要考虑以下几方面的问题。

（1）工匠技能并不都是生产性的，工匠从事的活动有生产活动也有非生产活动，在不同的活动中有生产技能也有非生产技能。

怎样划分生产领域与非生产领域往往会变成一个概念界定问题，但却是具有现实意义的问题。例如，在中国历史上曾把与生产直接相关的划为企业部门或企业编制，其他则归属于事业部门或事业编制。然而，随着历史的发展，对于社会领域的岗位需求也越来越多样化，比如在北京招募的社区工作者的身份是工人，也可以认为是工匠，他们需要掌握的技能是社区服务工作中所需的工作能力，显然这种技能不是生产性的。

对于生产与非生产的划分，有许多不同的观点：有的观点认为加工制造实际产品的是生产，不能提供和留下实际产品的就应当是非生产；有的观点认为只有能够增加经济效益的活动是生产，即按照马克思政治经济学理论在资本主义社会中那些能够带来生育价值的实践活动是生产，其他就不是生产；还有的观点认为只有创造社会财富的才算是生产，而无法增加社会财富的其他活动则是非生产。需要注意的是，虽然有些人类活动是非生产的，并不能因此就认为这些活动不必要、不重要。例如刚才提到的社会工作领域，社工组织所工作的街道社区开展群众性的文化体育活动也很重要，对搞好社区服务生产活动大有益处。但是，我们也不会把社工开展社区养老公益服务或组织居民打球、跑步算作参加生产活动，而上述活动都需要具备技能。

（2）在生产领域，工匠技能更多地被认为是生产产品的可能性以及质量保证，而不是实际产量，从工匠技能水平可以看出所在企业的生产潜力和能力，而不一定是生产的实际水平。

生产要关注的内容很多，生产涉及的因素除了要有工匠以及他们所拥有的技能外，还要有相当数量的、合格的原材料和能源，要有一定数量的设备，要有行之有效的生产组织和管理手段，要有稳定的市场和营销战略，要有相对充足的资金以及企业文化。生产作为一个系统，工匠以及他们所拥有的技能是系统的基本要素，因此可以说工匠以及他们所拥有的技能是生产的必要不充分条件。因此可以说，在企业其他条件大致相同的情况下，企业生产水平主要取决于工匠所拥有的技能状况；在工匠技能水平相差无几的情况下，企业制度、管理水平、市场营销、资金及后勤保障，都可能成为制约生产水平的决定因素。

（3）人类工业发展历史证明，对于一个国家、一个企业，工匠技能水平与生产发展状况在大多数情况下是基本一致的，但也会出现不平衡的时候。甚至有的时候，工匠技能水平与生产发展状况还会出现相背而行的局面。例如，可能出现限制工匠学习和使用新技能而企业效益增长的情况；也可能出现企业生产衰退时鼓励工匠提高技能，在企业不景气的时期，通过帮助工匠掌握和使用新技能实现技术创新，并最终摆脱困境的情况。在极端的条件下，还可能发生工匠技能和所用工具提升，但是与生产脱离，使企业生产陷入困境的情况。例如，一个企业可能靠贷款去更新机器设备并开展工匠技能培训，而当企业拥有一流先进生产设备和高水平工匠时，却因为要偿还贷款而导致流动资金不足，以至于资金链断裂，生产难以开展，直至企业破产。

三、影响工匠技能的因素

工匠技能无论以何种形态或在何种领域存在，都是由低级到高级、由简单到复杂的发展过程，都有其兴衰演化。技能与社会的关系，应当从两个角度来讨论和分析，一种是分别地考察工匠技能与技术、工匠技能与经济、工匠技能与政治、工匠技能与军事、工匠技能与艺术、工匠技能与伦理之间的互动；另一种是以考察工匠技能对社会因素的作用为基础，再来探究社会因素对技能发展的制约和影响。下面我们分别探讨几种影响工匠技能的因素与工匠技能的关系。

1.工匠技能与技术

技能的提升有其相对独立的规律，没有技术的发展就没有技能的出现。人类发展的事实证明，技术和技能的产生，一方面与社会需求密切相关，也就是有具体的社会人成为技术、技能发展的推动者；另一方面，技术也有其自我发育的内在机制和根据，技术也是工匠技能的原动力之一。

技术过程的内在矛盾、运动机制的部分矛盾反映了技术和工匠技能的关系。这些矛盾包括：技术规范（技能的抽象化和符号化）与生产实践的矛盾；工匠技能传承与创新的矛盾；技术目的与工匠技能的矛盾；技能专门化与技能综合化的矛盾等。

技术目的与以技能为代表的技术手段的矛盾，以及这一对矛盾的相互作用、相互转化如何影响技术和工匠技能水平的提升，需要关注如下两方面的问题。

一方面，技术目的与以工匠技能为代表的技术手段是互相依存和制约的，这样技术活动才得以实现。但是需要注意的是，不是有了技术目的和具有技能的工匠技术活动就可以进行了。技术目的的合理，工匠拥有的技能是否完善、有效，并具备可以施展技能的环境条件才是技术活动得以开展的关键。古人炼丹、炼金都是失败的技术活动，但是不能因此说这些活动没有技术实践的性质。虽然在炼丹、炼金活动中存在宗教观念或膜拜仪式，但是却不能因此将此类活动归结为宗教活动。另外，古人炼丹、炼金的活动不仅有追求长生不老或发财等愿望和要求，而且还有某些比较确定的技术目标，因此才让人类掌握了化工、冶炼、机械等领域的技能。需要指出的是，古人炼丹活动中的技术目的是与客观规律相背离的、不可行的：人类可以制造保健品却无法生产长生不老的丹药。

技术目的的合理可行与工匠技能的完善有效是互为条件的。工匠技能的使用必须要服从、服务于技术目的，技术目的也要立足、依赖于工匠技能。虽然在一般情况下是技术目的决定所选择的工匠技能、工匠技能取决于技术目的，但是在有些情况下工匠技能也会决定技术目的，技术目的也会取决于工匠技能。设定合理技术目的、选择有效的工匠技能，技术活动不一定就会成功。在某些情况下，仅仅由于工匠所掌握的技能在某个环节上有缺陷，也会导致技术活动的失败。在各个技术领域都不存在尽善尽美的技能，因而也难以保证有万无一失的目的，这一点再次说明工匠所掌握的技能的重要性。有时，技术工作中的许多失误并不是来自不该选择工匠所掌握的某种技能，而是由于在某个环节上出现了不该发生的疏漏，导致技能无法发挥应有的作用。

另一方而，技术目的与工匠所掌握的技能的划分是相对的，完善工匠所掌握的技能有时会成为技术自身的目的。工匠所掌握的技能提升的目的化，技术目的与工匠所掌握的技能进步有机结合，是技术活动中的一种典型形式。

人类在形式多样的社会实践活动中，都是既需要有目的又需要解决问题的能力，而解决问题的能力也都存在可以或应当改进完善的内容。因此，完善技术活动工匠所使用的技能可以成为技术自身的目的。同时，完善科学、艺术、体育等活动涉及的技能也在一定程度上可以成为技术的目的。在政治、法律、教育甚至宗教等各类活动中都需要各种能力，在技术活动中更要以完善工匠所掌握的技能为任务和目标。工匠获得新的技能并逐步完善，以及在此基础上得以设定和实现新的、更高级的技术目的，就是技术进步的过程。

2. 工匠技能与经济

工匠所拥有的技能的核心社会价值就是通过工匠在生产实践中使用技能可以带来经济上的收效。经济价值是工匠所拥有的技能多种价值的基础，主要表现为如下几个方面。

（1）工匠所拥有的技能是直接生产力，工匠技能进步直接地、根本性地推动经济发展。

虽然技能不等同于生产，但生产实践活动却包含技能，生产技能是工匠参与生产实践的手段。正如马克思在《资本论》中所指出的："劳动生产力是由多种情况决定的，其中包括：工人的平均熟练程度、科学的发展水平和它在工艺上应用的程度，生产过程的社会结合，生产资料的规模和效能，以及自然条件。"人们认为这段话表明科学是生产力，这当然是对的，而同时要注意到，这里讲的是科学技术在工艺上的应用程度，而且还讲到生产资料的效率以及工人的熟练程度，工人的熟练程度正是技能。

（2）在现代科学技术是第一生产力，工匠技能所拥有的是科学技术在经济增长中发挥作用的载体。

"科学技术是第一生产力"这一命题结合 20 世纪 80 年代的社会主义新的历史特点，根据中国的中心任务——发展经济而提出，鲜明和突出地反映了现代科学技术的经济价值。充分重视科学技术的第一生产力作用和地位就需要把"科学技术是第一生产力"现念作为落实具体工作的指导原则。要在中国的各个地区、部门和企业落实这一理念，就需要提高企业生产一线从业人员（工匠）的技能水平，把科学技术变成工匠的实际生产能力。

影响经济增长的因素很多，自然资源的储备、地理环境状况、国际政治关系、国内社会变迁、都可能影响到经济发展，但是固定资产、人力资源的数量和质量是三个关键的因素。在生产领域，人力资源的质量主要是以工匠所拥有的技能为代表的。运用新的工艺方法和劳动者技能的提升对经济发展的贡献，与劳动力的数量增加和采用新的更高效能的设备同样重要。

分析第二次世界大战后日本经济迅速崛起的原因，很多观点就认为，明治维新以后日本建立起比较好的教育体系，提高了整个国家的国民素质，这就为工匠迅速掌握新技能、用好新的科学技术成果打下了基础。

在当代中国，落实"科学技术是第一生产力"理念，推动实体经济发展，就需要分析科学技术特别是技术、工匠技能提升对经济发展的贡献问题。当一个企业或行业，工匠技能提升对经济增长的贡献大于劳动和资金投入的贡献时，就说明"科学技术是第一生产力"理念正逐步发挥作用。

（3）工匠技能状况是划分经济时代的重要标志，也是区别社会经济类型的一种标准或尺度。

经济时代和社会类型的划分依据很多，比较典型的是以生产关系和生产力划分。以社会生产关系、经济基础即社会制度性质为划分标准，可以分为奴隶制时代、封建时代、资本主义时代、帝国主义和无产阶级革命的时代、社会主义时代，对应划分为奴隶社会、封建社会、资本主义社会、社会主义社会等。同样，也可以以生产力状况为标志的时代划分，如石器时代、铁器时代，蒸汽时代、电气时代、原子能时代。把社会类型分为农业社会、工业社会、后工业化社会或信息社会，这主要是以社会主体掌握的技能和从事的生产内容为依据划分的。

从生产力和生产关系这两个方面去分析和划分社会时代都是必要的，两者不能互相取代。以生产力的标准去划分经济时代和社会类型，主要是以劳动者技能水平来描述经济。马克思说过，"各种经济时代的区别，不在于生产什么，而在于怎样生产，用什么劳动资料生产。劳动资料不仅是人类劳动力发展的测量器，而且是劳动借以进行的社会关系的指示器"。马克思所说的"怎样生产"显然是指劳动者技能在生产中的表现。

把工匠技能状况作为划分经济时代和社会类型的一种标准，对当代中国的社会主义建设和经济发展有重要的现实意义。当代中国坚持社会主义，是在工业化时代、信息时代坚持社会主义，中国处于社会主义初级阶段，更是向工业社会、信息社会发展的社会主义社会。

（4）工匠技能对社会经济的发展有重要的作用，但工匠技能与经济的发展也可能存在不平衡。

即便是拥有先进的设备，低技能水平的工匠很难创造出较高的经济效益。当代中国一些企业的经济效益不高的一个重要原因就是缺乏高技能水平的工匠。技术设备可以从国外引进，生产线上的工人却无法从国外获得。提高企业工人的技能水平、质量意识、工匠精神都十分重要。海尔在引进德国生产线后出现了不合格冰箱，张瑞敏用砸烂不合格产品的办法树立了质量意识、培育了工匠精神，最终成功塑造了海尔品牌。

社会经济对工匠及其技能提升同样作用巨大，具体表现为如下两个方面。

一方面，工匠技能的提升需要生产力做保障。从工匠生产活动的基础、源泉和条件看，工匠技能的提升首先要依赖于生产力，工匠技能只有在生产中应用，才能发挥生产力作用或成为第一生产力。在现代，强调科学技术的第一生产力作用的同时也不能忽视与其密切相关的工匠技能的发展。

工匠技能对经济发展的贡献和经济对工匠技能水平提升的支持是互惠的，企业为了发展生产要下本钱去培养工匠技能，给工匠技能的提升投入资金，工匠提升技能后才能更好地回报社会经济和生产。

另一方面，市场决定工匠所具备技能的命运。

一种技能特别是新技能，是可能创造新的社会需求并为企业培育新的客户的，当工匠所掌握的技能可以满足客户的需求，这项技能就比较容易被普遍采用、推广。但是，并不是所有使用新的技能或先进的技能生产的产品都会自然而然地、自主地打入市场。未被市场接纳、认同或赏识的产品就难以得到支持，往往事倍功半乃至劳而无功。

工匠所具备的技能与使用技能产生的成果也有不同于科学的特点。在科学上只要是历史上没有的、新的和达到先进水平的就是好的，必定是受全社会的认可，技能就不能仅有新颖性、先进性。使用技能产生的成果主要不以观念或知识形态存在，而是表现和凝结于工匠运用技能所生产的产品中，产品成为商品后，消费者在市场上购买某种产品，同时就认同了制造该产品所使用的技能，反之，某种商品在市场滞销，也就意味着与之相关的生产技能未被充分接纳。企业选择工匠在生产中使用技能要适应或顺应市场需求，要具备经济意识和市场观念，不能只关注于技能的自主性和先进性。因此，需要强调技能选择要以企业为主体，以市场为导向，以经济效益为目标。

3. 工匠技能与政治

工匠所掌握的技能不能直接决定和阐述政治制度的性质、国家的国体和政体，我们甚至可以说工匠所掌握的技能是最不带有阶级性、不带有政治性的事物，但正是这个非政治性的事物却对社会的政治力量和政治格局产生着重要的、强有力的影响，尤其是对典型的冲突性政治事件如战争起着决定性的作用。

技术对现代政治的最大影响可能要数用它作为划分国家类别的重要因素，即按技术经济水平把世界各国划分为发达国家和发展中国家，发展中国家又被欧美人士称为不发达国家。

国家在本质上是阶级矛盾的产物和阶级统治的机器，在历史上人们也大多是从阶级斗争的观点来讨论国家问题，很少把国家的发达程度作为政治问题对待或从政治的观点考察。因此，这个标准不是严格意义上的政治学划分，但却对观察和处理现代国际政治关系问题有着实际意义。在中国很多官方文件中，也经常使用"发达国家"和"发展中国家"的提法。

当今世界上的国家，美国是最典型的资本主义国家，同时也是最发达的国家，日本、德国等也是发达国家。由于历史的原因，为数不多的社会主义国家今天都是发展中国家。因此，当代国家的矛盾既有发达的资本主义国家与发展中的社会主义国家的矛盾，又有发达的资本主义国家与发展中的资本主义国家的矛盾，还有发达的资本主义国家之间的矛盾。这些矛盾既有经济问题，也有政治问题。例如，在中国要提高工匠的生产水平和技能，就要引进先进技术，但是有些技术却因为政治因素而无法引进只能自主开发。

工匠技能对政治的影响集中表现在军事方面，军备首先需要资金，其次需要军事生产所需的技术和生产技能，这里要求工匠掌握的必须是那个时代最先进的军事生产技能。在人类古代社会里，掌握最先进的金属加工技能的工匠不是生产铁犁、铁锄，而是生产刀剑的。这说明关注军事所需武器生产技能由来已久。军事领域的生产技能进步，使人类由冷兵器过渡到热兵器，再过渡到原子武器等更先进的武器。

技能本身是非阶级性、非政治性的，但工匠所掌握的技能却受到阶级、国家的关注，政府对掌握特殊技能的工匠的干预、控制已远超出了对艺术和文化教育方面的控制。为什么国家要干预工匠技能和怎样干预工匠活动是一个值得探讨的问题。

（1）从古至今中外国家和政府介入工匠活动是一直存在的，只是程度和规模有所不同。统治阶级不管是进步还是反动，国家不管是民主政体还是独裁政体，都不可能不关心、不利用、不干预、不管理和不控制技术，或多或少地都会给予技术支持和投入。

有的观点认为，只有资产阶级才十分关心工匠技能的发展和应用，资本家离开了掌握技能的工匠就无法去榨取剩余价值，无法扩大再生产，而在资本主义社会之前的一切统治阶段，都是靠土地、棍棒等强制手段来维持其地位的，奴隶主、地主不关心和不依靠工匠技能提升也能维持剥削。不重视工匠技能是封建社会的传统。这种观点是有一定道理的，自封建社会直至新中国成立前的地主阶级主要以土地生产产品作为致富的手段，也不会重视手工业者技能的改进提升。中国传统社会士农工商的社会等级排序足以说明，在统治者的眼里掌握技能的手工业工匠地位低下，技能只是下等人的事情。

但是这种观点却又是片面的，奴隶主与奴隶主阶级国家、地主与封建制国家是有很多区别的，作为统治阶级根本利益的总代表，其包括对工匠活动的态度在内的行为也有别于一般的奴隶主与地主或地主个人。无论是奴隶社会还是封建社会的国家，都必须干预和实际介入工匠生产活动。

国家及其政府出于多种需要必须关心和干预工匠活动。国家作为阶级专政的机器，为了掌握巨大的经济实力、政治实力和军事实力需要有技能、用技能，国家为了显示其权力、权威和威力需要有掌握高级技能的工匠。军事领域的技能从来都是该时代最先进的。在奴隶制国家和封建制国家还需要有宫廷的手工技能、园林营造技能等。

国家必须干预生产活动还出于执行社会职能的需要。正如恩格斯指出的："政治统治到处都是以执行某种社会职能为基础，而且政治统治只有在它执行了它的这种社会职能时才能持续下去。不管在波斯、印度兴起或衰落的专制政府有多少，它们中间每一个都十分清楚地知道自己首先是河谷灌溉的总经营者，在那里，如果没有灌溉农业是不可能进行的。

国家为了保持持续的政治统治都必须执行社会职能，执行社会职能就又都必须干预工匠的活动、控制掌握关键性技能的工匠。水利是任何时代国家都必须面对的工作，国家是水利工程的组织者和实施者，古埃及的历代王朝都重视兴修水利，罗马帝国不仅建造宏伟竞技场等以炫耀国力强盛，还大规模兴建道路和城市引水排水工程。

（2）工匠技能提升需要国家的介入。

企业的生产实践是以市场为主导进行的活动，市场导向需要关注成本、交易、利润等，以企业为主体、市场导向的生产活动的重要标志由企业部门实现。但是，并不是所有的工程、产品和服务都可以讲成本和利润，也并不是所有的社会经济活动及其相关技能都需要并可能以企业为主体。在公共事务、军事等领域，生产者技能水平的提升大多由政府主导来承担并组织实施。

邮电通信等领域的服务是需要付费的，但是，这些领域与纯粹以赢利为目的的企业还是有区别的。这个领域往往是由国有企业来完成，提高从业工匠的技能水平也自然成为国家的事情。军事领域生产技能的发展需要政府。尽管在西方国家，部分武器可进入市场买卖，但整个军事生产技能的提升却不是按成本利润效益进行的。因此，也只能以政府为主导实施这些活动。

企业的技能人才尤其是高级工匠，是不可能只靠企业部门自己来培养训练的，这里也需要有政府行为和国家教育。在社会主义条件下，国家对工匠技能提升工作的介入更为明显。不仅有政府主持的能工巧匠的比赛、评奖，企业工匠的培训和评比定级也大多是在政府倡导、扶植下进行的。

（3）国家干预和介入工匠技能提升有重要的社会意义。

国家的干预和介入，首先对工匠技能提升有重大的作用。一项新的特别是开创性强的生产技能开始使用时，是既需要相当的资金和设备投入又可能无效益产出的，除了少数有远见的企业家愿意承担风险进行投入外，争得政府的支持通常是重要途径，而政府投入是更多考虑长远价值的。在农业领域很多新的生产方法都是在政府补贴扶持下开始推广的，这就是一个有力的证明。与军事需求相关的研究开发可以几乎不顾及成本的经济效益，而在国家支持下，一些涉及军事生产的技术、技能转为民用就会造福百姓。改革开放之初，许多军工企业转向民品生产后，许多高质量产品也进入百姓生活。

（4）政治、国家对工匠生产活动的干预和介入是有限度和条件的。一些较大的、历史较久的国家必须要考虑其国际地位，科技落后、经济落后不仅会难以自立于世界民族之林，还会受欺侮、受歧视和被动挨打。新中国成立之后为了应对"核讹诈"不惜代价发展"两弹一星"，为国家在国际上赢得了话语权。但是，国家不能什么领域的生产实践活动都要干预，这样会影响企业的发展，中国改革开放对国有企业放权的初衷就在于此。

4. 工匠技能与文化

科学技术与文化密切相关，学生的活动也常常被定义为学习科学文化知识。事实上，技能也常与文化并列，文化涉及领域广泛，技能活动种类繁多，从文化的层面研究技能是一个有意义的话题。

我们可以从三个角度讨论工匠技能与文化的关系。首先，研究技能作为人类文明组成部分的文化特点；其次，研究技能的文化；最后，研究技能与文化，如技能与艺术、技能与伦理之间的关系。

一方面，对当代工匠技能文化和工匠技能作为文化手段的研究有很重要的意义，尤其应当充分评价工匠技能的文化功能。

文化从来是与文字相关的，文化成果和文化传播必须要有书刊、阅读，文盲几乎可以认作是没有文化的同义词，阅读能力低也就是文化程度低。影像处理技能的出现为人们打开图像文化和语言文化的新天地，借助影像技术，人类特别是学历不高的人群获得信息的渠道被拓宽。

文化发展从来是需要交流和继承的，文化的继承和交流需要书刊、印刷和图书传递信息，没有图书馆、印刷厂必然难以出现文化的繁荣。在当今，造纸、印刷、出版以及学术会议仍是文化继承和交流的基础。录像、录音、声像处理发射等领域的技术进步，对于经济文化落后的发展中国家意义重大，通过利用网络、广播、电视等新兴的文化传播手段使更多的工匠实现远程学习掌握最先进的技能。

另一方面，人们长期在某种产业部门，长期以自身技能从事某种产业的生产实践活动，会自觉不自觉地形成和积淀为相关的职业习惯、思维方式和心理观念，或说可以产生某种"产业意识"或"工匠精神"这种意识主要与生产力、产业劳动方式相关，并作为心理习惯潜存着，由于这种意识的拥有者主要是工匠，因此缺乏理论化、系统化的总结，也很少有相关的著作出现。

长期在传统农业和手工业部门中、长期以手工工具进行生产实践形成的观念、习俗和行为规范，也会有别于长期在近现代大工业中用机器生产形成的理解、感受和心理。手工业工匠与大工业时代以机器为工具从事生产的工匠在文化认识上势必会有所不同，其不同主要表现为如下几点：

第一，农业和手工业劳动有明显的个体性，一家一户就可以成为一个经济单位和生产实践活动单位，相应的有小而全和"万事不求人"的习惯，近现代工业从业工匠会因为生产特点具备协作精神。

第二，传统农业技能和手工业技能注重经验，相应的多有熟能生巧的观念，近现代工业从业工匠一般要具备一定的科学技术知识和素养，相信知识、技能是可以传授和学习的。

第三，农业在很大程度上受自然环境、气候条件的影响，容易形成听天由命的潜意识。近现代工业从业工匠主要是从事新的产品生产活动，也有机会参与技改活动，容易具备创造、创新意识。

第四，手工业工匠大多心灵手巧，独具匠心，才艺出众者被人尊敬，很多工匠认同"一招鲜走遍天"的理念，所掌握技能表现为非标准化的、差异的特点。近现代工业生产活动，对产品提出标准化、通用化、系列化的要求，工匠容易接受标准化理念。

第五，传统农业主要关心丰产丰收、丰衣足食，最怕歉收、多有丰足意识，往往重视产量超过质量。近现代工业更加关心品种、质量，追求精益求精的产品质量。

第六，传统农业使用的锄、锹、钳、锤等手工工具以及牛马畜力都是可以直接使用的，很多劳动者都是直至工具损坏到实在无法使用再进行更换，于是民间常用"小车不倒只管推""新三年旧三年缝缝补补又三年"等观点。参与近现代工业生产活动的工匠需要经常保养维护、适时更新机械等生产工具，因此，比较认同工具使中的维护、更新行为。

第七，传统的农业和手工业是自然经济，自给自足，崇尚与人无争，"酒香不怕巷子深"。近现代工业企业在市场经济中发展无法避免竞争，工匠容易理解产品宣传、品牌塑造等工作的价值。

因此，在近现代工业企业工作的工匠会逐渐形成某些特有的职业习惯、行为准则和心理观念，会有相同的意识和理念，这些都是培育工匠精神的基础条件。

同时，文化对工匠技能提升的制约和影响也在很多方面有所表现，制度文化、物质文化、观念文化都对工匠生产活动有重要影响，比较典型的表现有如下几方面。

（1）需要界定文化对工匠技能提升影响的尺度。自从工匠精神问题被写入政府工作报告以后，探讨文化对工匠技能提升的意义也越来越明显。

一方面，需要回顾中国历史上的因素对工匠精神的影响，当然不能只谈传统文化中独尊儒家、崇尚理学、重农抑商、重义轻利、官本位等观念的消极影响，却忽视帝国主义入侵导致资本主义经济的萌芽被扼杀、民族纷争四起致使民族工业难以发展是近现代中国产业工人工匠精神缺失主要原因。

同时，还应当关注一些深展次的问题。例如，社会文化怎样作用于与生产力紧密相关的工匠技能；民族差异鲜明的、特殊性强的传统观念如何作用于通用性、普遍性强的工匠技能；为什么经济、政治、军事对工匠技能提升有强制约、显制约的作用，而文化对工匠技能的影响和制约却是相对弱和潜在的。探讨上述问题，有助于分析文化对工匠活动影响的性质和程度，有助于辨析哪些文化因素从哪些方面影响工匠活动，有助于确立文化影响工匠实践活动的基础和前提。

（2）文化观念对工匠实践活动领域最大的影响是，人们对于工匠职业、工匠技能、工匠使用技能开展生产活动的认同，社会对于工匠技能价值的社会心理和习俗观念。中国和日本对工匠的价值认同感的典型差异是值得我们反思的。

日本的工业企业对生产现场十分重视，要求工程师必须首先成为能够解决车间问题的人，可以胜任生产现场的实际指挥者。日本的工程技术人员大都亲身参加实践，以解决现场实际问题为己任，这样就为工程师与工匠交流、沟通、合作搭建了畅通的桥梁。在日本近代化过程中，早期的工程技术人员都是由明治维新前的下级武士转化而来，在日本历史上，下级武士虽然需要依附于藩主，却要参与一些农业或手工业劳动来谋生，在经济上、生活上却大都接近于平民，所以，更加务实而很少空谈。这些人进入企业，往往会重视技能工作，关注动手实践的能力，不会只读书不参与实践。这样就使得工程师和工匠的实践技能界限变得比较模糊。

在中国历史上，文化传统中也有对一技之长的工匠的尊重，甚至有"家财万贯不如薄技在身"的名言。但是，在"士文化"的影响下，尤其是隋唐建立起完备的科举制度之后，知识分子的目标就是读书考取功名然后做官，这样一大批只读书不实践、只动口不动手的秀才成为知识分子的主流。

社会历史文化传统是在长期的历史发展中沉淀下来的、相当稳定的、成为习惯的思维方式和行为准则，研究者不可能很容易找到其全部根源并看到其直接后果，但这种传统却深刻地、渗透性地影响到生产和经济活动的诸多领域。中国历史文化中不重视实践的传统，对培养工匠、培育工匠精神十分不利。

（3）对工匠活动的影响较直接和密切的文化观念，产生于在某种产业长期的、特定的生产活动实践，反映和适应这种产业特点，成为这种产业得以持续发展的准则或规范。新的产业和工匠生产方法（技能）取代已有产业和技能时，原来的文化观念又会对新产业的发展起阻碍作用，对新技能的应用有消极影响。

传统的手工业者的心理习惯就比较难以符合大机器工业时代的要求。中国是一个长期处于农业社会的国家，直到现代，我国的一些企业依旧不重视现代设备的保养维护，导致很多设备没有到使用年限就失去应有的精度。还有的企业缺乏必要的更新换代，使一些已经报废的设备仍在使用，影响了产品质量。要改变这一现象就要逐步转变只重丰歉、只重经验技艺的观念，从重丰足到重质量、从重技艺到重标准、从重经验到重科技、从重天命到重创新，树立起质量意识、标准化意识，逐步培育工匠精神。

（4）伦理观念对工匠活动有重要影响。

社会意识中政治思想、哲学思维、宗教信仰、伦理规范、审美情趣等，都会影响工匠活动。下面分析工匠的伦理观念对工匠活动的影响。

生产活动的开展需要有工匠的知识、才能、工作热情、动力和积极性。社会对工匠要有激励、支持，工匠要有恰当的自我定位、个人目标。企业的利益驱动有利于企业的发展。很难让企业家只重视社会经济效益而不考虑企业的投入，也不能希望工匠只为企业、为别人赚钱，而不顾个人的经济所得。要求工匠重义轻利，不按其劳动所得获取报酬，必然有碍于工匠技能进步和劳动生产率提高。

然而，并非所有的工匠活动都能明确地认定其经济价值，也并非所有的工匠都该以"技能致富"为重。在许多工程活动中，也是需要有奉献精神的。在国家重大项目建设中，工匠的爱国主义精神、社会责任感和为大众服务的意识，是他们无私奉献、积极投身生产实践活动的动力。

伦理观念不仅影响工匠活动的出发点和目的，也影响到工匠活动的内容和方式，影响到工匠如何处理生产活动中的矛盾和人际关系。在我国古代的技艺活动中，意一个优良的传统就是尊师爱徒，师傅以培养出高水平徒弟为己任、为荣耀，徒弟以师傅为师父，这才有了"一日为师终身为父"的理念。这种优良传统的延续，特别是在社会主义条件下，工匠们有着根本利益的一致和倡导团结合作，形成了工匠精神的组成部分。

5.工匠技能与社会生活

工匠技能的科学价值、经济价值、政治价值、军事价值、文化价值、生态价值，都属于技能社会价值的范畴。工匠技能对社会发展的主要贡献是在经济方面，通过工匠生产活动实现了经济的振兴和繁荣，其他各项社会事业包括文化教育、生态环境诸方面的问题，就会有可靠的基础和充分的条件去解决。

工匠技能的社会价值还可以表现在其对改变人们的社会关系所起的作用上，这种作用不仅可以引起阶级关系的改变，而且可以导致诸如城乡、工农、体脑关系以及妇女与男子关系等多种社会关系的变化。

大批可以使用蒸汽机的工匠的出现，直接确立了资本主义生产关系，也导致新兴资产阶级彻底战胜了封建贵族，无产阶级与资产阶级的矛盾上升为社会的基本矛盾。近代工厂的出现，还促进了近代工业和城市的发展，工业与农业之间的分化加剧，拉大了城市和乡村之间的差距。但这种变化归根到底是社会的进步。

工农、城乡、体脑之间的差别和对立虽然与阶级矛盾相纠葛，但其形成和消除主要应该是一个生产力发展的问题，掌握技能可以改变自己所处的社会阶层，已经被现代社会人力资源流动现象所证实。

生产技能的变化和应用还会改变妇女与男子的关系、家庭关系，并真正推进妇女解放。造成男女之间事实上的不平等，如不能同工或同工而不同酬的原因是多方面的，其中最重要的原因之一就是许多劳动技能妇女难以掌握。但是，随着生产水平的提高，许多工作岗位所需的技能掌握起来也较从前更容易，使许多历史上被认为是男性化的工匠职位可以由女性担任，实现了男女平等。

社会对工匠生产实践活动的干预和控制，是借助于规划、决策和管理等手段实现的。然而，反向思考在社会领域中，是否存在着工匠特有的技能是一个值得探讨的问题。关于社会技能，有以下两方面值得探讨。

一方面，是否存在着社会技能。在传统观念中，通常认为工匠技能是与使用刀具、操纵机器有关的，是产业领域工匠的事情。这种怀疑社会技能存在的观点就是以这种社会大众的心理习惯为基础的。然而随着社会的发展，原来被人们所忽视的社会工作领域出现大量身份为"工人"的从业者，他们所掌握和需要的工作技能显然可以被称为社会技能，而这些人也可以被认为是工匠。

另一方面，怎样界定社会技能。是否认定社会技能，与如何界定社会技能有些关系。社会技能必须具有有效性、合理性、公正性，但是要给社会技能以确定的、可衡量的准则是比较难的。判断某种社会技能是否有效，可以从社会工作领域"工匠"（社会工作人员）具体工作达到目标的效果来判断，至于社会工作领域"工匠"是否公正合理，常常会是仁者见仁、智者见智。于是，不同时代对社会技能评价都会有不同的标准，这与评价生产领域工匠技能水平的情况大不相同。社会技能与生产领域工匠技能存在差异，因为这种技能是以社会科学理论为基础的，但是随着时代的发展、学科的交叉，社会技能也会使用自然科学领域的研究成果。

第三节　工匠精神的基本内涵

古代"工匠"俗称手艺人，指熟练掌握一门技艺并赖以谋生的人，如：瓦匠、木匠、钟表匠等，游刃有余的庖丁、技艺精湛的鲁班就是中国古代工匠杰出的代表。随着生产力的发展，发生了第一次工业革命，社会化大生产形式出现，工匠的内涵也发生可变化，指在生产、服务一线具体操作或依靠自身技能提供服务的人。"工匠精神"属于精神范畴，是从业人员的价值取向和行为追求，是一定人生观影响下的职业思维、职业态度和职业操守。"求知"是工匠精神的内在体验，为了追求完美与极致，工匠们需要不断学习与实践，提高自身对规律的认知水平和对实践的驾驭能力。"造物"是工匠精神的外在表现，工匠们通过自身的技艺，打造出货真价实的作品。

一、中国文化视域下的工匠精神

在中华文明的发展过程中，作为文明的始祖黄帝就是一位伟大的工匠，传说他发明创造了房屋、衣裳、车船、阵法、音乐等；另一位始祖炎帝也据说发明了医药，制末耜，种五谷，作陶器等。《周礼·考工记》曰："百工之事，皆圣人之作也。烁金以为刃，凝土以为器，作车以行陆，作舟以行水，此皆圣人之所作也。"这些发明创造极大地便利了人们的日常生活，于是人们将这些创造型的能工巧匠视为"济世圣人"。中华文明的发展与繁荣也集中体现在能工巧匠创作的各种各样精致细腻的物品之中，比如青铜器、丝绸、刺绣、陶瓷等等，可以说，在整个中华文化发展演进的历史长河中，工匠因其职业的特殊性形成了独具一格的精神特质，体现在以下几个方面：

1. "尚巧"的创造精神

追求技艺之巧，对于传统工匠具有极其特别的意义。首先，巧是工匠一词的基本内涵。《说文解字》曰："工，巧饰也。"段玉裁注曰："引伸之凡善其事曰工。"《汉书·食货志》曰："作巧成器曰工。"《公羊传》何休注云："巧心劳手以成器物曰工。"在某种程度上，"巧"是工匠的代名词，能称之为工匠的人就是一个心灵手巧的人。其次，"巧"构成了工匠区别于其他职业群体的鲜明特征。《荀子·荣辱》篇曰："农以力尽田，贾以察尽财，百工以巧尽械器，士大夫以上至于公侯莫不以仁厚智能尽官职。"从事器械制造活动最需要的能力便是"巧"，所以为工必尚巧，它是工匠最基本的职业要求。第三，它是工匠努力追求的重要美德，当人们赞美一个工匠时，经常会用"巧夺天工""能工巧匠""鬼斧神工""巧同造化"之类的词语来表达对工匠的赞美之情。第四，它也是形成优良器物的必要条件《考工记》曰："天有时，材有美，工有巧，合此四者，然后可以为良。"

2. "求精"的工作态度

追求技艺的精湛与产品的精致细密是传统工匠精神的第二大特点。《诗经·卫风·淇奥》曰："如切如磋，如琢如磨"，描述了工匠在切割，打磨，雕刻玉器、象牙、骨器时仔细认真、反复琢磨的工作态度。儒家借鉴了这一精神，将其作为治学和修身的方法，《大学》曰："如切如磋者，道学也；如琢如磨者，自修也。"朱熹进一步提炼出它的核心特质，"言治骨角者，既切之而复磨之；治玉石者，既琢之而复磨之，治之已精，而益求其精也。"由此，产生了"精益求精"一词。由于它对为学"修身"做事所发挥的积极作用，使得它也因此获得道德意义，从而成为工匠所追求的一种重要美德。

这种精神集中体现在中国古人制造的器物上，它们以其精致细腻的工艺造型闻名于世。据《考工记》记载，战国编钟极其精致，可以做到"圜者中规，方者中矩，立者中悬，衡者中水，直者如生焉，继者如附焉。"马王堆出土的汉代素纱禅衣丝缕极细，用料 2.6 平方米，而重仅 49 克，"薄如蝉翼""轻若烟雾"，是世界上最轻的素纱蝉衣。著名的苏州园林以其意境深远、构筑精致而著称于世，被称为"咫尺之内再造乾坤"，中国的丝绸、陶瓷等工艺品以其精湛的技艺远销欧亚，号称"丝绸之国""陶器之都"。至宋代，冶炼、建筑、织造、陶瓷、茶、酒等工艺技术水平已经达到了相当高的水平，民间的许多传统手工艺制作，比如剪纸、年画、雕刻、皮影、泥塑等也以精巧而著称。这些产品的背后都凝聚着中国工匠精益求精的工作精神。

3."道技合一"的人生境界

对技艺和作品精益求精的追求并不是那些高明工匠们的真正目的。娴熟的技巧对于他们而言，只不过是通往"道"的一种途径。他们希望通过手中的技艺领悟到"道"的真谛，从而实现人生意义的超越。庖丁解牛就是这一典型例子，《庄子·养生主》曰："庖丁为文惠君解牛，手之所触，肩之所倚，足之所履，膝之所踦，砉然响然，举刀騞然，莫不中音。合于桑林之舞，乃中经首之会。"梁惠王赞叹他精湛的技艺，而庖丁则回答说："臣之所好者，道也，进乎技矣。"也就是掌握了"以无厚入有间"的规律，即道才会有游刃有余的技艺。在庄子笔下并不在少数，例如，"轮扁斫轮""佝偻承蜩""运斤成风""大马捶钩""津人操舟"等等，这些人的技艺可以说已经到登峰造极、出神入化的地步。通过技艺理解生活世界，最终可以使我们从"游于艺"的状态，到达"心合于道"的境界。

综上所述，中国文化视域下的工匠精神将"巧"，即理智与实践相结合的创造精神，作为工匠所应当具备的职业基本要求与美德；在工作过程中，特别注重严谨细致的态度，力求做到技艺与制作品的精益求精；从而达到一种"道技合一"的人生理想状态。

二、西方文化视域下的工匠精神

1.非利唯艺的纯粹精神

在柏拉图看来，工匠制作产品的目的不是为了获得某种物质性报酬，而是为了追求作品自身的完美。因为，如果有一种利益是所有的匠人大家都享受的，那显然是因为大家运用了一种同样的而不是他们各自特有的技术。报酬是所有工匠所享有的，那是因为大家都运用了自己特有技术之外的共有的"挣钱之术"。

但是"挣钱之术"并不同于技艺，医术产生健康，而挣钱之术产生了报酬，其他各行各业莫不如此，每种技艺尽其本职，使受照管的对象得到利益。工匠精湛的技艺也就在于产生优良的作品，使得对象物得到利益，而不是为了让制作者自身获益，因为，没有一种技艺或统治术，是为它本身的利益，一切营运部署都是为了对象。因此，工匠的技艺全在于追求作品的完美与极致。

为了把大家的鞋子做好，我们不让鞋匠去当农夫，或织工，或瓦工。同样，我们选拔其他的人，按其天赋安排职业，弃其所短，用其所长，让他们集中毕生精力专搞一门，精益求精，不失时机。这样才可能制造更好的作品！而如果让鞋匠做木匠的事情，木匠做鞋匠的事情，不仅不能制造出优良产品，还可能对城邦产生很大危害，更是对正义的侵害。木匠做木匠的事，鞋匠做鞋匠的事，其他的人也都这样，各起各的天然作用，不起别种人的作用，这种正确的分工乃是正义的影子。这样依靠正义的原则与追求圆满为工匠的存在提供了道德上的正当性。

2. 至善尽美的目的追求

亚里士多德认为工匠对产品精益求精的追求，产生于对目的善的欲求以及对自我创作产品的热爱。

首先，目的的存在可以为工匠的"精益求精"提供动因。他指出"对制作活动而言，目的产品比活动过程更为重要。"因为，无论谁要制作某物，总是预先有某种目的。制作活动本身不是目的，而是属于其他某个事物。而完成的器物则自身是一个目的，因为做得好的东西是一个目的，是欲求的对象，所以，选择可以或称为欲求的努斯，或称为理智的欲求，人就是这样一个始因。

其次，这个目的就是工匠在制作过程中竭力追求的那个称之为"善"的东西。每一种职业都是以某种善为目的，这个善，就是人们在做其他每件事时所追求的那个东西。它在医术中是健康，在战术中是胜利，在建筑术中是一所房屋，在其他技艺中是某种其他东西，在每种活动和选择中就是那个目的，其他的一切都是为着它而做的。工作之善就在于圆满地实现了工作所要求的目的。对于一个吹笛手、一个木匠或任何一个匠师，总而言之，对任何一个有某种活动或实践的人来说，他们的善或出色就在于那种活动的完善。对产品的精雕细琢与对技艺的精益求精因为有助于职业目的的实现才具有了"善"的意义。

在亚里士多德看来，除对目的的追求之外，工匠对产品精益求精的追求，还体现为工匠对自己制作的产品的由衷地热爱。首先是因为"存在对于一切生命物都值得欲求和可爱，而我们是通过实现活动（生活与实践）而存在"而产品在某种意义上也就是在实现活动中的制作者自身！所以，制作者爱他的产品，因为他爱他的存在。其次，"制作者所制作的产品是持久的（因为高尚的东西是经久的）。"所以工匠精神体现了对永恒存在与高尚人格的不懈追求。

3. 对神负责的精业作风

宗教改革的领袖马丁·路德提出"任何世俗的工作都是为上帝服务的。一个人可以在任何行业中得到拯救；在短暂的人生历程中，一味计较职业的形式没有任何用处。人们坚信，上帝安排给他们的工作不一定是最好的，但一定是最适合他们的。如果上帝安排他做一名官员，他不能拒绝，安排他做屠夫，他也得欣然接受。"因此，当你"把世俗的工作视为替基督服务，这样你就能明白，当你听到上帝的召唤去工作时，当你在工作中感受到自己是在为耶稣基督劳动时，实际上你是在用最最卑贱的世俗行为敬畏上帝；但是，它却比你未经上帝召唤，就把所有的时间浪费在冥想、祷告、或者其他精神活动上强多。"这实际上是告诉信徒，工作的目的不是为了追求个人享乐，而是为了荣耀上帝，因此，不必担心自己的工作过于卑贱或嫩小，虽然人的社会地位有高有低，但是他们的"圣召"没有贵贱之分，只要认真努力地做好自己的工作，就有可能得到上帝的宠爱。因此，在马丁·路德的努力下，将本来不具有任何神圣意义的世俗性工作提升为一种至高的道德义务，给工作披上了一套神圣的面纱。

这样为工匠的制作活动予以了极大的精神力量，塑造了典型的工匠精神。首先，使得工匠更富有一种耐心专一的精神品质，因为无论从事何种都是上帝根据每个人的天赋而量身定做的，当下的就是适合的，另外任何工作只是形式的不同而已，在本质上是一样的，都旨在完成上帝赋予自己在世俗生活的任务。因此，干什么工作并不重要，重要的是能否圆满地完成上帝所赋予自己的任务，能否将这份工作做到尽善尽美。因此，精益求精，追求完美与极致对于作为基督徒的工匠而言是最为重要的。

三、当代工匠精神的及基本内涵

工匠精神的基本内涵和突出特征是精益求精。李克强总理在政府工作报告中提到的就是"精益求精的工匠精神"。只要抓住了这一点，就抓住了重点和核心，也就可以比较容易地理解和把握工匠精神的其他相关内涵和意蕴。但我们从理论上分析问题，当然不能只满足于"精益求精"四个字，而是要对其丰富的内容逐一进行分析和阐述。

1.工匠精神是一种高度认同、敬业乐业的精神。

只有对自身职业和工作有高度认同，才能终身从事并达到至高的境界。从历史上看，工匠对自己的职业都有高度的认同，将之作为安身立命的根本。这其中自然有生活本身需要的原因。依靠自己的一技之长以立足于社会，养家糊口，这当然是第一位的事情。这是认同的基础。同时，他的认同更在于工匠对自身特长和技能的自豪感。工匠的技艺在社会中可能算不上显赫的资本，甚至还可能受到许多人的鄙视，但工匠本人对自己的技能是有自豪感的。旧社会某理发馆有一副对联很能说明这一点："虽是毫末技艺，却是顶上功夫"。这里"毫末"和"顶上"当然是双关语，直接意指头发和头顶，但也另外有价值评价的含义，是对自身技能的肯定和自豪之感。工匠的技艺往往是家族传承的，是一种"祖传"，因而这在具有家族意识和祖先崇拜传统的中国，又具有了另一种更深刻的社会意义，成为工匠对自身技艺和职业认同的更深刻原因。最后，工匠在通过自己的劳动为他人服务的过程中，也得到一种自豪感和心理的满足，对职业认同起着支持作用。总之，不仅把工作当作挣钱养家的途径，而且当作一种事业，一种文化来传承，这就是一种高度的认同。

在这样的职业认同基础上，就能做到敬业和乐业。敬业是指对自身职业和工作有一种敬畏之心，甚至有一种使命感和神圣感。不是把职业当作工具，而是当作目的本身。坚信自己的职业和工作具有不平凡的价值，并以恭敬的态度来对待它。这里就不仅是职业态度问题，而且包含着职业理想和信念的成分。乐业则是以职业和工作为快乐的源泉，不以工作为苦为累，而是从平凡的工作中得到生活和创作的乐趣。孔子说过，好之者不如乐之者。说明以此为乐的人，比单纯爱好的人境界还要高些。

2.工匠精神是一种专注专一、全情投入的精神。

工匠在打造自己的产品时，特别是在制造精品力作时，是高度专注、心无旁骛的，表现出一种全身心投入的工作状态。这不仅是一个人的工作态度和个性修养问题，而且与其工作方式有关。比如，可能与工匠及其工作对象的相对单一有关。工作者和工作对象构成一种简单的二项式，二者直接相关，面面相对，没有复杂的中介体系处于二者之间。这种情况便于工匠集中精力，聚精会神地投入工作。另外，一般地讲，在工匠与物品的对峙中，工匠一方并不强大，这反映了手工业时代人与自然关系的一个侧面。自然是强大的一方，而人力是渺小的一方，因此，工匠以一己之力去把握对象、改变对象，就必须全身心地投入其中，使出自己的全部力量，以驾驭神秘的自然力。大工业时代则不是这样，人是强大的一方，人们随心所欲地对待自然物，因而不再有敬畏之心和全情投入。

在劳动过程中，某些特定的时刻，工匠会与加工对象处于一种融合的状态，达到主客体的内在统一。工匠的心灵全部寄托于工作上面，感情也会投入其中，发生某种移情作用。尽管通常情况下作为工作对象的物件不过是些死的材料，但工匠却会像对待有生命的东西那样去对待它。工匠不仅将自己的精神和生命投射于工作对象之中，而且在他们眼中工作对象本身也是有生命的。木料有自己的脾气，石料有自己的秉性，金属也有自己的意志，工匠的加工是先要掌握对象的脾气秉性，尊重和顺应它们的特性，最后才能成就最好的作品。正是因为这样，我国古代的一些传说，总是谈到为了打造出惊人的神品，就必须把工匠的血洒进去。

3. 工匠精神还是一种精益求精、追求卓越的精神。

工匠在制造自己作品时是追求完美的，有一种精益求精的精神追求。他总是要打造精品，而且精而又精。他不断地打磨，使之更加完美。注重细节，而且在细节处理上不怕费大的工夫，这是工匠精神的一个突出特点。一件物品之能否成为精品，很大程度上是由细节决定的。大致的方面不出偏差是容易的，但在每一个细节，不厌其烦地精益求精，没有瑕疵，则是很不容易的。这不仅需要有责任心，而且需要一颗平静的心，以及细腻敏感的心。只有这样才能处理好细微之处，并达到极致的境界。

精益求精不仅是一种量的概念，不仅是在数量上的打磨和完善，而且是一种质量层次上的提升，是一种对卓越的追求。在追求极致和完美的过程中，必然包含着创新在内，因而，创新也应该是工匠精神的一个重要因素。不能把工匠精神只是与保守甚至守旧相联系，还应该与创新创造相联系。在家族代代相传的技艺中，通常每一代传人都不仅是继承上一辈积累起来的经验，而且总是加进自己的某种创新和突破。只有这样，一门技艺才能日益臻于完善，也才能得到更好的传承。手工匠人的创新通常不是以节省劳力为目的，而是以作品完美为目的，这也是值得肯定的。在谈到工匠精神中包含的创新因素的时候，我们要明白，它与我们改革开放时代所讲的"创新"是有所不同的。也就是说，在工匠精神中，创新并不是最重要和最突出的因素，它是从属于"精益求精"

的，它是在坚守初心的基础上的有限度的创新。当今时代的创新则是起统领作用的，创新的广度和深度都是手工业时代的劳动者不可能想到和做到的。在现代工业生产中，创新则往往是以降低成本、节省劳力为目的的，这样的创新目的虽然似乎不及工匠的高尚，却因此而有更广泛的可能性。

工匠精神中还有一个方面，那就是工匠自身的精神境界和自我修养问题。这个问题并不在工匠精神之外，而是一个非常内在而深刻的因素。工匠的精神境界有时决定着产品质量的高度。产品所能达到的质量，是与作者自身的境界相联系的。这也是它区别于现代工业的突出特点之一。

第四节　工匠精神的当代价值

随着现代机器化大生产对传统手工业的取代，传统工匠逐渐从历史舞台中退出，有观点便认为，工匠精神已经过时了。事实并非如此，工匠精神是一种对工作精益求精、追求完美与极致的精神理念与工作伦理品质，它包含了严谨细致的工作态度，坚守专注的意志品质，自我否定的创新精神以及精益求精的工作品质。这些优秀的工作精神品质在今天的社会中依旧具有重要的社会价值。

今天，我们倡导"工匠精神"，不仅有助于我国制造业的转型升级，有利于我国企业"增品种、提品质、创品牌"，而且还具有重要的精神价值，是一种新的思想政治教育任务，它与弘扬社会主义核心价值观是完全一致的。工匠精神是一种劳动精神，是一种劳动者的精神，它体现了劳动者，特别是普通劳动者的价值，对于纠正当前一定范围内存在的轻视劳动特别是轻视普通劳动者的不良风气具有重要的意义。现代的大国工匠不再是传统的手工匠人，而是现代大工业中的技术工人，是产业工人的一部分，他们身上体现出来的现代工匠精神，是工人阶级新面貌的体现，因此，培育和倡导工匠精神，可以使全社会认识到工人阶级的先进性，认识到工人创造的精神价值。最后，倡导工匠精神，对于我们克服社会中弥漫的浮躁心理，形成理性平和的社会心态，也不无裨益。

一、工匠精神在当代具有存在的条件和重要价值

虽然手工业时代早已过去，但工匠和工匠劳动，以及工匠式劳动，仍然存在并将长久存在，而这些就构成了工匠精神在当代存在的最基础的依据和条件。

1. 机器并不能完全取代手工

工业革命的出现和机器工业的形成和发展，终结了人类漫长的手工业时代。机器生产的强大力量使原有的手工业成为过时的生产方式，并使大量手工业者破产。这是人类生产力进步和发展的标志，具有历史的必然性和历史的合理性，但是，机器工业并不能完全彻底地消灭手工业和手工劳动者。这是由社会生产的丰富性和多样性所决定的，也是由手工劳动的基础性所决定的。就前一个方面来说，人类社会生活的多样性能够容纳人类历史上曾经出现过的许许多多的事物，尽管这些事物已经大量消失，但总会以某些个别的方式在社会的某些领域中遗存下来。可以说，凡是在人类历史上产生并长期存在过的事物，即使它已经被历史时代所扬弃，退出了历史的舞台，但其某些因素总是以这样那样的方式在后来的社会中存在着。虽然奴隶社会早已成为历史，但在现实生活中仍存在着这样那样的奴役现象。古代的砖瓦早已失去其建筑价值，但它却作为珍贵的文物存在于博物馆中，并得到人们高度的评价。就生产方式而言，不论是手工劳动，还是个体劳动，都是不再符合时代需要的非主流劳动形态，但它们仍然在一定范围内存在着。即使在许多发达国家里，其农业生产仍然是以个体经营为主。小生产可以跨越几个不同的社会形态，而始终存在。当代中国手工劳动的生产和经营价值在缩小，但它仍在某些领域和小的范围内存在着。日本是工业发达国家，但日本还有许多家族传承下来的手工作坊仍然在经营着，比如手工打制菜刀的技艺就是很有名的。瑞士手表行业也是手工劳动，长期以来保持了自己的特点，反而成为一种很昂贵的产品和品牌。更不用说在一些日常生活的领域中，特别是普通百姓的日常生活领域，长期以来一直存在着为他们服务的民间匠人，诸如磨刀师傅等等。他们无疑不会成为社会的主流，而且有时连次流也算不上，但他们仍很顽强地生存着。有时候似乎是在某地消失了，但在另一个时期和地方又重新复活了。之所以如此，是因为这种劳动是人类劳动的初始形态，具有某种本源性。当发达的经济突遇自然灾害而受到强大打击时，手工劳动就会出来挽救人的生存。可以说，只要人手存在着，只要人手是仍然人的劳动器官，那么手工劳动就不会完全彻底地从社会中消失，而且，不论是操作石块，操作铁锤，还是操作电脑，都离不开人手，一定意义上都是"手工劳动"。

2. 手工工艺被赋予了新的文化内涵

传统的手工技艺发生了文化转向，因而在当代世界能够以文化传承和文化创造的形态继续存在并得到发展。中国素来手工业发达，形成了有地方和家庭特色的手工技艺，它们历经数代人，成为一种家族文化和地区文化的传承。其传人不以经济收入为主要目的，而主要以文化传承为目的。同样，日本的一些传统的手工技艺在当代的存在也具有两重性：一方面它是一种生产和经营，是一种经济活动；另一方面又是一种文化活动，承担着家族文化传承的使命。这两个方面在不同时代所起的作用是不同的，如果说从前的时候主要是一种经济活动的话，那么在现代社会中则主要是一种文化传承，因此，虽然它也追求市场的成功，但它的成功并不以经营利润为目的，而是以传承文化为目的。

其实，文化活动与经营活动并不总是对立的，它们有时可以相互促进和融合。许多有民间和地方特点的经营活动之所以搞得有声有色，取得很大成功并成为一种品牌，就是因为它具有文化的内涵，因此，有些本来在传统行业中日渐衰微的手工技艺，由于旅游业的发展而作为一种旅游文化产品和文化活动而受到顾客青睐。传统工艺从简单的实用领域日益进入工艺美术的领域，展现了新的发展空间和前景。随着人们生活水平的提高，在满足生活的温饱需要之外，对文化和精神生活方面的产品需求增多；而且，由于机器工业以极大的优势占领了人们的日常生活用品市场，也迫使传统工艺向文化领域和艺术欣赏与把玩的领域开拓发展。这样，手工技艺的存在和发展已经不是在夹缝中生存，而是有了更大的发展空间。

3. 手工是机器的最好助手

手工劳动进入机器工业体系，成为其中的一个必不可少的辅助环节。机器工业无疑是机器为主，但也不可能完全没有手工的协助。有些主要的车间和生产环节上，可以完全由机器做主，但总是有些细节之处和衔接之处需要人手的协助。这种手工劳动起到一种润滑或转接的作用，同样也是不可缺少的。比如机器可以生产各种部件，但部件的衔接则是需要电焊工来完成的，没有电焊工的劳动就不可能完成各种机件的成体系转接。而电焊效果的好坏取决于电焊工的经验和个人能力。曾在中央电视台《新闻联播》中介绍过的大国工匠，有的就直接服务于我国高铁的建设。以前我们并不知道，如此高科技的事情却原来也缺少不了工匠的作用，而且是极为关键的作用。这些情况说明，手工劳动虽然失去了它独立的形态和外观，但却在现代工业体系中找到了自己的位置，并发挥着不可替代的重要作用。

4. 符合现代工业的发展趋势

最后，现代工业的进一步发展日益表现出人性化和个性化的新趋势，这在一定程度上重复了手工劳动的某些特点，并为工匠精神提供了更为广阔的发展前景。流水线式的大批量生产有其优势，那就是生产效率高，产品数量大，能够为社会提供更丰富的产品。这在社会发展的一定阶段，在人们为解决生活温饱问题而努力的阶段上是非常重要的，但是批量生产也有其不足，就是人性化和个性化不足，不容易满足人们日益多样化和个性化的需要，而且过于机械式的生产过程也使人们觉得单调乏味。这样，机器化生产在达到一定阶段的时候，在社会提出新的多样化需要的时候，就要发生一定的转型，就是加强私人订制式的生产，增加人性化和个性化的成分，而这一点恰恰是传统的手工劳动的特点。历史的辩证法是神奇的，它让后现代的智能化生产登场，把机器生产引向手工劳动时代的某些理念。从这种意义上讲，工匠精神不仅是能够在现代继续存在，而且某种意义还是代表着工业发展的未来。

二、工匠精神是工业制造的灵魂

尽管传统的小作坊形式基本上被现代化的工业制造所取代，但是在人类历史中沉淀下来的工匠精神和文化传统，却依旧贯穿于现代化的工业制造之中，甚至成为现代工业制造的灵魂所在。历史经验表明，当今世界工业制造强国的形成与对他们对工匠精神的重视密切相关。

众所周知，德国是当今世界上最重要的工业强国之一，其产品以精密优良而著称于世界，产生了保时捷、奔驰、宝马、西门子、阿迪达斯、麦德龙等一大批世界知名品牌。其制造业的发达与对工匠精神的重视密切相关。德国人素以严谨细致的工作态度而著称，有这样一个报道，'所有德国人农场生产出来的鸡蛋都有"身份证"，一串长长的号码告诉消费者它的产地、蛋鸡是圈养还是放养、鸡场及鸡圈的位置以及鸡产下这枚蛋的日期。因为德国的企业家首先将自己定位为一个以技术改变世界的工程师，其次才是商人。在他们眼中，技术工作本身的意义高于经济利益，有时他们甚至愿意为了追求精品而不计成本。他们的工人也以称为一名优秀的"工匠"为极大的荣耀。李工真在《德意志道路》一书中总结说，近两百年来的德国现代化道路，从外部看，是一条技术兴国、制造强国的道路。从内部看，支撑这一道路的是"工匠精神"对技术工艺宗教般的狂热追求远远超越了对利润的角逐。当欧盟其他国家经济处于衰退中时，德国经济却能持续增长，德国总理默克尔将之归功于德国人追求卓越的工匠精神。

日本制造的强大也与工匠精神密切相关。从江户时代，在日本的匠人间就已经形成了一股追求产品精益求精的精神。首先体现在日本人将产品的好坏与个人的荣辱紧密地联系起来。他们身上具有强烈的自尊感，认为制作一件优良的产品，是自己的极大荣耀，如果由于自己的疏漏而导致产品残缺，即便在市场上销量不错，也不以为荣，反以为耻。正是在这种"荣誉法则"的推动下，他们对产品质量严格要求，对技艺精致的追求达到了神经质般的狂热程度。在许多日本人看来，将一件小事做到极致就是一个人的成功，生命的全部意义所在。因此，日本的很多中小型企业数十年如一日只生产一种产品，专攻一门技艺，其产品也就日趋完美。

名牌产品的创立，工业强国的形成在很大程度上来自于这种精益求精追求完美与极致的工匠精神。没有最好，只有更好，将每个产品的每个细节尽可能地做到极致，始终不渝地追求一种完美至善的理想状态，这是优良制造形成的关键所在。

三、工匠精神有助于工作主体的自我价值实现

现代机器化生产模式固然极大地提高了社会生产率，但是它对工作者自由的发展构成了威胁。因为它客观上阻碍工作者"向内发展"，希望拥有一批缺乏一技之长的雇佣工人，这样就可以降低成本，增加利润，使得以前那些具有一技之长兼具艺术气息的工匠被"肢解"成一个个只会进行简单操作的会说话的机器，工作者自身的价值因为自动化而被贬低。在这种生产方式中，普通工作者是被动的消极的，其创造性是被压抑的。而传统的工匠虽然也从事制作活动，但是那并不是一般人所认为的一项简单机械的日复一日的重复性体力劳动，而是一种持续性的创造过程，是一个不断对技艺产品进行提升完善的过程。他们的制造活动是建立在自由精神基础之上的，工匠可以随意左右自己的行动。因此，工匠可以从工作中学习，在劳动过程中使用并发展自己的能力及技能。正是这种具有创造性特征的工匠精神造就了一批杰出人士。

1. 工匠精神有助于工作者自我价值的实现

对于一个具有工匠精神的人而言，产品是工作者自由意志的表达。工作者对工作过程具有完全的控制权利，产品完全可以根据自己的意志自由构造，渗透在作品中的是自我想法的表露，体现了自我对世界的理解与认识，自我通过工作精神获得了客观化的表达。以工匠的态度来做事，工作就不再是一件不得

不做的痛苦事情，而变成了一种忘我的投入。因为"靠的是他的手艺，他是自由的"工作过程本身就是他生命活动的自主展开，整个生活就是一种"投入的人生状态"工作本身就是生命的外在表达。自我的价值存在于自己双手所能控制的作品中，不依赖于其他外力，因此，在工作过程中能够获得真正的满足感。

2. 工匠精神有助于亲密情感的建立

一方面有助于促进同事间的情感交流，使人们在工作中感受到人性的温暖。在现代化的工业生产模式中，工人被分割在不同的车间，固定在不同的时空范围之内，同事之间不被允许自由交流，人们之间只有竞争，缺乏温情。而在传统的工匠生活中，并不是这样，香奈尔首席鞋匠有句名言："一切手工技艺，皆由口传心授。"师傅向学徒传授手艺的过程中，在一起朝夕相处，耳提面命，不仅传授的是技艺，还传授了做人的道理和坚韧、耐心、专注、精益求精的工匠精神。匠人的制作过程就是人与人之间的情感交流与行为感染的过程，在这一过程中，建立起了深厚的师生情谊，这是现代化的组织模式所无法替代的。

3. 工匠精神建立了人与物的亲密关系

现代化的工业大生产为人们提供了丰富的产品，但是都是以标准化"单一化的形式存在，缺乏商品的独特性"人情味，就像是一块冰冷而缺乏个性的石头，感受不到制造物所带来的亲切感。在传统社会中，产品与匠人是自然贴近的。对于匠人而言，在从产品的构思到完成的整个过程中，残留着自己双手的痕迹，渗透着绞尽脑汁的思虑。产品不仅是商品更是艺术品，它的好坏代表着自己的声誉、尊严与道德品格。对于消费者而言，通过触摸产品能够真切地感受到手工的痕迹，通过观看产品的机巧可以想象到匠人的专注与坚守，每个产品都是独一无二，展现着匠人的个性，精雕细琢展现的是人性的温暖。

四、当代中国制造需要工匠精神

随着互联网技术在制造业、服务业等领域的广泛运用，世界工业格局面临着重大调整的历史机遇，于是西方发达国家纷纷加强了在移动互联网、3D打印、云计算、大数据等高精尖产业方面的研究。德国首先提出"工业4.0"计划，希望能够在未来社会保持工业强国的领先地位。与此同时，中国政府也提出"中国制造2025"的战略计划，力争在未来十年实现由一个工业大国到工业强国的转型。

这一伟大目标的实现关键在于从根本上提升中国制造的质量，然而中国制造的困境问题也在于此。我国号称"世界工厂",几乎可以生产世界上绝大部分产品,但就质量而论,不免令人担忧。据网上报道,有些新楼尚未交付业主就已出现裂缝,刚建好的大桥不到半年就已坍塌,防盗门是"纸夹芯",奔赴日本购买马桶等怪象层出不穷;食品安全方面,毒奶粉、纸馒头、瘦肉精、地沟油等更是屡禁不止;各种假冒伪劣、粗制滥造的商品充斥着市场,严重损坏了消费者的利益,出口国外的商品也多半是以廉价而非优质取胜,虽然产品众多,但是在世界上能拿得出手的名牌却寥寥无几。

质量问题产生的根源在于经济理性的无限度扩展,代表人本主义的工匠精神的存在空间被严重压缩。正如卢卡奇认为,人类文明始终存在两种张力,一种是以弘扬人的主体性为特征的人本主义,一种是可计算化可定量的科学精神,科学精神与经济的结合在现代社会里,演变成了建立在被精细计算基础上的经济理性与技术理性。这两种力量始终处于激烈的冲突之中。但是现代社会里经济理性主义精神取代了人本主义,成了工作社会中的主流价值观,以追求利益的最大化成为支撑当代中国工商业发展的内在驱动力,人们从事一切制造、生产、服务活动的最终目的是实现经济利益的最大化。历史表明,质量低劣的产品虽然暂时获得利益,但也只是昙花一现,最终难免被淘汰的厄运。世界名牌产品百年不衰的历史经验告诉我们,只有在工作中始终贯穿工匠精神,以追求完美与极致为目的,不断精雕细刻,精益求精,才可能赢得大众最终的信赖,工业强国的梦想才有可能得以实现。

工匠精神不仅涉及中国制造及其产品质量,更是人们普遍的职业和工作伦理的敬业精神的集中体现,对待工作精益求精不仅是工作者的优良品质,而且是一个民族成员对待工作的优良品质,也是社会主义核心价值观中的"敬业"的要求,因此,在当前开展的培育社会主义核心价值观的活动中,应该充分弘扬历史上传承至今的"工匠"精神,如果每位民族成员和单位工作者都能以精益求精的态度对待并从事工作,那么,才会把中华民族伟大复兴的中国梦落到实处。

第三章　工匠精神是怎样炼成的

如今，"工匠精神"已经成为生产制造中的热词。在资源日渐匮乏、竞争激烈的后成长时代，重塑工匠精神，是一个企业乃至一个国家和民族生存、发展的必经之路。现阶段，我国已成为世界瞩目的制造业大国，但距离制造业强国还有相当长的距离。从制造业大国向制造业强国转变的过程，需要成千上万的优秀产业工人来提升国际竞争力，弘扬"工匠精神"正契合了这一时代需求。那么工匠精神到底是怎么炼成的呢？

第一节　工匠精神需要哪些品质

工匠在古代可称其为手艺人，意为熟练掌握一门手工技艺并赖此谋生的人，如铁匠、木匠、皮匠、钟表匠等；在现代则可泛指家庭作坊、工厂工地等生产一线动手操作、具体制造的工人、技师、工程师等。如果说"求知"是科学精神的内在追求的话，那么"造物"就是工匠精神的伟大使命。"造物"的精神追求就是工匠精神的集中体现，其构成要素表现为工匠技艺在经验、知识、器物和审美四个层面的相互统一，其历史形成过程表现为工匠行业的伦理关系、制度规范和文化模式演变。具体来说，工匠精神的品质可概括为：尊师重教的师道精神、一丝不苟的制造精神、求富立德的创业精神、精益求精的创造精神、知行合一的实践精神等五种精神特质。

一、尊师重教的师道精神

中国是一个"道"的国度。古人认为，良师和学问之道是相辅相成的，想要弘扬学问之道，则良师必不可少。儒家的经典《礼记》中是这么说的："凡学之道，严师为难。师严然后道尊，道尊然后民知敬学。"唐代韩愈在《师说》中说："古之学者必有师。师者，所以传道授业解惑也。"他认为教师职能的第一条就是传道；其次才是授业解惑。"是故无贵无贱，无长无少，道之所存，师之所存也。"在中国人的心目中，"师道"承载着国家和民族的希望，而且它跨越几千年的时空，一直影响至今，经久不衰。

不管是手工作坊里的"子继父业"或是手工业行会里的"师徒相授"，工匠间技艺的传承方式多是通过"口传心授"的方式完成。尽管这种技艺的传授方式存在着明显的弊端，即技艺传承面临着极大的不稳定性和"失传断代"的风险，但它依然是过去工匠学习技艺的重要方式。一方面，学徒能否掌握技术、学到本领，自身的才智、悟性以及刻苦练习程度成为能否学成技艺的决定性因素，正所谓"师傅领进门，修行靠个人"，学徒必须尊重技艺，才有可能学会技艺；另一方面，学徒对待师傅的态度也成了能否学成技艺的关键性因素，学徒为了学到技艺，必须做到恭敬师傅、尊重同门。中国历来就有"师徒如父子""一日为师，终身为父"之说，工匠精神就在这种尊师重教的师道传统中得以发扬光大。

二、一丝不苟的制造精神

人们通常认为，"制造"就是严格地按照技术标准和生产要求，批量生产某种技术制品的过程，甚至认为"制造"就是重复和模仿。然而，对工匠而言，制造器物的过程不同于标准化工艺下的大规模机器制造，"制造"意味着对其技术目的的再次创造。工匠制造器物主要是凭借其技艺，按照近乎严苛的技术标准和近乎挑剔的审美标准，不计劳作成本的追求每件产品的至善至美，通过大繁若简的制作手法赋予每一件产品生命。要达到这种制造境界，除了工匠所掌握的熟练的技艺经验外，还要求工匠具备良好的心理素质和平和的制造心态，也只有做到了这些，工匠才能心无旁骛的制造出一件又一件的精美器物。

三、求富立德的创业精神

对于绝大部分工匠来说，养家糊口是其从事工匠行业最直接的现实目的。如何通过自己所掌握的技艺来谋求尽可能多的经济利益、稳定其社会地位、巩固其社会关系，是工匠凭借其技艺立足社会后所必须面对的问题，于是创业成为工匠凭借其技艺成就事业的最好途径。历史上，许多知名的制造业企业，起初都是靠一个或者一批唯实笃行的工匠的艰苦奋斗奠定其日后发达的基础。例如，世界知名光学仪器制造企业——卡尔·蔡司 (Carl Zeiss) 公司就是靠最初在耶拿创立了一家精密机械及光学仪器车间并成功应用了创始人之一恩斯特·阿 (Ernst·Abbe) 的科学成果，其领先的技术深受行业推崇，其产品畅销全球成为行业翘楚。

四、精益求精的创造精神

工匠的"造物"能力和技艺不仅是衡量和决定工匠水平高低的先决因素，也是工匠智慧和灵感的集中体现，创造精神是工匠精神的灵魂所在。然而，与爱因斯坦所说的那种科学研究中顿悟式"灵感"的创造性不同，工匠的创造性更多表现为累积式的渐进和改良。从工艺流程上看，工匠们不仅会从材质选料、毛坯定型、模具制作等"先天"方面进行塑造，还会从机械加工、成品打磨、喷涂抛光等"后天"方面对之加以改进。工匠根据自己长期的技术实践经验和对技术方法的思考，对前人的发明制品或技艺进行改良式的创造，以得到"青出于蓝而胜于蓝"的技术制品，推陈出新、革故鼎新就是工匠精益求精的创造精神表现。

五、知行合一的实践精神

工匠操持技术、制作器物和传授技艺的过程是"意会知识"(tacit knowledge) 从隐性转化为显性的实践过程。工匠的技术实践活动不仅符合"意会知识"的种种特征，还可以从"知""行"两方面进行描述。工匠从学徒时起，就需要尽可能多的"知"，除了要向师傅学习各种工具的使用和操练技术环节中的关键窍门外，还需要在平时自己操持技术时，对师傅所授的技艺"心得"不断加以揣摩和领悟，并长年累月的坚持；在"行"的方面，工匠不仅需要对自己所制器物进行反复比较、总结，以期加以改进，更需要大胆实践自己的设计理念，勇于突破前辈的发明创造。可以说，"知""行"的结合程度是影响工匠技艺造诣高低的最直接因素，也只有在技艺的操持过程中做到了知行合一，才能更好地发挥出工匠的技艺水平。

第二节　国外工匠精神是怎样炼成的

自古以来，工匠以炉火纯青、登峰造极的技艺，以一丝不苟、精益求精的工作态度，以孜孜不倦、精雕细琢的职业精神，见证着平凡中的崇高与伟大，谱写了人生辉煌的乐章。高尚的"工匠精神"是任何时代都绝不可缺少的。在当今社会，只有把工匠精神发挥得淋漓尽致，才能拥有竞争的优势。作为职场人，传承和发扬工匠精神不仅是生存和发展的需要，更是生活精彩，人生出彩的宿命所归。

德国和日本是世界创造业强国，也是"工匠精神"体现得淋漓尽致的典范。其中，德国的"工匠精神"历史更为悠久、影响更加广泛，且是日本引为学习的榜样。考察德国人和日本人"工匠精神"的特点和形成机理，也许可为我们弘扬"工匠精神"提供借鉴。

一、德国人的"工匠精神"是怎样炼成的

在许多人的心目中，"德国制造"代表着结实、耐用和精美，是高质量的保证。"德国制造"的成功，与德国人严谨、一丝不苟和精益求精的"工匠精神"分不开。而孕育德国人"工匠精神"的大环境是怎样的，是个特别值得深入挖掘和探讨的问题。

1.德国的社会生产体系与民族特性

提到德国人的"工匠精神"，不得不提的就是德国的社会生产体系与民族特性。

首先，德国的工匠精神实际上与德国的社会生产体系有着密切的关系。德国的社会生产体系在威廉帝国时期奠基，其核心是19世纪晚期在机械制造、电子技术工业和化工业领域形成的多样化优质生产。也就是说，在企业竞争战略上，德国企业往往不是选择成本领先，而是选择产品分层化，专注于小众市场（niche market），在制造业（特别是装备制造业）中的某一个细分领域深度耕耘。这些机械工程领域的小众市场的壁垒通常是比较高的，进入这些小众市场需要比较复杂的技术和生产能力。另外，小众市场的顾客一般比较挑剔，对于产品质量要求高。威廉帝国继承了普鲁士重视科学与教育的传统，特别是在19

世纪最后 10 年引入了正规的工程师文凭以及双元制职业教育。因此，多样化优质生产恰恰是德国的比较优势，对于工程技术人员及技术工人的系统培养模式大大优于当时的制造业霸主英国的在岗培训方式，这使得德国制造业如虎添翼，在 20 世纪初全面超过其老师英国，与美国并驾齐驱，成为世界制造业的霸主。

其次，德国人的"工匠精神"与其民族特性也是分不开的。德国人的"工匠精神"有其历史与文化渊源，至少有三方面因素不可忽视。一是德国人的哲学思维。德国人思辨能力强，喜欢探究世界底蕴、寻求终极真理，出了许多伟大的哲学家，如康德、黑格尔、马克思等。这种爱刨根究底的思维方式必然影响其行为方式。二是德国科技发达，曾是全世界的科学研究中心，爱因斯坦等科学巨匠的创造发明影响了世界进程。三是德国自中世纪以来手工业就很发达，直到 1983 年手工业还占到 GDP 的 11%。德国人动手能力强，很多人喜欢动手制作手工产品、自己盖房子。正是这种勤于思考、善于学习、崇尚科学、乐于动手的社会氛围和民族特性，成为"工匠精神"的肥沃土壤。

2.良好的社会氛围

（1）工匠精神背后的文化传统

毋庸置疑，德国产品的高质量深深植根于其文化传统之中。一说起德国人，人们就会想到严谨和理性，其实德国人在从事其职业时也能够激情四射。早在中世纪，德国就有了"工匠"的职业，指技艺高超的手工业者，被称为"师傅"（Master）。由于基督教的影响，这些手工业者视自己的职业为上帝授予的天职，做好自己的营生不仅是为了赚钱，还是对上帝最好的侍奉。在这种强烈责任的感召下，他们对自己的产品高度关注，终生奉献，追求完美。今天，在社会化大生产的时代，德国职业培训的主体已经由手工业者转变为技术工人，比如机动车技工、电气技工等，而这种精神品质则通过社会化和教育传承下来。创造不断增加客户满意度的产品需要知识的积累，而"干中学"是知识增长的重要源泉，工匠的技艺往往凭长期的实践获得。德国成功的制造业企业都拥有一批具有专门知识和技术诀窍的熟练技工，他们往往在该企业工作多年，与老板和工程技术人员配合默契，不仅能够最好地实现他们的想法并且还会带来惊喜。这就是德国制造经久不衰的秘诀。

（2）工匠精神遍布各行各业

所谓"工匠精神"，就是认真负责、精益求精、止于至善的工作态度和敬业精神。这种精神在德国的任何一个工作场所都可随时感受到。德国人严谨守时，上班时间不做私事、不打私人电话，办事中规中矩，严格遵守相关规范和程序；医生看病、工作会见都提前约定，处理事情有条不紊；干活时聚精会神，旁若无人。正是有这种普遍化的"工匠精神"，保证了德国产品的高质量、高性能，打响了"德国制造"的国际品牌。德国的汽车、精密仪器、高端装备、医疗器械等高科技含量的产品享誉全世界，德国产品成为质优价高的代名词，使得德国长期保持国际贸易中的优势地位。德国产品为德国赢得了赞誉和尊重。

"工匠精神"不仅表现在德国物质产品生产过程，也体现在社会生活的各个方面。可以说，一丝不苟、精益求精的"工匠精神"，已内化为德国人的思维模式，外化为行为准则，成为生活方式的有机组成部分，并潜移默化，代代相传。

（3）中小企业成"工匠精神"典范

德国"工匠精神"在中小企业的身上体现尤为明显。同许多国家不一样，德国向来重视中小企业的发展，并将其视作德国经济的支柱。在德国的商业领域，绝大部分企业为中小企业。许多并不知名的德国中小企业，经过长期耕耘成为国际市场的"隐形冠军"，成为各国企业界研究的对象。

同其他国家相比，德国中小企业有着明显特点：一是许多中小企业都是家族企业，有着悠久的历史；二是中小企业普遍都拥有较长期的发展战略，而且不会因为短期的市场波动随意更改其战略；三是这些企业通常都着眼于高端"缝隙市场"，拥有全球领先的技术。

许多德国中小企业都有着相同的成长轨迹。通常，中小企业会从一个看似不太起眼的细分市场开始"深耕"，不断积累技术优势，最终成为行业领跑者。

德国"工匠精神"的核心内涵是精益求精。德国中小企业将这种精神发挥到了极致。对这些中小企业而言，掌握行业内最顶尖的技术，打造质量最高的产品是它们矢志不渝的信条。因此，许多人认为，德国的"工匠"们并不相信"物美价廉"。他们追求的是用最好的技术打造最好的产品，这些产品往往售价很高，处于行业顶端。

瓦克认为，德国制造业的成功十分独特，这是因为其成功是建立在职业教育、社会和行业等一整套系统上的成功，这种完整的"生态系统"在其他国家还没有见到过。

3. 国家在各层面的支持

（1）为企业发展提供适合的制度与法律框架

德国经济与社会制度的核心是促进和保障个人首创性与自主性。分散决策、契约自由与承担责任是市场经济的基本原则。德国历史上有过两次国家集中管理经济的实验（第一次世界大战前后与纳粹统治时期），给德国人民带来了灾难性的后果。因此，战后德国通过制定《反对限制竞争法》维护竞争秩序，消除经济权力对个体创造性的损害。同时，政府还通过《公司法》《企业基本法》与《企业雇员共同决策法》规范企业的治理结构，为发挥企业家精神与团队合作奠定了基础。德国创新型中小企业往往植根于地方土壤，是地方经济的稳定器，而德国区域性储蓄银行与合作银行制度为这些企业提供了良好的融资环境。德国的普通教育是免费的，从而成为国家提供的重要公共产品。双元制职业教育的一元是政府出资的职业学校，另一元即实训部分则由企业承担，政府与企业为此达成相关协议。职业资格考试分两级：技工与师傅。德国人崇尚创业，但就手工业和一些服务行业而言，没有师傅证书则没有独立开业的权利。目前，德国可以系统地培养 350 种技工职业。

此外，德国还有社会自律组织与行业自律的传统。大家知道，标准与规范对产品质量具有极其重要的意义。德国工业标准 DIN 历史悠久，被许多国家认可与采用，而德国的制造业标准与规范的主要制定者德国标准化协会（DIN）是一个经济界自发建立的组织。德国工商会和其他行业协会也在技术扩散以及职业培训与考核方面扮演着重要角色。

（2）给予工匠较高的社会地位

在德国，工厂里的技工和工程师都是十分受人尊敬的职业。职业介绍和就业代理机构 Stepstone 的一份 2016 年德国工资报告表明，德国工程师是所有工种中收入最高的职业之一，仅排在医生和律师之后，位列第三。

即使是没有接受过高等教育的技师，其收入同全国平均工资相比也并不低。而技师只是毕业生们的一个人生起点，通过经验累积和自我提升，技师还可以提升为收入更高的"师傅"。如果技师有兴趣，还可以进入应用科学大学，取得文凭后成为工程师。

在德国，质量是产品生命，同时也与生产工人的职业声誉息息相关。据介绍，在德国工厂，如果一个技师出现两次以上的错误将面临巨大的职业压力。如果一个技师因为生产中出现质量问题而被解雇，他以后将很难再在行业内找到新的工作。

（3）"双元制"培养高质量人才

作为制造业强国，德国向来注重制造业人才的培养，其"双元制"职业教育体系为制造业源源不断地输送着高质量的人才。德国机械设备制造联合会东南亚地区经理奥利弗·瓦克认为,"双元制"职业教育是德国制造成功的关键因素。

德国小学生小学4年毕业之后就将面临人生的一次重大"分流"。成绩优异的学生将进入文理中学,走上通往大学的道路。更多的学生则流向了通往职业教育方向的中学,这部分学生中学毕业之后或者经过职业培训后就业,或者进入高等院校——应用科学大学深造。

在"双元制"教育体系之下,学生交替在学校和企业学习,在学校学习理论知识,在企业进行实践操作。按照德国政府相关规定,德国企业有义务提供职业教育的培训岗位,这使得职业教育体系下的学生能够顺利进入企业或者工厂,跟着有经验的技师学习第一手的应用型知识。

虽然名义为"实习",学生在企业的培训阶段实际上着眼于解决实际问题,"师傅"传授给学徒的都是当下应用在生产第一线的实用知识和技术,这也意味着学生们在学校的理论知识指导下,通过企业的实习和培训,取得职业认证资格后实际上就成为各个岗位上合格的技师。

由于培训的学员很可能会成为企业自己生产线上的员工,德国企业在配合政府做职业培训方面通常十分认真、一丝不苟。在一次戴姆勒汽车公司组织的辛德尔芬根工厂的参观活动中,公司陪同参观的职员告诉记者说,经过戴姆勒培训、成功取得认证资格的学员在就业市场上十分受欢迎,公司往往还要想办法留住优秀的培训学员,他们是保证企业长期发展的"源头活水"。

值得一提的是,德国的职业教育尤其是高等职业教育并不等同于低学历和低收入。以应用科学大学为例,学业合格者同样可以获得硕士等高等教育学位。应用科学大学为德国输送了七成左右的工程师,这类大学也被称为德国"工程师的摇篮"。

德国社会中不乏做过学徒并大有作为的实例:德国前总理施罗德14岁时做过售货员学徒;"汽车之父"戈特利布·戴姆勒中学毕业后曾在军械厂做学徒;博世公司的创始人罗伯特·博世创业时只有20出头,做过几年学徒,没有大学学历,而博世本人因深知培养学徒的重要性,于1913年创建了学徒班。

二、日本人的"工匠精神"是怎样炼成的

1.日本的引进传统

世界古代史里有这样一个说法:中国人的技术、古希腊人的哲学和文学、

阿拉伯人的诗与宗教、土耳其人的战斗技术是出类拔萃的。意思是说，不同的风土和地缘条件培养出不同的民族特长。

不过在近代以来世界文明格局的变动中，有一个非常值得注意的现象：现代的日本取代了过去中国擅长技术的位置，成为当今世界的技术大国。这确实会引起我们的好奇和疑问：从不同文明的对比上看，擅长技术的民族似乎仍然没有超出汉字文明圈的范围；于是从"技术性民族"的源流看，中国和日本之间也存在着继承性。现代日本技术发展的特征就应该蕴涵着中国技术未来发展的一些可能性和局限性，而古代中国的技术特征同样也是解释日本技术发展源流的参考。

（1）日本人的"开眼"

日本文化是源于中华文明的亚文明。要了解日本技术思想的特点，首先就要从日本技术思想形成的过程来解释。事实上，日本在吸收来自于中国的文与物时也有一个先后顺序，最初阶段是以物的魅力开道，而后才是思想的消化。这就像近代西方文明的东进也是先有船坚炮利，然后才是科学民主。尽管中华文明全面提升了日本人的文明程度，但最初使日本人迷恋的东西肯定还是那些新奇的物品和魔幻般的制造技术。

伴随着中国的水稻技术向日本的传播，金属文明也传到了日本，比如铁制农具、祭祀用的青铜器、铜镜、刀剑等等。它们有些是由移民直接带到日本，有些是中国朝廷所赐，还有些是通过民间交往得来。目前日本出土的青铜器中，以山形县出土的距今 2000 多年前的青龙刀为最早。

当然，对日本人的视觉造成巨大文化冲击的还是佛教艺术。日本人对佛教经书的消化应该是个耗费时间的事。佛教的魅力最初无疑是来自佛像。日本学者和辻哲郎在《古寺巡礼》中，用风景诗般的语言描述了华丽的伽蓝、高耸的佛塔、庄严的佛堂和安详的佛像给日本的先人们所带来的精神愉悦，以及对他们的想象力的激发。我还是第一次读到过对佛教艺术有着如此感性细致的描述。尽管后来日本人的这类文章看多了，但仍然为日本人的感性力所惊叹。佛教最初在日本兴起可以说是佛教艺术的兴起。佛教造型艺术对开发日本人的感官能力以及与之相关的智力，无疑起了巨大作用。

日本最初的佛教普及活动简直就是外来移民展现技术能力和艺术能力的表演。公元 588 年，日本依靠朝鲜半岛百济国所献的技工和画匠等技术力量，兴建了规模宏大的飞鸟寺。据说飞鸟寺首次表现出日本人自身佛教文化的创造。寺院式样虽然是经百济国匠人之手传入日本，但带有明显的中国南北朝寺院风格。公元 607 年，圣德太子建成法隆寺，其建筑风格也是典型的南北朝式样，特别是寺中安放的释迦三尊像与南北朝时期的佛像有明显的渊源关系。752 年，日本举行了东大寺庐舍那大佛开眼供养会。天皇家族以及来自各地的贵族、官僚、僧侣参加了这场盛会，其中有一个重要内容是开眼仪式，即所谓"大佛开眼"。这是一个很有象征意义的仪式——原来佛像的功能主要是"开眼"！进一步说，日本人接受外来文明或者感受先进文化的起点就是开眼，日本人的文化启蒙是从开眼开始的。

这个"开眼"很有"开发眼力"的意思，它非常形象地反映了日本型知识的起点。神佛是有形的，可以看到的；反过来说，有形的、可见的东西也是有神性、有佛性的。这说明：日本人即使在获得最高级知识（对神的认识是古代世界的最高级知识）时也离不开有形的可见的东西，所以，在"器"的层次获得知识是日本思想的最基本特征。这就是人们常说的"形而下"的学问。

世界民族史里有这么个说法：犹太人的鼻子，中国人的嘴，日本人的眼睛。据说犹太人的嗅觉异常发达，并且他们非常信任自己的鼻子。这是因为犹太人常常转念于神灵，而神灵是刺激嗅觉的。比如说，在《圣经》的开篇《创世记》里，耶和华是将生气吹进他所做的土人的鼻子里，才使土人变成有灵的活人；而老眼昏花的以撒是通过气味来最终断定谁是自己的大儿子，尽管穿着老大衣服的老二骗过了他的鼻子。

中国人的嘴自然天下闻名，世界各地火爆的中国餐馆就是证明，而且我们的老祖宗还用品尝百草的方法开发出神奇的中草药。同时，中国人也是世界上最喜欢雄辩的民族之一，乃至"吵架"不仅成为日常生活的一部分，也成为一种学术形式。听中国人聊世界杯足球比赛特有意思，你会发现中国人的嘴远远胜过自己的脚；如果调侃足球比赛的水平也算成绩，中国人肯定会次次打入世界杯决赛圈，一不留神还可能弄个冠军呢。中国人对嘴的信赖使中国人的学问离不开一个"辩"字，这不仅是追求口腔快感，更是相信"真理越辩越明"；甚至到现在，口才培养仍然被当成中国青年的一门教养课。这很像是说真理就隐藏在自己嘴里，只要不停地磨嘴皮子就能让真理现身。当然有真理在手，就有了"不以人的意志为转移"的权力。

如果说上帝造人时是把生气吹进犹太人的鼻子，把生气吹进中国人的嘴里，那么，日本人恐怕是从眼睛接受生气的。日本人常说我们只相信自己的眼睛。日本人的眼睛确实敏感而发达。这当然不是指眼睛的大小，而是指眼睛的多功能性和刁钻度。日本料理素有"用眼睛来享受的料理"之称。尽管日本料理的味道还不能与中国料理相比，但日本食品在色彩、形状以及食物器皿上却非常考究和美观。有时我观察日本人吃饭的样子，觉得他们好像不是用嘴而是用眼睛吃，而那闪闪发光眼睛只有饿了三天之后的人才会有。实际上，这种眼睛的哲学存在于日本人的一切审美活动之中，而"开眼"，大概正是产生这种哲学的一个原动力吧。

（2）日本人获取技术的方法与特点

日本主动地大规模地引进外来文明的行动开始于向隋朝和唐朝派遣留学生。这些留学生通常叫遣隋使和遣唐使。仅派遣遣唐使前后就有二十次。当时航海技术不成熟，渡海风险极大。据估计，渡海人员死亡率约为50%。这种求知欲是现在的留学生无法比拟的，当然收获也无法比拟。仅从那些遣唐使带回日本的科技种类看，就包括天文历法、数学、医药学、建筑土木、纺织、工艺、农业、甚至还有科技体制等，这使日本有了较完整的科技体系。之后，留学生在日本社会发展中始终占有重要位置，这不仅是因为他们带回了大量文物，更重要的是他们开过眼。

这里不妨找个遣唐使的例子看一下。空海和尚（774—835）就是一个很有代表性的人物。空海不仅是日本一个重要佛教流派的开创者，也是日本文化的主要推进者。据说空海是日本历史上无人能比的"万能天才"。他曾经历时七个月达到当时的世界文化中心长安，游学两年后满载而归。在中国，空海不仅学习佛教，还积极学习美术、工艺、医学、建筑、水利等当时最先进的文化和技术。

诺贝尔物理学奖得主汤川秀树在《空海》（《日本史探访·大佛开眼与平安迁都》）一文里对空海这样评价道："他不仅从理论，当然也以视觉的，或者是式样的，甚至是以物品的形状、造型为媒介来考虑事物，所以他的思考具有三维的构造，思想是立体的体系化的。这也是他的特色。"也就是说，空海在考虑中国的文物时，不仅仅是局限于理论本身，而是从事物的构造开始感觉与思考，是一种构造性的思维方式。一句话，由于考虑到回国后怎么运用和制造，所以一定要亲眼看实物，学会拆卸和组装。在对待知识这一点上，空海的思想代表了日本人的基本思考模式。

例如，如果你要学习外国的椅子制作方法，当然要看一些制作椅子的理论书籍，但是仅仅看书是不够的，你还要看实物，最好把它拆开再装上几次，以了解各个部分的构造和功能。这样就可以在回国后重新做一个椅子。如果你是个有心人，还可以对椅子的某些部分按照自己的需要进行改造；如果你看过各种样式的椅子，还可以把它们的不同特点分别排列开来，按照自己的需要加以改进、组装；甚至你还可以开发出集坐椅躺椅按摩椅等多功能于一体的椅子。这便是日本人接受外国技术的基本方式。同时，这种方式也成为日本人对一切外部事物的思考方式。在这方面，它与原创文明的思考方式有些不同，因为原创文明有"无中生有"的情况，需要纯粹的理论思考——首先要发明椅子，发明样式不同的椅子，然后才涉及改进的问题。

可以说，这种构造性思考和实物感便是日本人思考事物的特点。日本人一般称日本文化是"型的文化"。型的文化就是重视构造性和实物感。如果离开实物感与对构造的把握，日本人将不知所措。日本的神不是活人就是偶像，完全不能想象日本人会像伊斯兰教那样彻底摆脱偶像崇拜。日本人思考时需要有看得见摸得着的东西，他们的信条是所谓的"现场万岁"，并且只有在现场才能通过"解剖麻雀"的方法认识世界。

在日本，不但小孩子喜欢看漫画，大人也喜欢看漫画，而且漫画的种类几乎涉及政治经济文化风俗等各个方面。日本人喜欢看漫画大概也是因为图画里的"型"的语言吧。日本人将《圣经》《古兰经》《论语》《史记》等等现代人不容易明白的书，用图表、箭头把人物关系、事物联系解构开来，像地图一样非常好理解。而且在一些中小学生的辅导材料里，通过图表箭头也把一篇文章的内容以及起承转合解释得非常清楚。这非常符合把抽象的东西形象化的中国传统，实际上也正是中国的方块字为日本提供了型文化的基础，只是日本人的"型"文化表现得更纯粹、更精细。

有人认为日本人不重视理论研究。在他们眼里那似乎永远是别人的事——过去是中国人的事，现在是西洋人的事。而且，他们也不擅长搞"虚无缥缈"的东西。日本人只专注于事物的"型"，并把"型"的思考运用在一切有形事物的技术和艺术上。日本的陶器、建筑、庭院、花道、茶道、戏剧舞蹈等都是造型艺术的精品，甚至日常生活中日本人的举止也是很好的造型艺术。当然，日本文化也常常被这个"型"限制住了。

"造型"文化的主角是匠人或者有匠人气质的艺术家。在日本，匠人的地位很高。日本的电视里有大量介绍匠人工艺的节目，其中尤以厨子居多。如果你问日本人知道哪些在日本的中国名人时，那么他告诉你的一定是一位厨子，甚至是几位厨子。我们国内的名厨姓什么叫什么，我是不大清楚的。虽然也听说过爆肚张、馅饼李什么的，但这都不是个正经名字，而且这些人现在还在不在也不清楚。

日本著名经济评论家内桥克人写过一套书叫《匠的时代》，认为日本现代产业的发展是匠人们干出来的。这是很有道理的。现在日本职业人的最高称谓叫巨匠，很少称作大师。大师一般指古代佛教高僧，如果有哪个现代人被称为大师的话，总不免让人觉得有点夸张，有点忽悠事儿。老实说，如果一个国家多几个巨匠，还可以留下几件像样东西；但要是"大师"随处可见的话，未必是什么好事。

（3）日本人是如何看待"思想"的

在日本历史上，既没有出现过孔子、老子、柏拉图、亚里士多德、摩西、释迦牟尼、穆罕默德等这样有世界影响的人物，也没有过朱熹、王阳明、培根、卢梭、休谟这样的时代性人物。在日本有名的思想家，在国外往往并不为人所知。即使是在日本成为亚洲第一个近代化国家时，日本也没有出现过像孙中山、甘地那样有世界影响的人物。所以，人们常说日本人对人类思想几乎没有什么贡献，他们只是一些手艺人。这话有一定道理，但并不能因此就说匠人就没有思想，说日本人没有思想。

那么，日本人的思想是什么呢？山本七平在研究江户时代思想家铃木正三和石田梅岩的理论时，概括出这样一个思考模式：思想＝药＝方法论。这种考量非常恰当地反映出日本人的思想特点：灵活性＋实用性。在日本人看来，思想或者宗教是为了解决人的困惑、排解人心中"病毒"的"药"，不应该把"药"的地位绝对化；为宗教献身或者是"为真理而斗争"就像为"药"献身一样是本末倒置，所以应该以围绕治"病"问题，对症下药。这样，由于"病"是一个很个人化的问题，所以，在日本人的思想中很少把"真理"看成是普遍性的东西，而只有具体问题具体分析的灵活性。当然这也使得日本人做的"药"常常只适合日本人的"病"，外人无法受用。

于是日本人就有了这样的价值观：只要能治病，无论中药西药都可以用——一种彻底的实用主义。当然，为"新药"开发进行的"基础科学研究"是别人的事，幸运的是，自古以来一直有人源源不断地给日本人提供免费的研究成果，他们只要在医术上精益求精就行。

关于日本人的思考方式，还有一个语言习惯上的有趣解释。一般来说，中文和英文的语法顺序依次是：主语、谓语、宾语；而按照这样的词语分类，日语的语法顺序却依次是：主语、宾语、谓语。

日本出生的华侨作家陈舜臣在《日本人与中国人》一书里认为，这种语言习惯的差别刚好反映出中国人与日本人在思考习惯上的差别。中国人比较重视达到目的的手段在道德上的说服性，或者说"工欲善其事，必先利其器"。而日本人则是重视结果而轻视过程（手段）的价值观的意义。比如，中文是"我喝水"，而日语却是"我水喝"。但在日语的表达中，首先是对象"水"，目的是第一位的，至于怎么"喝"，完全服从对"水"的需要；换一句话说，朋友的"水"也好，敌人的"水"也罢，只要解渴照喝不误。

日本人喜欢的一句名言"佛心鬼手"，讲的就有这层意思——日本人是不会对手段的选择附带意识形态要求的。因此，日本人有着为了达到目的而不择手段的语言习惯。这倒真是最功利的实用主义。

所以，如果说中国人是实用的民族，那么日本人则不仅继承了老师的实用意识，而且在实用性上走得比老师更远。关于这一点，到了近代以后就表现得更明显了。日本人是把外来文明中的价值观、理论除掉，只获取外来文明中的技术和教养部分，去皮吃心。如果把日本人的技术思想作一个归纳，那就是：要亲眼考察现场中的目标，之后对它进行解剖性的结构分析，并且在借鉴他山之石时去掉"抽象的理论"，留下"实用的技术"，最后不择手段地对事物的"型"进行改进、组合。

2. 日本人的技术传统

（1）日本技术的象征：折扇与日本刀

如果说中国古代没有"科学"，但中国还有以四大发明为代表的发明群和精湛的技术。中国人"发明"技术！那么，古代日本人有什么呢？当然，我们不能仅仅看日本留学生从中国带回的那些宝贝，还要看日本人的创造。这里不妨先通过古代中国和日本之间的贸易，估计一下当时日本的技术状况。

先看一下宋代时中国与日本之间的主要贸易品种。日本出口商品包括金、水银、硫磺、木材、泥金画、刀剑、折扇等。日本进口商品包括丝绸、锦等纺织品、陶瓷、东南亚产的香料、药品、书籍，同时进口大量宋代钱币；其中进口的商品主要是满足贵族、僧侣及武士的兴趣，而宋朝的钱币则大大促进了日本货币经济的发展。看来日本人使用外汇的经验确实很长。

再看看明代时中国与日本之间的主要贸易品种。日本出口商品包括铜、硫磺等矿产品，刀剑、枪等武器，折扇、漆器、屏风等工艺品。日本进口商品主要以铜钱为主，其次是生丝、绢织物；同时进口药材和书画，中国的书画对日本山水水墨画及茶道等艺术产生了巨大影响。

从宋明两代日本向中国出口的商品看，日本匠人已经开始以他们精湛的手艺博得了老师的青睐。其中，最能代表日本人技术特点和审美趣味的出口商品就是折扇和日本刀。

首先，折扇是当时日本向外国输出的唯一一项日本人的大发明。这也说明，日本人的小手由于长年使用筷子，已经灵巧到发明折扇的程度。本来日本的筷子就比中国的短小，这就更能调动手指的灵巧性和刺激右脑的发达。折扇兼有实用功能和社交功能，而它的造型却更符合日本人的趣味。小小的一方天地，可以写字也可以画画，更微妙的是半开半闭收放自如，这非常适合日本人半遮半掩的暧昧性格，也激发身心的灵活。现在日本人喜欢的陶器餐具里仍然有许多是这种半开的折扇形。中国古典名著《菜根谭》里说的"花看半开，饮酒微醉"讲的就是这个味道。

其次是日本刀。日本刀举世闻名。它的样式非常简单，甚至可能是世界上样式变化最少的刀。但日本刀在光泽度和硬度等细部要求上却非常高，很有些百炼成钢的特点。这一点非常像写书法字，在书法中写"一"字往往比写笔画多的字更难。因为笔画多的字本身表现力就很丰富，如一幅画；而"一"字则太简单、太单调。因此，要在简单单调的东西上表现复杂的情感，没有多年的修炼是很难办到的。当然，如果修得正果，其美则妙不可言。日本刀就像是在这"一横"上的功夫，它不单对冶炼技术有很高要求，而且只有经过长期身心磨炼的匠人才能锻造出来。

海音寺潮五郎在《日本的名匠》一书里把刀匠放在第一篇讲是有其用心的，这不仅是因为刀在日本的地位类似于宝石在西方的地位，象征着民族的审美意识，而且刀匠的传统在后来的火药枪制造以及制铁技术上都有传承，这就是长期专注于一件事，用最简洁的方法使之尽善尽美。

所以，如果说折扇象征着日本人的暧昧性格和"不足主义"的审美意识，那么，日本刀则反映着日本人的职业个性——对细部的高度洗练以及长期专注于一件事的毅力和趣味。

（2）"不变"与"流行"

石井威望写的《日本人的技术是从哪里来的》一书，其实就是一本如何培养匠人的手册，更确切地说，是如何培养一个匠人团队。匠人当然不是机器人，他们有思想，也有由于有思想所带来的弱点；但匠人却要有机器人那样照章办事的品格，有长期专注于一件事的忘我劲儿。

书中指出，在日本技术思想中有一个二重构造——"不变"和"流行"，它可以以伊势神宫和法隆寺为代表。伊势神宫是日本最重要的神社。神社从建成至今，仪式年复一年没有中断；更绝妙的是，它的形式一千多年来没有发生过变化，代代相传。法隆寺是日本接受当时世界上最先进的文化也就是中华文明的代表，它象征着日本对外部世界的"流行文化"的渴望。于是，作者把日本技术思想的二重构造归结为：伊势神宫的"不变"象征着日本传统文化，或者说是"和魂"；法隆寺是日本积极吸收外来先进技术文化的象征，也就是紧跟"流行"趋势，或者说是追赶世界潮流。这大概就是近世日本人常说的"和魂汉才"，以及近代的"和魂洋才"吧。

大家知道，日本人无论在古代还是在近现代，都能够做到既保持民族特色又吸收外部文明。"和魂汉才"和"和魂洋才"就反映了这一点。日本人追逐主流文明的方法前面已经谈过，但日本人说的"和魂"却常常让人费解，很有些玄学的意思。按照《广辞苑》的解释，和魂是指日本民族固有的精神，它不同于学问（最初是汉学，之后包括洋学）一类的知识，是实际生活中的智慧和才能。但这又是什么样的智慧和才能？它既然不能归结于知识，也就无法用知识来解释，所以它应该是一种近乎本能的习惯，不仅有固守的传统习惯或规则，也会在面对危机时表现出一种返祖倾向。

我们常说"以不变应万变"，有了这个"不变"，至少可以在"应万变"中稳住阵脚。日本的"不变"不仅有着把"魂儿"稳住、不破坏规矩的作用，还有着增强团队协作精神的功能；于是，有了这个"不变"，就可以踏踏实实地追求"流行"了。这一点对于非主流文明的国家有着特殊意义，即，这样既可以使传统文化与现代文明和谐共生，也可以发挥传统文化在现代化中的作用，而不至于在追求现代化的过程中失去传统、丢了"魂儿"，乱了自己的阵脚。

（3）超过老师的办法

日本流行这样一个说法：日本人很善于学习外来文化，特别是那些有关物品的制造技术；过去对于从外国引入的先进技术，日本人只需要大约40年的功夫就可以在这方面超过原来老师的国家。也就是说，日本人不仅有"照葫芦画瓢"的本事，而且画出来的"瓢"比原来的"葫芦"还漂亮。下面看几个有代表性的例子。

一个是制造大佛铜像的例子。日本从中国和朝鲜引进铜铸佛像的熔着技术大概始于公元708年，大约40年后，公元747年建成奈良大佛像。所谓溶着技术指的是，大型铜铸佛像不能一次成型，要分成许多模子分阶段铸造；开始时在最初的模子里把溶化的铜倒入后冷却成型，再放置下一个模子，把溶化的铜倒入，如此不断重复直到整个工作完成。由于铜与铁的性质不同，用简单方法很难把冷却的铜和溶化的铜牢固地连接在一起。现代的铜溶着技术是在20世纪60年代才发明，所以用此方法建造巨大铜佛像对古代人来说是非常困难的。它对匠人的工艺水平和细心程度要求极高。现在有名的铜像，如纽约的自由女神像就没有采用溶着技术，而是通过在表面粘贴铜板的方法制成。日本奈良的铜铸大佛花了两三年时间建成，没有一次失败，一气呵成。直到20世纪80年代以前，奈良大佛一直是世界上最大的用铜溶着技术制造的佛像。可以说，日本在引进铜熔着技术40年后的水平已经超过了中国和朝鲜，达到世界先进水平。

同样的事情还有铁炮（相当于火药枪）技术。日本在1543年从葡萄牙引进铁炮生产技术，40年后的1583年，日本的铁炮生产无论是数量还是质量都达到世界第一，而且日本的生产能力和技术水平也超过过去的老师葡萄牙。

这方面的例子还有日本近代的生丝技术和棉纺技术。日本从1868年明治维新开始从法国引进制丝技术，1871年建成样板工厂。当时从设计图纸、机械设备到桌椅等办公用品全部从法国购买，并且还从法国雇用了十几名技术人员，建成的工厂也是法国工厂的拷贝。但是到40年后的1910年，日本已经超过法国成为世界第一的生丝出口国。同样，日本在引进英国棉纺技术40年后也成为世界最大的棉纺品出口国。

40年，正好是一代人一生的努力。如果按照20岁参加工作到60岁退休计算，这刚好是一个匠人的一生的工作。40年有点长吧？这似乎不符合多出人才早出人才只争朝夕的愿望，但如果花40年能超过老师，这绝对是个奇迹。

当然，这里的匠人更多地是指分工协作意义上的匠人。从建造大佛开始到近代机器大工业，不仅每个人要专念于一件事，穷其一生，而且还要培养高度的组织性和纪律性。如果让我给日本匠人的培养课程开列一张课程表，除了专业技术课，至少要有这么几样必修课："提高眼力"的哲学课、"君子务本"的思想政治课以及"专注细部"的职业教育课。另外还可以加上一门基础类的选修课："祖宗崇拜"的传统文化课。如果学好这几样课程，可能用不了40年的修炼，大家就都可以制造出世界上最好的东西了。

一般来说，日本人是在江户时代接受了匠人培训的系统教育，甚至可以说，日本近现代社会的基本性格特征，特别是思想、行为、组织等方面的特征都成型于江户时代。在江户时代的二百多年里，日本人面临着巨大的人口压力，提高劳动生产率带来的财富增长几乎被新增加的人口所抵消，经济成长处于停滞状态。也正是在江户时代，人口多资源少的压力使勤勉和节俭的道德绝对化、理论化，并且使日本人必须专注于一种职业，甚至是对一件东西的细部进行长期琢磨玩味，从而形成对细部情有独钟的审美意识。同样是因为人口多资源少的压力，日本人在一项集体事业中的分工协作意识得到长期的严格训练，从而有了一大批符合标准化生产的匠人，准确地说，是为实现近现代化准备了企业战士。可以说，这些都是来自贫困环境里的技术和秩序感。

3.匠人们的工业技术

（1）天生的产业工人

近代工业化始于18世纪后期英国的产业革命，并在19世纪开始逐步向西欧及北美地区扩散，到19世纪末20世纪初波及中国和日本等东亚国家。

从生产组织上看，这次产业革命建立了以蒸汽机为代表的机器大工业体系；与以往工场手工业的经营不同，在这个体系中每一个工人都不可能独自地完成一个产品。他们只能在统一协调的分工体制中发挥一个"机器部件"的作用。

马克思在《资本论》里精辟地论述了机器大工业体系的特点，并阐明机器大工业体系渊源于工场手工业的分工协作体制。马克思的论述中有一个非常有趣的社会现象，那就是分工和机器大工业对欧洲劳动者生存能力的冲击。

按照马克思的分析，分工使劳动者丧失了作为独立劳动者的能力，他们只能在工场里隶属于资本家来工作，当然这种隶属最初还只是形式上的，因为如果劳动者有足够资本的话，自己也可以单干；并且在工场手工业阶段，对劳动者的技能仍然有一定要求，这也成为劳动者手里的"技能资本"。但是到了机器大工业时代，劳动者已经不可能拥有办工厂所需的大额资本，而且机器对劳动者技能的要求之低，也使劳动者失去了手里最后一点儿与资本家讨价还价的技能资本，这样，劳动者对资本家的依附关系便从形式隶属发展成为实际隶属。马克思把这种现象看成是一种异化，即一个个全面的人变成一个个片面的人，而且人们越努力工作，分工越发达，他们就越被固定在细部的工作上，失去全面发展的机会。

然而当欧洲人为马克思说的"异化"而痛苦时，日本人却早已开始了适应

"异化"的训练，并且，这种训练不仅使日本人能够以"平常心"来应对"异化"，还习惯成自然地品尝出其中的乐趣，发展出专门针对细部的审美情趣。西方人经历近代个人主义的洗礼后，当然不能马上适应分工造成的不自由，这需要一个心态调整过程；而日本人则生长于共同劳动的风土之中，分工就像流水一样自然，是世间的秩序。

所以日本人在一开始引进西方工业文明时，就显得非常适应它的分工体制和规格统一化的生产方式，其适合的程度就好像这种体制和生产方式是为日本匠人专门准备的一样。

（2）日本人的技术路线

日本从明治维新开始大量引进西方技术，并在很短的时间里迅速建立起近代工业所需要的铁路、能源等工业基础设施。但能否加快工业化的进程，还取决于企业组织的标准化和技术普及的速度。在一个工业化的生产组织里，首先由总工程师提出总体生产方案，然后再把它分解成各个部门的具体生产方案；每个部门在统一协调的指挥下完成特定的细部工作，最后按照一定之规组合成产品。日本在近代化之初，非常缺少总工程师这类性质的人才，但幸运的是，这个问题在当时很容易解决，因为不仅有模仿的对象，还可以直接从西方国家引进技术和掌握这些技术的老师，于是剩下来的具体工作就是日本匠人们最得意的技能了。所以，日本建立近代工业化体系的迅速相当快。

不过在二战结束以前，日本工业化的程度仍然处在初级阶段。虽然日本纺织业已经达到世界一流水平，但无论在技术上还是在规模上，日本的重化工业都与西方国家有相当距离，只有以倾全国之力推动的军事工业及其相关的部门发展较快。日本工业化的飞速发展还是第二次世界大战结束以后的事。第二次世界大战结束以后的国际政治经济环境非常有利于日本发展经济。首先，冷战格局使日本不仅获得了进入西方国家市场的准入证，也使西方国家的科学技术成果源源不断地流入日本。其次，新技术革命引起的产业升级使市场不断扩大和多层化，与传统工业化时代各国都集中于相同层次市场上竞争的情况不同，西方国家的产业结构升级和产业转移为后起的工业化国家提供了市场和发展机会。再有就是，在战后最初的二十多年里，以石油等原材料为主的资源供给非常丰富，而且价格低廉。这对于日本这样一个资源匮乏的国家来说，机会不仅千载难逢，而且劣势有时变成了优势。比如，英国和西德在进口廉价石油时就遇到国内煤炭行业的阻力，而这在日本是不存在很大问题的。所以，当时廉价的资源供给为日本走加工立国或者贸易立国提供了条件。

日本战后工业化发展的战略制定者和推动者是日本政府，特别是当时的主管部门通产省（相当于中国的计划委员会）。实际上搞经济也和打仗一样，了解战况后就要制定战略，并按照一定顺序找出所要抢占的地盘，然后集中优势兵力打歼灭战。按照西方经济学理论，对于像日本这样一个工业化不成熟而劳动力丰富的国家来说，应该先发展劳动密集型的轻工业。但是日本政府却反其道而行之，制定了以出口为导向，优先发展机械产业、加工贸易、重化工业等便于规模化标准化生产的产业，并且集中政府财力进行扶持。这一经济战略常常被看作是战后日本工业化成功的秘密。

随着 20 世纪 50 年代初朝鲜战争对日本经济的刺激，日本主要集中力量发展钢铁和煤炭工业，之后是发展以出口为主的造船业。1956 年日本开始进行大规模的设备投资，在建成许多大型钢铁厂、造船厂以及基础工业设施的同时，大力推进技术革新。并且伴随大众消费时代的到来，居民消费品产业的技术革新也迅猛发展。到 20 世纪 50 年代后期，继收音机、缝纫机、自行车等传统项目之后推出所谓"三种神器"——黑白电视机、电冰箱、洗衣机。同时，合成纤维工业也飞速发展。1955 年，丰田公司生产出第一批国产汽车，这标志着日本开始进入汽车生产时代。

1958 年至 1961 年是日本经济高速增长时期，其主要推动力仍然是增加企业设备投资，但其间日本对原来粗放的经济发展方式进行了合理化调整。以钢铁业为例，这主要是确立以经济效益为中心的原则；并且为适应原料进口和产品出口的需要，把钢铁厂集中在临海地区。钢铁工业的发展带动了汽车和电机等产业的发展，并且使耐用消费品的大量生产和普及成为可能。同时日本对能源政策也进行了调整，从原来以煤炭发电为主的模式转向以石油为主的模式。同时，石化工业迅速发展。

1962 年到 1964 年东京奥运会的"奥运会经济景气"这段时间，日本经济恰恰处于不景气时期。之后，1965 年到 1970 年是日本经济的"黄金时代"，长达近 6 年的高速经济成长使日本的国民生产总值在 1968 年超过西德，成为西方阵营中仅次于美国的第二经济大国。其间，推动日本经济高速发展的动力主要是以"重厚长大"产业为中心的企业设备投资。并且随着国内需求的扩大，所谓"新三种神器"（小轿车、空调、彩色电视机）登场；同时伴随着大量技术革新，也形成一批有影响的家电产品。

1973 年第四次中东战争引起的第一次石油危机,是战后日本经济遇到的一次大考验。为此,日本政府对能源问题进行全面干预,并且实施了新的产业调整政策。也就是,通过积极开发推广节省能源、节省资源的设备和技术来提高生产力,从过去的以重化工业为主的产业结构向信息化、知识密集型产业过渡。

到 20 世纪 80 年代以后,日本基本上完成了工业化,进入后工业化时代。对于日本人,这是一个完全陌生的时代。说陌生,是因为过去的常识有点派不上用场了,而且也找不到一个能够教自己的老师。于是 20 世纪 80 年代后期泡沫经济开始,20 世纪 90 年代以后泡沫经济崩溃,日本经济进入长期不景气阶段。

看日本工业化这一路下来,感觉就像他们是在不断地建造一个个佛像,虽然有时搞的是"重厚长大"的物件,有时搞的是"轻薄短小"的物件,如世界上最小的手机、最小的照相机,但形式上还是一群匠人围绕一种物品进行分工协作,走规模化标准化的生产路子。

(3)日本人的技术特长:组合与细部

首先,松下公司就代表了一类日本技术模式。松下公司曾经从欧美国家引进了 300 多项新技术,并且消化为"日本的东西"。比如电视机生产,一开始松下公司不仅引进生产电视机的零件,连线路图也得买;但由于他们善于消化这些外国技术,终于开发生产出世界上一流的电视机。尽管当时每卖出一台电视机,松下公司要交付专利费用 1000 多日元(当时为 4 美元),但电视机的收益却是专利费用的几十倍甚至上百倍。

其次是现在日本人的强项——石油化工。日本人搞石油化学工业可以说是白手起家,而且靠的仍然是从发达国家引进技术,比如美国人的聚苯乙烯技术、英国人的高压聚乙烯技术、西德人的低压聚乙烯技术和意大利人的聚丙烯纤维技术等等。不过这些技术经过日本匠人的改良变成了更大的生产力。现在日本合成纤维的产量已经达到世界第一位。

再有就是半导体。半导体技术是 1948 年美国贝尔实验室发明的。20 世纪 50 年代初他们又发明了半导体收音机,但因为成品率太低,成本和价格太高,无法商品化。1952 年索尼公司到美国考察时,敏锐地意识到半导体技术的发展前景。1953 年,日本引进了这项技术,并成立了近千人的研究所,全力研发有关提高成品率的技术。技术开发到这一步,剩下的就是匠人的拿手好戏了。于是,日本人终于把半导体收音机的技术变成实用的产品。之后,他们又制成半导体电视机、录音机、录像机、洗衣机等多种产品。同时日本人还用半导体技术制成的电子表打入长期被瑞士人垄断的手表市场；用半导体技术制成的"傻瓜"照相机挤入西德人控制的照相机市场；并把半导体技术应用于机器工业，生产出机器人，并打入机器人的故乡美国。其他还有荷兰人发明的激光唱盘，美国人发明的磁带录音机、录像机、复印机、以及传真机等多项技术，经过日本匠人改良后，日本产品都占据了世界市场的主导。

这类例子实在太多了。日本之所以能成为经济大国，肯定不是仅仅靠搞来料加工，而是有一大批一流技术。但日本技术的来路总让人觉得特别，因为日本人自己并不是这许多技术的原创者，甚至有人说，整个日本的技术体系是三分欧洲七分美国技术的综合。这很容易让人觉得在日本人那里一定有什么窍门。但是这个窍门是什么呢？

日本著名科学家竹内均和上山春平在《第三世代的学问》一书里认为："日本人的创造是第三代的。"按照他们的说法，第一代的学问是博物学的，第二代的学问是分析的、专业化的，第三代的学问是综合。也就是说，日本人的创造是综合。但他们所说的"综合"好像不是指科学理论上的那种把所有细部进行体系化的"综合"。日本人从来就不关心体系化的东西，也很缺乏西方人那样的综合能力。按照他们的说法，综合是以"怎么制作？""怎样运动？"这类问题为出发点进行思考。看来，这还是一种匠人的思考方法，是把物品的功能进行组合的综合，而不是欧几里得、牛顿和爱因斯坦那种层次的综合。

关于日本人的"综合能力"，堺屋太一的话很有道理："今天，日本工业产品具有强大出口竞争力的秘密在于细部的优点。"也就是说，日本人非常善于对产品细部进行改良和组合，并且能够在大规模生产中保证产品的质量，很少出小毛病。

第三节　我国应当如何培育工匠精神

前面对以德国和日本为代表的工匠精神是怎样炼成的进行的具体分析，那么我国应当如何培育工匠精呢？以"工匠精神"闻名世界的德国和日本，与其说他们有工匠精神，不如说他们有工匠制度。这一制度，是由一整套高品质、高标准的工匠制度和对违规者的严厉惩罚构成的。从马克思主义哲学角度分析，工匠精神是职业精神的一种，属于社会意识的范畴，社会存在决定社会意识，社会意识对社会存在有一定的反作用。工匠精神的培育必须紧扣其哲学属性，从社会存在的角度着手，如：制度层面、薪酬层面、市场培育层面、社会氛围层面、学校教育层面等，为工匠精神的培养提供适宜的土壤、营造良好的氛围，期待"工匠精神"愿景花开。

一、完善市场管理制度建设，为工匠精神培育提供制度环境

我国市场经济管理制度尚未成熟，法律制度不完善，监管制度不健全，执法制度不严格。生产领域的粗制滥造产品、假冒伪劣产品、山寨产品一定程度上存在，交易领域坑蒙拐骗现象时有发生，"劣币驱逐良币"现象屡见不鲜。工匠精神的培育需要有良好的市场环境，让引领潮流的产品不被侵权，让高品质产品有良好的市场前景，让追求卓越的企业有丰厚的市场回报，让辛勤付出工匠得到公平的待遇。为此我国应该完善市场领域的法律制度建设，完善产品和服务的市场准入制，与时俱进地进行产品质量和服务标准修订，用高标准、高质量、严要求的产品标准、服务标准倒逼市场主体提高产品质量和服务质量，将"劣币"逐出市场，给"良币"更好的生存环境，让追求卓越的企业获得更大生存空间，让精益求精、求实创新的工匠获得丰厚的报酬，让工匠精神自由绽放。

二、培育高品质消费市场，为工匠精神培育提供市场环境

我国消费市场领域长期奉行"物美价廉"原则，商家竞争更多体现在价格方面，低廉的价格，必然导致产品和服务质量得不到保障，造成了山寨商品、假冒伪劣商品不绝于市的社会现象，部分企业走上了低端仿制的路线，缺少了市场认可，鲜有人为工匠精神买单，工匠精神只能是少数人的专利，不可能成为大多数技术技能人才的追求。

近年来我国 GDP 总量已经连续几年稳居世界第二，2015 年人均 GDP 跃居全球前 1/3，人均居民可消费收入也居于全球前 1/3，我们已经具备了培育高品质消费市场的物质基础。近年来我国公民出境购买海外高品质商品以及海外代购业务的火爆，说明国人已经具备了高品质消费的愿望。我国公民既具备了高品质消费的能力，也具备了高品质消费的愿望，我国应该适时地培育自己的高品质消费市场，提高产品和服务的标准，创立民族优秀品牌，严明法律，加大对知识产权的保护力度，让模仿和抄袭成为历史，让精益求精、求实创新的

民族品牌有合适的市场生存环境，让消费市场领域普遍信奉马克思主义价值规律——商品价值决定商品价格，让消费市场自愿为工匠精神买单。

三、建立技术技能人员薪酬体系，为工匠精神培育提供物质条件

近年来大国工匠成了高频词，技术技能人才的地位也得到了前所未有的肯定，但这些不能掩盖一线技术技能人员囊中羞涩的窘态。大国工匠——胡双钱，是中国大型商用飞机首席钳工，35 年加工了几十万个大飞机零件，无一差错，两年前才从蜗居多年一居室搬出，贷款在宝山区购买了 70 平方米的住房，他得到一位技术工人所有的荣誉，唯独没能给家里挣来更多的钱。胡双钱的处境不是个别现象，而是技术工人的常态。

工匠精神的培育需要劳动者自身的修为，更需要制度提供坚实的物质保障。姜大源教授提出建立"国家职业资格框架"的愿景，该框架综合考虑学历、职业资格证书、技术技能水平、岗位职责、薪酬水平等要素，分为若干个等级，该制度既实现了学历证书与职业资格证书的融通，职业教育与普通教育的融通，也为技术技能人才的成长提供了通道，为技术技能人才薪资待遇的稳步提升提供了政策支持。工匠精神之花欲在中华大地绽放，必须保障技术技能人才步入中等收入阶层，大国工匠步入高收入阶层。

四、发挥职业院校教育职能，为工匠精神培育提供基础保障

工匠精神的培育应该成为职业教育人才培养的重要目标，贯彻于职业教育的全过程，体现在课程设置、思想政治教育、专业课程教育、实践教育、顶岗实习等环节。职业院校通过专业思想教育、专业技术教育，职业生涯规划教育，使得整个教育教学过程既符合技术传授之要求，也符合人文素养培养之要求。

校园文化是一种群体文化，对师生的思想品德、道德情操有潜移默化的影响。职业院校应该将工匠精神纳入到校园文化建设的范畴，营造劳动光荣、技能宝贵、创造伟大的校园文化氛围，提高职业院校校园文化的社会责任感，提升职业院校校园文化的软实力。

产教融合、校企合作是职业教育的生命线，也是工匠精神培育的重要载体。职业院校应该充分利用此类平台开展"工匠精神"的体验教育、实践教育与养成教育，使得工匠精神的培育与专业技术的学习有机融合，并且内化为受教育者成长成才的无形力量。

第四章　全球视野下的工匠精神典范

　　德国的工匠精神历史悠久、影响广泛，是许多国家学习的榜样；日本人对于专业的尊重，达到了用一生的时间钻研、做好一件事的程度；瑞士钟表名扬世界，是和瑞士人不懈的工匠精神分不开的；美国工匠注重创造财富，为人们提供了一个新的视角；中国古代的工匠精神，曾经创造了辉煌的文化，而新时代技术工人谱写的当代华章，令世界瞩目。这些都是工匠精神的典范，下面对这些工匠精神典范一一进行介绍。

第一节　一丝不苟——德国人的工匠精神

　　"德国制造"的成功，与德国人严谨、一丝不苟和精益求精的工匠精神分不开。而孕育德国人工匠精神的大环境是怎样的，这是一个特别值得深入挖掘和探讨的问题。考察德国工匠精神的特点和形成机理，也许可为我们弘扬工匠精神提供借鉴。

　　对于德国人来说，"完美"似乎是不存在的，无论一个产品有多好，总有变得更好的可能性。舒马赫、施耐德、施密特、穆勒、施泰因曼等这些流行的德国姓氏在德语里都代表着一门手艺——制鞋匠、裁缝、铁匠、磨坊主、石匠。从中世纪开始，师傅带学徒做手艺，已成为德国人的职业常态。时移势易，虽然工业化取代了小作坊，但工匠精神始终没变。

　　有些人认为，工匠是一种机械重复的工作，其实，工匠有着深远的含意，工匠代表着一个时代的气质——坚定、踏实、精益求精。德国人的极致严谨虽然经常被人调侃成为刻板，但不得不承认德国制造是最值得信赖的。他们对细节的固执已成为习惯，除了奔驰、宝马、奥迪这些品牌外，闻名于世的莱卡相机、万宝龙钢笔、日默瓦行李箱，无不彰显着细腻的心思、独到的创意和恒久的品质。

德国人做事非常系统化，比如汽车厂的汽修师，都有着非常丰富的工作经验。他们的徒弟要跟着学 7 年以上才能拿到资格认证，成为正式的汽修师，而这种师徒传承在德国已经存续了上百年。他们将这些传统的技艺一代代地传承下去，而这种传承不只是简单的言传身教，一切有价值的东西都会以数据的形式被精确地记录下来，并整理成数据库，用于长期发展。此外，他们还非常注重细节的完美，对品质的坚守达到了令人敬畏的程度。他们不断地进行细节方面的修正，对产品进行"改善"，在一步步不断完善的过程中向完美靠近。这种"细节完美主义"在德国可以说随处可见，正是因为这种精神，各行各业能将优秀的技术、经验和理念，一代代地传承下去。

一、德国工匠精神的内涵

1. 坚持

德国 360 万家企业中，92% 由家族经营，规模最大的 100 家家族企业平均年龄超过 90 年，200 年以上企业达 837 家，数量位居全球第二。这些百年老店不盲目求快、不浮不怠，坚持精益求精、久久为功，穷其一代甚至数代打造自身品牌的案例屡见不鲜。他们对所处行业有着特殊情结，即使暂时不景气，也从不轻言放弃。德国最古老的私人银行之一迈世勒银行历经 300 年风雨，至今屹立不倒，其企业信条即为"欲速则不达"，坚持稳健第一、速度第二，不因一时一事动摇初心，注重长期规划、立足时代传承。

2. 专注

首先，企业秉持"术业有专攻"。据统计，德国共有 1500 多家特定领域的"隐形冠军"企业，占全球半壁江山，其中 86% 为机械制造、电气、医药、化工等关键工业企业。这些企业抓准行业"缝隙市场"，潜心深耕，以小博大，在各自领域成为"领头羊"。这些企业虽默默无闻，却是超级的利基市场占有者，拥有 70% 以上的全球市场份额，可谓"大音希声、大象无形"。

其次，工匠具有"职人气质"。许多德国工匠心中对职业怀有始终如一的热爱、对产品有着止于至善的追求，他们兢兢业业、苦心钻研，力图实现"从 99% 到 99.99%"的完美跨越。

3. 严谨

为保障产品质量，德国建立了一整套完备的行业标准和质量认证体系。自

1918 年起，德国工业标准化委员会共制定 3.3 万个行业标准，其中 80% 以上为欧洲各国所采纳。在行业标准的基础上，德国又建立起质量管理认证机制，对企业生产流程、产品规格、成品质量等逐一审核，确保可靠性和安全性，对消费者负责。同时，德国还针对出口产品建立事前管理、事中监控、事后处理程序，出现售后质量问题时，企业及时解决。在无比严格的质量监控下，德国从生产机械、化工、电器设备，到厨房用品、体育用具，乃至一支圆珠笔都秉持"但求最好，不怕最贵"的原则，严选材料、严格工序、严把质量、严格检验，每一个成品都堪称世界上最过硬的产品。

4. 创新

德国讲究"匠心"，而非"匠气"，反对因循守旧、闭门造车，鼓励孜孜不倦地追求创新。据统计，德国研发经费占国民生产总值的 3%，各家族企业研发经费平均高达销售额的 4.6%。德国虽非信息技术、基因工程等新兴行业先锋，却能在传统生产领域不断推陈出新，其人均专利申请数量是法国的 2 倍、英国的 5 倍、西班牙的 18 倍，在全球独占鳌头。究其原因，以弗劳恩霍夫研究院为代表的数百家应用科研机构填平了技术与市场之间的鸿沟，使工业领域的创新能迅速抵达终端，惠及整个行业。

德国一以贯之的"慢"原则事实上是一种低风险偏好的运营思维，对已经有的，无限深挖；对新诞生的，保持警惕；对短期利益，兴趣不大。在快速消费时代和互联网浪潮中，这种思维可能使德国被"弯道超车"。而在传统实业领域，德国仍将立于不败之地。在宝马汽车公司的一家博物馆中，展出了所有车系的制造参数和说明，许多参观者惊讶于宝马泄露商业机密，而宝马给出的答案是，即使其他车厂照着做也做不出来。这种充分自信正来源于"慢"思维造就的品质极限。

二、德国人工匠精神养成的原因

在德国，有 837 家寿命超过 200 年的企业，世界范围内仅次于日本。"德国制造"就如同精品保证，这种信任感的建立离不开在德国备受推崇的工匠精神。德国工匠精神的长久传承和发扬，使得德国在工匠培养方面积累了相当多的经验。德国工匠精神培养的这些经验，对每个行业领域的发展都发挥着重要作用。

1. 德国的职业教育是工匠精神的基石

德国的职业教育涵盖各个专业，包括超过 300 多个职业岗位。本着在社会中磨炼、实践中成长的原则和培育精益求精的工匠精神的目的，德国职业教育为本国各行各业输送了大量专业人才。他们如同分散在德国社会各处的"零件"，组合成德国经济发展的"秘密武器"，打造出一个又一个"世界一流"。德国的总体教育教学体系当中所包含的职业教育培养出了世界上最高质量的生产力和劳动力。其中最明显的是职业教育体系和工厂里的学徒制。德国的高等工业专科学校和工业大学，100多年来培养出一代代卓越的工程师。

在德国，每一名学生都必须要经过3年的学徒训练，必须要在工厂或其他任何产业实践基地进行3年学徒计划。这样可以帮助年轻人在完成学业的同时还能够迅速就业。1880年开始，这种双轨制的教育体系成为德国工业发展成功的关键。当然，这个架构也需要花很长时间才能建立起来。

德国的工业技术发达，需要大规模的人力资本投资，投资于人而非物质资本。德国制度富有意义的地方在于政府大力扶持下的实体经济。实体经济稳健发展、稳定有序的劳动力市场是德国成功的一个重要支柱。德国的双轨制教育体制，非常有利于稳定有序劳动力市场的建立，也有利于实体经济的发展。从小学毕业起，学生就开始分流，其中的一部分学生进入职业教育的轨道。在德国，即使一个年轻人已经进入职业教育学校，今后仍然有机会到大学读书，大学教育和职业教育之间具有很好的透明度和连接性。

德国人不把钱作为一切事务的衡量标准，很多时候更看重其他因素。一个训练有素的工人，他同样能有不错的收入，生活水平、社会地位也会很高。同时，就德国的工人家庭来说，他们的孩子上大学比例较小。

2.德国的经济体制，成就了这种工匠精神

德国制造业的成功意味着德国社会市场经济是成功的。德国的工匠精神之所以可以不断传承、发扬光大，与其经济体制有密不可分的关系。德国人讲究共识，尤其是在雇主和工会，雇主和员工之间，有一种四方决策的模式，这在全世界很少见。得益于这种社会共识，德国的劳动力成本近10年来增长很缓慢，而其他国家劳动力成本增长了25%～30%，这意味着德国在劳动力成本上的竞争力非常强，这样产品价格便很有竞争力。

3.德国的家族企业，工匠精神的传承

德国之所以强大，其中最重要的核心是德国的家族企业。很多德国企业在西方是属于中小规模的，很多是家族型。万般手艺千种诀窍，皆是靠着这个天然的体系传承。长辈不敢不对晚辈传承绝活，传不下去，儿孙靠什么谋生、立业、养家、发财？晚辈不敢不尽力接过绝招，接不下来，靠什么自立、自主、当老板、在国际竞争的浪潮中搏击？德国人经常对人们说："我家的公司是第几代了，我们的规模不大，但是我们能做的产品，别人做不出来。"

这些家族企业和我们想象的并不一样，它们往往是家族控制，但是由职业经理人进行管理，家族并不介入日常管理。这种家族控制、职业经理人管理的模式一直传承下来有两个原因：一是德国的大家族注重教育，这些大家族会对下一代进行严格的管理和教育。二是德国特有的遗产税体制。在德国，遗产税的征收最高可以达到70%，但对于家族企业的传承，遗产税却存在着特别规定。如果一个企业家创办了一家企业，他要把这个企业传给子女，同时子女承诺10年之内继续经营，那么遗产税的上交金额几乎为零。遗产税的规定对于家族企业的传承、基业长青起到了正面的作用。

家族企业在任何一个国家，都是传承高超技艺的骨干力量。纵览现今西方老牌工业化国家，那些享誉全球的顶级产品大多是技艺精湛的手艺人所开创出的家族品牌。所以，我们要追求和学习德国工匠精神。

第二节　一生专注——日本人的工匠精神

"工匠"一词在日本被赋予了更多精神层面的含义。日本是极度尊重工匠精神的国家，不论你是在任何职位，从事任何工作，只要能够在自己的专业领域中做到顶尖，在日本社会便会得到相当崇高的地位，因此日本便把具有特殊专长的专业人士称为工匠。而日本之所以能把工匠精神发挥到极致，并不在于管理，也不在于制度，主要在于日本人对于专业的尊重，尊重到用一生的时间钻研、做好一件事。

一、日本工匠精神的内涵

在日本，工匠还不只是技术问题，还与人的精神结合起来。"工匠精神"的核心是不仅仅把工作当作赚钱的工具，而是树立一种对工作执着、对所做的事情和生产的产品精益求精、精雕细琢的精神。在众多的日本企业中，"工匠精神"在企业上下之间形成了一种文化与思想上的共同价值观，并由此培育出企业的内生动力。下面以几个例子来阐释日本人的工匠精神。

1.质量不好是耻辱

冈野信雄，日本神户的小工匠，30多年来只做一件事：旧书修复。

在别人看来，这件事实在枯燥无味，而冈野信雄乐此不疲，最后做出了奇迹：任何污损严重、破烂不堪的旧书，只要经过他的手即光复如新，就像施了魔法。

在日本，类似冈野信雄这样的工匠灿若繁星，竹艺、金属网编、蓝染、铁器等，许多行业都存在一批对自己的工作有着近乎神经质般追求的匠人。他们对自己的出品几近苛刻，对自己的手艺充满骄傲甚至自负，对自己的工作从无厌倦并永远追求尽善尽美。如果任凭质量不好的产品流通到市面上，这些日本工匠会将之看成是一种耻辱，与收获多少金钱无关。这正是当今应当推崇的工匠精神。

2.产品无法被模仿

说到工匠精神，就不得不提日本一家只有45个人的小公司。全世界很多科技水平非常发达的国家都要向这家小公司订购小小的螺母。

这家日本公司叫哈德洛克(Hard Lock)工业株式会社，他们生产的螺母号称"永不松动"。按常理大家都知道，螺母松动是很平常的事，可对于一些重要项目，螺母是否松动几乎人命关天。比如像高速行驶的列车，长期与铁轨摩擦，造成的震动非常大，一般的螺母经受不住，很容易松动脱落，那么满载乘客的列车没准会有解体的危险。

到底该怎样才能做出永远不会松动的螺母呢？小小的螺母让若林克彦彻夜难眠。他突然在脑中想到了在螺母中增加榫头的办法。想到就干，结果非常成功，他终于做出了永不会松动的螺母。如今，哈德洛克螺母不仅在日本，甚至已经在全世界得到广泛应用，迄今为止，哈德洛克螺母已被澳大利亚、英国、波兰、中国、韩国的铁路所采用。

3.产品精确到无须检验

梅原胜彦从1970年到现在始终在做一个小玩意——弹簧夹头，是自动车床中夹住切削对象使其一边旋转一边切削的部件。梅原胜彦的公司叫"A-one精密"，位于东京西郊，2003年在大阪证券交易所上市，上市时连老板在内仅有13个人，但公司每天平均有500件订货，拥有着1.3万家国外客户，它的超硬弹簧夹头在日本市场上的占有率高达60%。A-one精密一直保持着不低于35%的毛利润，平均毛利润41.5%。

"豪华的总经理办公室根本不会带来多大的利润，呆坐在豪华办公室里的人没有资格当老总。"梅原胜彦的信条是：不做当不了第一的东西。有一次，一批人来到 A-one 精密公司参观学习，有位大企业的干部问："你们是在哪里做成品检验的呢？"回答是："我们根本没时间做这些。"对方执拗地追问道："不可能，你们肯定是在哪里做了的，希望能让我看看。"最后发现，很多日本公司真的没有成品检验的流程。

二、日本工匠精神延续至今的原因

同样面临现代工业的冲击，同样面对传承艰难的危机，但在日本由传统时代而来的工匠精神却得到了发扬。究其原因，工匠精神的传承离不开职人的培养、手工作坊的存续和社会大环境等因素。

1. 职人的培养

在日本，手艺人被称为"职人"。日本手艺人阶层的出现促成了工匠精神的萌发。

学徒制度是维系职人行业的重要支柱，日本的学徒制度盛行于江户时代。学徒一般 10 岁左右进入店铺，经历"丁稚"（小伙计）、"手代"（领班者）、"番头"（掌柜）、"支配人"（经理）等阶段的学习与考察后才被允许独立经商或开店。手艺人的儿子通常也会子承父业，数代人只做一件事，以父传子、子传孙的方式延续着手工业制造技术。

如今，日本的许多行业存在大批匠人，他们对自己的工作有着近乎神经质般的追求。他们对自己的作品几近苛刻，对自己的手艺充满骄傲甚至自负，对自己的工作从无厌倦并追求尽善尽美。如果任凭质量不好的产品流通到市面上，这些日本工匠会将之看成是一种耻辱，与收获多少金钱无关。

可以说，日本不是在工业时代的冲击下留住了工匠精神，而是工业时代的竞争培育了工匠精神。而这种精神最主要是体现在蓝领工人身上。在日本，蓝领工人也是很体面的工作，体力劳动和脑力劳动收入差别不大，蓝领工人的薪资水平在全世界都处于前列。蓝领工人在社会上也受到相当尊敬，一个高级技术工人的月薪，足以支撑起全家的开销。有这样坚实的物质基础做后盾，技术工人得以全身心地投入到工作当中，从而不断创造出新产品来。

鹈词信一认为，高素质的劳动者才能产出高附加值的产品，而一个成熟的技术工人必须要经历一段不计较眼前利益、不辞劳苦、努力学习技能的岁月。

可以说,精益求精的"工匠精神"和制造业中"劳动者就是创造者"是日本制造业的精髓。

2.手工作坊的长久存在

一个作坊,就是一个工匠及其家庭赖以为生的最重要的财产,因此他会为此付出一生的心血,乃至代代相传。有恒产者有恒心,一间固定的产业,对于工艺的传承、精神的延续有着重要的意义。而手工作坊的稳定一方面要寄希望于整个社会大环境不发生大动荡,另一方面和继承人制度、职人的经营理念分不开。

"二战"之前,日本的家业传承严格实行长子继承制度,即只有长子能够继承家业,并分配到大部分的财产,这能防止家族成员因争产而反目成仇,导致家族衰落。如今,一些从事民间艺术工作的人士,仍然会采用遗嘱的方式,让长子继承家业,以保证不废业。此外,日本许多百年老店专注"小而美",不像一些中国企业,有点名气就想做大做强,大搞加盟连锁。这既反映了日本职人自江户时代就形成的职业性格,既不看重钱财,也与日本文化的内敛性有关,即小就是美的。

3.社会大环境等因素

一个稳定的社会环境才能为传承技艺和工匠精神提供可能。制作方法是代代相传的技术,这样的传统并非一朝一夕可以形成。工匠精神中的重要内容如信仰、纪律、仪式等也是在长时间的师承关系中,在相对稳定的职业圈子、顾客群体的互相作用下逐渐发展起来的。

事实上,日本之所以形成现在的这种社会大环境,是因为日本由来已久的引进传统。日本主动地、大规模地引进外来文明的行动开始于向中国隋朝和唐朝派遣留学生。这些留学生通常叫遣隋使和遣唐使。仅从那些遣唐使带回日本的科技种类看,就包括天文历法、数学、医药学、建筑土木、纺织、工艺、农业甚至还有科技体制等,这使日本有了较完整的科技体系。之后,留学生在日本社会发展中始终占有重要位置,这不仅是因为他们带回了大量文物,更重要的是他们眼界更开阔了。

日本人很善于学习外来文化,特别是那些有关物品的制造技术;过去对于从外国引入的先进技术,日本人只需要大约40年的工夫就可以在这方面超过原来引入技术的国家。也就是说,日本人不仅有"照葫芦画瓢"的本事,而且画出来的"瓢"比原来的"葫芦"还漂亮。

第三节　从小做起——瑞士人的工匠精神

瑞士面积仅约 4.1 万平方公里，一个山地小国，几乎无矿产资源，而工匠精神却使其成为全球最富有的国家之一。

瑞士的工匠精神体现在机械表上，把机械表的功能升级创新，并研发出诸多极其复杂的工艺，可以说把精密机械发展到极致，一个钟表，据说流程高达上万个工序。瑞士的表行里，一个制表大工坊内往往分工明确，有负责基础零件制造的部门，有负责零件打磨抛光的，有机芯组装，还有最后的测试，等等，每个人都各司其职并把手上的工作做到极致。除此之外，瑞士人还潜心研究材质，在腕表材质上匠心独运，花大工夫，无论是新陶瓷还是各种各样新金属，都被瑞士人运用到钟表上，让腕表精准、美观、大方，如同工艺品。

一、瑞士工匠精神的内涵

"工匠精神"其实和瑞士人淳朴的文化氛围是分不开的。在瑞士著名城市日内瓦，任何的手工艺人，无论是制表的还是手工零食的店主，他们脑子里都不是为了想要赚钱，而是想着家里的这一份事业怎样让后代传承下去，直至千百年。这种淳朴的精神在我们看似原始封建可却是让人非常感动的，要知道，现在的社会就是太浮躁了。正因为瑞士这份淳朴的精神，所以才有了今天的百达翡丽、昆仑表、浪琴、劳特莱这些百年的品牌，以及现在被重新提起来的瑞士"工匠精神"。

1.瑞士的"工匠精神"首先是坚定执着

钟表业是前工业革命时期最为精密的手工业，自然资源匮乏的瑞士人就是靠着坚定执着，在"欧洲屋脊"上开创了自己的巅峰产业。第二次世界大战爆发前，全世界 90% 的钟表都产自瑞士。20 世纪 70 年代，日本发明了更加精准且成本更低的石英机芯，日本石英手表大举进攻钟表市场。瑞士传统的机械表经历了前所未有的"石英危机"。

在当时，很多的瑞士钟表匠们纷纷失业，很多人认为，瑞士钟表将要面临末日。然而，瑞士钟表业者拒绝随波逐流，而是专注自身升级，坚持用"工匠精神"精造手工机械表。在经历了 20 多年的艰难转型之后，瑞士钟表业不仅走出了低谷，而且迎来了空前的繁荣。

2.瑞士的"工匠精神"还在于精益求精

瑞士的顶级钟表都是工匠一个零件一个零件打磨而成。钟表工匠对每一个零件、每一道工序、每一只钟表都精心打磨、细心雕琢。工匠们的眼里，唯有对制造的一丝不苟、对质量的精益求精、对完美的孜孜追求。例如，一只高品质的腕表不仅要有强劲的机芯，而且还要有亮丽的外壳。

3.瑞士的"工匠精神"中最核心的当属开拓创新

开拓创新与坚定执着毫不矛盾，开拓创新更是精益求精的必然结果。对于瑞士钟表工匠而言，"只有更好，没有最好"绝非一句空洞的口号。为了追求极致化体验，工匠们不断雕琢自己的产品，不断改善自己的工艺。好比劳特莱融合"传统与现代""经典与时尚"的制表文化，成功以精致的设计、优雅绅士的英伦风范，深受大众喜爱。

二、瑞士工匠精神世代传承的原因

放眼全球，"瑞士制造"产品之精良、技艺之高超正是"工匠精神"的最佳诠释。探究其"工匠精神"世代传承背后的秘密，在于双轨制教育体系及学徒制。

1.双轨制教育的开展

瑞士实行九年义务教育，学生十五六岁初中毕业，有两种教育途径可供选择，在瑞士被称为"教育双系统"或是"双轨制"：一条是进入职业学校，一边当学徒、在企业工作，一边到职业学校学习理论知识；另一条是读普通高中，准备考大学。在很多国家，读职校意味着学习成绩不好甚至"失败"，但在瑞士，读职校不仅能找到好工作，更受到全社会的尊重。瑞士有大约75%的青少年在义务教育结束后走进职业学校，走进企业，开始为期2～4年的半工半读的学徒生活。当学徒能让青少年最直观地掌握市场对劳动力的要求，学习最有用的技能。学徒制将教育和就业紧密联系在一起，让瑞士人尽快融入工作。也正因为如此，瑞士近年来保持着非常低的失业率，失业率不到4%。

2.学徒制的普及

瑞士大型企业几乎都提供学徒职位，一些企业还专设学徒培训中心。为了鼓励学生选择职业教育，瑞士政府方面也投入大量"真金白银"。2013年，瑞士的职业教育经费达34亿瑞士法郎（约221亿元人民币）。瑞士人读职业学校免费，读普通高中却要交学费，由此可见瑞士对青少年选择职业教育的鼓励。同时，学徒能从企业领到工资。换句话说，当学徒不仅读书不花钱，还能赚钱，同时能获得职业技能和工作经验。

瑞士将双轨制教育体系及学徒制视为保持"瑞士制造"高品质及传承"工匠精神"的关键因素。瑞士职业教育的经验对其他国家有着巨大的吸引力。对瑞士而言，"学徒制"为企业源源不断地提供高素质技术人才，这是"瑞士制造"的高声誉和竞争力的保证。对瑞士的学生来说，高质量的"双系统"教育体系让他们得以探索自己的兴趣和特长，并能灵活地在职业教育和高等教育之间切换，选择最适合自己的发展路径。也就是说，瑞士双轨制教育体系、学徒制成功的因素不仅在技术层面，更在文化和社会认可的层面。

第四节　创造财富——美国人的工匠精神

工匠不只是能够解决一些生产生活中实际问题的技术能手、能工巧匠，还是可以引领社会科学技术最新发展潮流的排头兵，是美国传奇的重要源泉。

美国当代最著名的发明家迪恩·卡门曾说："工匠的本质——收集改装可利用的技术来解决问题或创造解决问题的方法从而创造财富，不仅仅是这个国家的一部分，更是让这个国家生生不息的源泉。"简单来说，任何人只要有好点子且有时间去努力实现，就可以被称为工匠。

一、美国工匠精神的内涵

美国人认为，工匠是一群不拘一格，依靠纯粹的意志和拼搏的劲头，做出了改变世界的发明创新的人。像本杰明·富兰克林、托马斯·爱迪生、怀特兄弟、迪恩·卡门等都是杰出的工匠代表。在他们的资料文献中，富兰克林被认为是美国历史上第一位工匠，他诸多的发明事例写入我们的教科书。同样的称号也可以用在乔治·华盛顿身上，他既是一位好总统，也是一位卓越的工匠。他们共同的特征是博学，充满好奇心，根据个人的兴趣来重建世界。

作家、教育家保罗·利兰·霍沃思曾说过，华盛顿永远在留意更好的方法，为了发现最好的肥料、最好的避免作物病虫害的方式、最好的培育方法，他愿意倾其所有。他曾说过，他不愿意沿着父辈们走出的道路前行。康奈尔大学经济学家巴卡拉克对工匠的评述为"漫无目的的疯子，最后却影响着世人"。显然，美国文化中的工匠精神与其他国家的理解有较大不同。

具体来说，美国的工匠精神有三个基本内涵：第一，用我们周围已经存在的事物制造出某种全新的东西；第二，工匠们的创造行为在最初没有明确的目的性，就算有也和当时确定好的目的有很大不同，工匠们的作品能够激发人们的热情和对它的迷恋；第三，它是一种"破坏性行为"，工匠们背对历史开始了一段充满发明创造与光明的全新旅程。

美国工匠更注重创造，执着于新生事物，在意想不到的地方发现价值。他们注重在事物的碰撞中找到灵感。美国人崇尚发现别人发现不了的机会，这就是为什么人们喜欢乔布斯和巴菲特。例如，企业招聘者喜欢寻找那些"T"字形人才：一竖代表某个领域有深入的研究，一横表示能够与来自其他领域的专家合作，他们能够很好地了解自己专业领域外的东西。

美国人认为，真正的工匠只会被事物本身的趣味激发，并不受奖励的驱使。一些工匠露出"纯粹的野心家"的本性，而一些工匠则非常低调，甚至在艰苦的环境中进行工作。表层工匠们通常大肆宣扬他们的方法、工作过程，以及他们创造的令人难以置信的产品，而深层工匠们不在乎传播媒介，更专注于通过思想创新改变我们对于事物的思考方式。

工匠文化表现出创造的一面，是因为他们的文化土壤里已经有了对创新者的崇拜。西方宗教认为上帝创造万物、创造人是神圣的，因而那些能够创造新鲜事物的人，也像上帝一样神圣。也因此产生了一群创客，直到现在所倡导的工匠文化。

二、美国工匠精神的代表

美国的"创客"创造影响世界的产品，包括好莱坞大片所塑造的英雄们，力挽狂澜，史诗般的场景最大化地激发了美国人的英雄情结，也极大地吸引了美国人的创造兴趣与热情，这都是培育工匠文化的"肥沃土壤"。美国开放、自由的文化，特别是崇尚精英有改变世界的力量，这种精神信仰很好地支持"创客"们的工匠精神。下面列举几个具有代表性的美国工匠精神例子。

1. 莱昂—希制公司的工匠

美国中西部城市芝加哥西郊，在世界著名竖琴公司莱昂—希利公司的厂房内，女工芭芭拉手握一把由马尾制作的小刷子，在自己的脸颊上轻轻摩擦两下，然后小心翼翼地用刷子粘上小块金箔，准确快速地贴在原木琴柱上，之后开始细细抛光。春日的阳光里，一朵朵手工雕刻的木头花纹变得金光闪闪、美丽夺目。

这个过程看上去简单，实际上非常复杂。贴金箔前，需要先给原木部件涂上黏土和石膏打底剂，然后一层层打磨，之后才能贴金箔。贴金箔时，芭芭拉先用刷子在脸上摩擦产生静电，再吸起金箔、粘贴、打磨，整个过程一气呵成，不能有丝毫差错。这种贴金箔的方法在莱昂—希利叫水法贴金。100多年前，莱昂—希利就使用这一工艺，这是莱昂—希利的独有工艺。

如果用手拿着金箔，受体温影响，金箔可能褪色乃至熔化，浪费原料，也无法保持美观，更无法使之与原木柱体融合。必须掌握正确的方法、准确的温度、精确的时间，才能达到我们的标准。女工芭芭拉所做的工作、手法基本和100多年前一样，制作胶水和石膏打底剂的温度也和当年一样，莱昂—希利的水法贴金技术就是这样经过一代代工匠之手传承下来的。

莱昂—希利公司由乔治·沃什伯恩·莱昂和帕特里克·J·希利于1864年在芝加哥创立，是美国首家竖琴制作公司，历经两次世界大战、美国经济大萧条和芝加哥大火灾幸存下来，成为世界上最大的竖琴公司之一，打造了世界竖琴界的经典品牌。

一架竖琴可拆成约2500个独立部件，将如此多的部件组合成一件完美的艺术品般的乐器，需要每个部件都完美无缺。150多年来，莱昂—希利公司坚持传统手工制作每个部件，水法贴金只是其中非常小的一个传统手工技艺。这种手工制作保证了质量，但需要花费大量精力和时间，在莱昂—希利，制作一架竖琴需要两年多时间，不同的木块需要不同的设计、打磨等加工处理。

这一切都离不开好的工匠。在莱昂—希利，工匠的献身精神是竖琴传奇和魅力的一部分。莱昂—希利的技术工人都有一些艺术和音乐天赋，这是莱昂—希利工匠团队的独特之处。

在美国，平均而言，工人为一家公司工作约4年就会跳槽。而莱昂—希利公司员工的平均工作年限是这一数据的3倍，这有收入方面的原因，更包含着认同感和成就感。

在一天工作结束的时候，对自己的工作感觉良好，这不是能用金钱衡量的。这是一个匠师献身精神的源泉，也是莱昂—希利公司产生了大量优秀的工匠，并能静下心来做几十年的原因。

2. IBM 用工匠精神锁住优势

一架竖琴可拆成约 2500 个独立部件,制作一架竖琴需两年多时间;而坚持品质、推崇创新这种现代企业的工匠精神,也为美国公司 IBM 牢牢锁住竞争优势。

通过不断的收购和剥离,目前美国 IBM 咨询和服务的收入比重已超过总收入的 50%,转型初见成效。谈及原因,IBM 智囊机构"全球卓越中心"一位专家说,企业激励员工自主创新和研发的机制,以及着力培养全球化人才的战略,是 IBM 保持活力的关键。

源源不断的创意是确保企业保持发展势头的动力源泉,而这得益于 IBM 鼓励创新研发的机制。据介绍,IBM 每年投入约 13 亿美元用于研发。IBM 的研发机构中有 5 名诺贝尔奖得主,他们还长期与麻省理工等一流院校和研究机构保持合作。

同时,IBM 鼓励每位员工投身研发工作,一旦员工的创意被专利部门认可,IBM 即帮助员工申请专利并由公司支付相应的专利申请费,同时 IBM 也成为专利权的共有人。这样的机制使得 IBM 每年能获得多达 9000 ~ 11000 个专利技术。

一名 IBM 员工说,公司里很多员工都拥有自己的专利。虽然 IBM 对此并不高调,一般在公司内部以表扬信的形式公布喜讯,但每个员工都以获得这封表扬信为荣。"这是一种无形的动力,没有什么比获得公司对我们的认可更让人兴奋了。"

除了研发,能成为世界知名的行业巨头,IBM 的全球战略功不可没。IBM 的一名专家说,IBM 在全球拥有近 43 万名员工,公司不会简单地在当地外包服务,而是派出员工熟悉当地情况,融入当地文化,做到"知己知彼"。

以 IBM 在中国的业务拓展为例,IBM 于 1979 年开始在中国发展业务,至今已在中国内地设立了 47 个分公司和办事处,9 个研究院、创新及方案中心,7 个全球服务和制造中心。从研发到制造,再到服务,都做到深度融合,有的放矢,把握住市场的主动权。

第五节　硕果累累——中国人的工匠精神

具有数千年文明史的中国，历来不乏工匠精神。不论是国宝级物件司母戊大方鼎的雄厚、勾践剑的不朽、马踏飞燕的精美，还是民间工艺的景德镇陶瓷、北京景泰蓝、福州脱胎漆具等，可谓硕果累累，每一件都世界闻名！同仁堂的堂训"炮制虽繁必不敢省人工，品味虽贵必不敢减物力"，某种程度上这正是对我国工匠精神的一种诠释。

一、中国古代的工匠精神

工匠精神在中国不是仅停留于书面的文字和教条，也不是只在口头上说说而已的虚幻追求，它更多的是以实实在在物件展示于世的真实产品。翻开浩瀚的中华历史画卷，我们可清晰地看到周朝的青铜器、唐朝的瓷器、明朝的家具等无数凝聚着中华民族聪明智慧，体现着中国人民不懈努力追求的精妙工艺品，中国工艺瑰宝正向世人明晰地诠释着中国工匠那一丝不苟、精益求精、巧夺天工的工匠精神。

景泰蓝是著名的汉族传统手工艺品，距今已有600多年的历史。这种最初由西方传到中国的工艺技术，由于中国工匠的潜心研究，几度达到登峰造极的境界，它综合了青铜工艺、制瓷工艺，继承了传统绘画和雕刻技艺，体现了中国传统工艺门类之间的相互学习和借鉴，是研究中国工艺史的鲜活材料。北京景泰蓝制品造型典雅雄浑、纹样繁缛、色彩富丽，给人以圆润坚实、细丽工整、金光灿烂的艺术感受，是艺术性极强的装饰品，具有极高的艺术价值和学术价值。景泰蓝曾多次被用来参加国内外各种重要展览，还经常被作为国礼馈赠予外宾，是中国工艺品的典型代表。

中国一向号称"瓷之国"，景德镇又有"瓷都"之称。其瓷器以"白如玉，明如镜，薄如纸，声如磬"的独特风格蜚声海内外。景德镇瓷器造型优美、风格独特，尤其以"骨瓷"最为有名。景德镇陶瓷艺术是汉文化宝库中的重要财富。陶瓷是中国人民奉献给世界的一件宝物，它在一定程度上改变了国外一些人的生活方式和价值观念。伊斯兰民族用中国的大青花瓷盘盛饭装菜，然后很多人围着一圈共同席地享用；菲律宾的一些民族将中国陶瓷作为神物顶礼膜拜；

非洲人将中国瓷器装饰于清真寺、宫殿等建筑上。

金缕玉衣是汉代规格最高的丧葬殓服，大致出现在西汉文景时期。全衣耗用玉片、金丝巨多，做工十分精细。玉片成衣后排列整齐，对缝严密，表面平整，颜色协调，着实令人惊叹，反映出玉师杰出的技艺和达官贵族奢侈的生活。由于金缕玉衣象征着帝王贵族的身份，有非常严格的制作工艺要求，汉代的统治者还设立了专门从事玉衣制作的"东园"。这里的工匠对大量的玉片进行选料、钻孔、抛光等10多道工序的加工，并把玉片按照人体不同的部位设计成不同的大小和形状，再用金线相连。制作一件中等型号的玉衣所需的费用几乎相当于当时一百户中等人家的家产总和。

越王勾践剑1965年出土于湖北省江陵县望山一号楚墓中，它出土时完好如新，锋刃锐利。全剑长55.7厘米，柄长8.4厘米，剑宽4.6厘米。剑身上装饰着菱形花纹，剑格（剑柄与剑刃相接处）两面也用蓝色琉璃镶嵌着精美的花纹。中间靠近剑格外，镌有八个错金鸟篆体铭文。而剑主人鸠浅就是"卧薪尝胆"终于灭吴的越王勾践。考古学家称此剑为"勾践剑"。无论就勾践剑的外形研制，还是质料搭配，这口剑都无疑是中国青铜短兵器中罕见的珍品。

曾侯乙尊盘是春秋战国时期最复杂、最精美的青铜器件，1978年在湖北随州市擂鼓墩曾侯乙墓中出土。这件尊盘的惊人之处在于其鬼斧神工的镂空装饰。装饰表层彼此独立，互不相连，由内层铜梗支撑，内层铜梗又分层联结，参差错落，玲珑剔透，令观者凝神屏息，叹为观止。经专家鉴定，此系采用失蜡法铸造，因为纹饰细密复杂，且附饰无锻打和铸接的痕迹。失蜡法又称出蜡法、拔蜡法，基本方法是将蜡做成模，成型后用细泥浆反复浇淋，泥浆包住蜡模后再涂以耐火材料用火烘烤，做成铸型。蜡熔流出，形成型腔，即可浇铸铜汁成器。曾侯乙编钟是我国迄今发现数量最多、保存最好、音律最全、气势最宏伟的一套编钟。钟是一种打击乐器，用于祭祀或宴饮时。最初的钟是由商代的铜铙演变而来，按其形制和悬挂方式又有甬钟、钮钟、镈钟等不同称呼。频率不同的钟依大小次序成组悬挂在钟架上，形成合律合奏的音阶，称为编钟。钟的大小和音的高低直接相关。商代的钟为3枚一套或5枚一套，西周中晚期有8枚一套的，东周时增至9枚一套或13枚一套。春秋战国时期编钟风靡一时，和其他乐器如琴、笙、鼓、编磬等成为王室显贵的陪葬重器。

德化，与醴陵、景德镇并称"中国三大古瓷都"之一，德化陶瓷始于西周，兴于唐宋，盛于明清，被誉为"千年瓷都，世界官窑"。自宋代开始，德化陶瓷就成为"海上丝绸之路"的主要输出品；明代的德化白瓷以"白如雪、润如玉、透如绢"驰名中外，被誉为"象牙白""中国白"。除传统的刻花、印花外，在继承的基础上，德化白瓷又新增了堆花、贴花和透雕等装饰技法，兼以利用德化白瓷纯白的质地，不施任何彩料却栩栩如生，成为德化瓷器的艺术特色。

南阳镇平人几千年来世代寻玉、识玉、琢玉、赏玉、爱玉、博玉，并将玉之儒德化转化为镇平玉之人文化、玉之产业化，使镇平成为"中国玉雕之乡"。独山玉是中国四大名玉之一，有南阳翡翠之称，是一种重要的玉雕材料。就材质而言，独山玉本身七彩斑斓，充满了生机盎然的自然意趣，具有一种对现实事物细节的抽象和转化能力，给人以超越现实、反复回味的艺术空间。

中国木雕，珍稀木材纯手工雕刻之精华。由中国传统文化中象征吉祥、福、合的各种图腾和动物的形态及神韵产生灵感和创意，从文化、艺术、实用、观赏、保值、收藏等多种角度出发，进行选材和设计。因木而异的设计、恰当的造型形式、精湛的雕刻技法，使作品传神逼真，具有极强的艺术效果和深刻的文化内涵，凸显出设计大师和雕刻大师们对美的深刻理解和执着追求。

二、中国当代的工匠精神

央视新闻频道推出了名为《大国工匠》的系列短片，讲述了 8 个普通劳动者的故事。这 8 个人里普通却又不平凡。说他们普通，是因为他们都是普通的劳动者，都没有什么惊天地泣鬼神的感人事迹，也没有什么绝世的发明创造，在茫茫人海中只是毫不起眼的一个身影；说他们不平凡，是因为他们在各自的工作中做出了不平凡的贡献，使他们成为行业中的领军人物。这几位大国工匠的事迹在第一章已经做了详细的介绍，这里不再赘述。

这些人虽然从事的工作不一样，但他们有个共同的称呼——技术工人，也有着共同的特点——勤奋、钻研、敬业，喜欢不断地挑战自我、挑战极限，都努力把产品做到极致完美，把工作做到零失误。值得注意的是，他们在各自领域中之所以成为"领头羊"，具有别人难以替代的作用，主要靠的是自己的一双巧手和一双慧眼，靠的是千锤百炼之后形成的炉火纯青的独门技术。

这些能工巧匠们，年龄最大的 60 岁，最小的 34 岁，没有一个人拥有大学学历。他们只是从父辈、长辈或职业技术学校那里学来的基本技术，打下了一定的基础，然后通过自己的刻苦钻研，以不服输的精神，挑战自我，精益求精，最终青出于蓝胜于蓝。但就是这些技术工人，竟然成为航天、潜艇等高端技术产品里不可或缺的一员，甚至具有举足轻重的作用，这不得不令人感慨万分。小到一张纸，大到潜艇、航天飞船、海底隧道，这些技术工人用自己精湛的技术，为那些伟大作品的诞生发挥了重要的作用。

如果没有这些人精湛的技艺作支撑、作保障，那些大小产品都不会成功地呈现在世人面前。从这个意义上来说，这些技术工人的工作是至关重要的。以航天飞船为例，它的设计师无疑是令人敬佩的，是他们用智慧设计出了这样伟大的作品；能工巧匠们生产出了合乎标准的零部件，并将各零部件装配成功，把设计师的伟大构想变成了现实，他们同样也是令人敬佩的。大处着眼，小处入手，宏观与微观的有机结合最终产生了奇迹。

三、中国当代工匠精神企业典范

新中国成立初期，正是有着无数奋战在各个岗位上的具有吃苦耐劳、精益求精的工匠们不计个人得失的无私奉献，中国工业才从无到有，从弱变强，中国也因为综合国力的提升快速地崛起并在国际事务中拥有更多话语权。而经过数十年的经济发展，随着家庭收入、教育程度、个人修养、审美水平的不断提升，消费领域发生了种种变化，人们不再仅仅满足于产品本身的功能属性，对产品的质量、品牌价值、文化、美观等方面需求也与日俱增。同时，互联网的普及，微博、微信等自媒体的发展，消费者还很乐于与他人分享自己的购物心得，并对产品的各项指标做出自己的评价，这都要求企业必须做精品、做优品，对工匠精神的呼唤也就在情理之中。下面列举几个国内工匠精神企业典范。

1. 助推手机行业的领军者——华为

随着世界经济全球化和一体化的深入推进，中国的产品和服务已经深深融入世界经济的体系之中，中国企业要增强国际竞争力，占领国际市场，由制造业大国迈向制造业强国，也必须以品质取胜。新形势新背景对我国当今制造业企业反产品品质提出了更高的要求。

华为公司堪称当代企业中具备"工匠精神"的典范。2016年3月，华为获得国内质量领域的最高政府荣誉——"中国质量奖"。华为公司相关负责人表示，华为之所以能够摘取这项桂冠，是华为长期坚持以"质量为生命"的结果。20多年来，在"以客户为中心，以奋斗者为本"的公司核心价值观的指引下，华为积极推进质量优先的战略，最终以优秀的产品品质享誉海内外。

对华为来说，质量就如同企业的自尊和生命。自华为成立以来，一直追求真正的"零缺陷"。华为拥有在业界首屈一指的可靠性检测及产品认证准入实验室，华为的每一款产品上市前都会经历严苛的环保测试、强度测试、性能测试以及最极端的环境挑战。

华为手机在上市之前经历的测试环节中，包括破坏性测试、滚筒随机跌落、六面四角定向跌落、电源键、按压键按压、连接器拔插、软压、手机扭曲、温度循环箱、温度快速变化、蒸手机、太阳晒手机、无线性能、天线性能等。具体到按键测试，为了保证用户可以安全使用 18 年，他们按照用户每天打开手机 150 次计算，将按键测试的标准从原来的 20 万次提高到现在的 100 万次。据悉，荣耀 4A 从研发开始到正式发布，进行了长达数月的不间断测试，测试时长超过一千个小时，所有的冒烟测试必须 100% 通过。

在华为 P8 上市时，华为超窄边框采用的点胶工艺经过测试发现，手机使用几年后有可能出现问题。这一个小问题不达标，按理说不会对消费者造成太大影响，但华为不惜以整个销售链的供货作为代价，坚持将这批产品报废。仅此一次，就损失四个多亿，带来的真正经济损失可能有十几个亿。

像这样在质量上追求极致、精益求精的例子还有很多。为解决一个在跌落环境下致损概率为三千分之一的手机摄像头质量缺陷，华为会投入数百万元人民币不断测试，最终找出问题所在并予以解决；为解决某款热销手机生产中的一个非常小的缺陷，荣耀曾经关停生产线重新整改，影响了数十万台手机的发货。

正是靠着对产品瑕疵"零"容忍的质量原则和对产品品质不断提升的追求，华为在全球智能手机市场份额稳居前三甲，中国市场份额持续领先，并且在西欧多个发达国家市场，市场份额位居前三名。在通信设备市场，华为已经成为全球最大的电信设备商，并持续保持领先；华为在全球范围内取得了商业成功，走出国门 20 年，销售额的 60% 来自于海外市场，产品远销 170 多个国家和地区。

华为内部提倡的理念之一是"板凳要坐十年冷"，强调"专注"和"视质量为生命"，面对质量问题，华为内部有一票否决制，无论涉及哪个级别的高管，一律都要尊重这条铁律。这种工匠精神逐渐成为华为的企业文化的一部分，也正是在这种精益求椿的理念下，华为公司用品质、服务构建成一个强大体系，保证了华为一点点在用户心中积累起的良好品牌形象。在市场增速放缓、同质化严重等背景下，这种工匠精神就意味着品牌对客户在质量、体验、服务等方面做出的一个长期而持续的承诺，也帮助华为公司取得不断地进步。

2. 插座行业的领导品牌——公牛电器

在 2016 年武汉大学的毕业典礼上，武汉大学校长李晓红在这届毕业生离校前的最后一课上送出临别赠言：以武汉大学已毕业的一位校友为例要求大家做自己人生的"工匠"。这位被武大校长提到的校友就是公牛电器的董事长，一位"专注达人"，武汉大学 80 级机械工程系的阮立平。他二十年如一日打磨品牌，最终树立起行业标杆，缔造了世界闻名的公牛品牌。

一个公牛品牌，拥有两项冠军。公牛已经连续数年蝉联插座行业销量冠军，是插座行业名副其实的领导品牌。过去的 2015 年，对公牛来说，又是一个具有里程碑意义的一年，墙壁开关由行业第三一跃成为国内市场销售第一品牌。

谈到从小打小闹家庭作坊式企业向国内民用电工行业领导者跨越的工匠精神时，公牛集团董事长兼总裁阮立平表示："专业专注，精益求精，创新铸就品牌魂，赢得市场话语权。"

创业之初，面对质量问题的"痛点"和"短板"，公牛从设计研发结构入手，独辟蹊径，结合国家标准对原产品大胆改造，克服了松动、接触不良、非正常发热等质量问题，并首创插座按钮开关确保品质，这一"制造用不坏的插座"定位，使公牛产品短短 5 年间实现国内市场销量第一。

时代在变，需求在变，只有与时俱进，专注执着于提高产品质量和科技含量，方能始终走在前列。公牛为此在狠抓产品品质的同时，创新引领产品和技术转型升级。

一方面，专注执着保证产品质量，就在五年前墙壁开关入市不久，公牛作了一次市场调查显示，市场在意的产品各项性能排位中安全可靠在消费者心目中排名始终是前两名的。所以，公牛公司在确定战略定位时，把产品质量放在首位，安全可靠对于任何一个品牌企业而言都是至关重要的，是企业的生命线。

另一方面，利用科技创新，打造插座升级版。以 2015 年"小米插座事件"被吵得沸沸扬扬为新节点，竞争促发展，公牛人的理念因小米插座的冲击发生了翻天覆地的变化，细分化、精致化、智能化成为新追求。

推动插座设计由大而粗向小而精、制造工艺由人工作业转变为人机结合、研发周期七八个月缩短为三四个月等"三个转变"，

公牛把插座细分为 USB 插座、民用电工插座两条产品线，特别是 USB 插座产品线，亮出安全、时尚、多元、便捷的行业卖点，创造了小白系列插座、多国旅行转换器、防过充 USB 插座、桌洞和桌边插座等一系列新产品，其中防过

充 USB 插座已获华为等客户订单。

20 年来，公牛战略定位从最先制造用不坏的插座到后来"制造中国最安全的插座"再到如今"插座专家和引领者"，不断在升级。以专业实力推动技术创新，以标准引领行业发展，至 2015 年，公牛共拥有国家专利 295 项，其中发明专利 17 项；共参与起草国家行业标准 40 多项，并实现从单打到团体的新突破。公牛主导制订的《家用和类似用途插头插座》"浙江制造"团体标准，是电源连接器行业企业的"第一"和"唯一"。

其实，人和人之间最小的差距是智力，最大的差别却是专注。专注意味着坚定的热忱，意味着坚持的恒心，意味着坚强的毅力。因为专注，所以专业，公牛公司正是因为对产品质量和产品创新永不停歇、精益求精、执着追求完美的工匠精神，最终成为插座行业的领跑者和中国插座之王，缔造了年销售额超过 20 亿元、市场占有率全球第一的"公牛神话"。

3. 从源头开始的高标准严要求——格力

任何一个工业时代的故事中，都少不了工匠的身影。中国制造迈向 2025，大国呼唤工匠精神，而格力正是践行工匠精神的佼佼者。也许在很多人眼中，工匠是一种机械重复的工作者，但实际上，工匠有着更深远的意义，工匠精神，是一门手艺，是一种品质，是一份专注，更是一种态度。在当今，中国工业更加需要工匠精神，"'工匠精神'将引领中国制造浴火重生。"格力集团董事长董明珠如是说。

工匠精神，不光是在产品设计、制造环节对品质的严格要求，同时也是在生产的源头对原材料质量的高标准。在制冷行业的供应商中，有一种不成文的评判标准：能给格力供货的，给同行业其他家供货就不成问题。小到一个隔音棉，普通到一个包装箱，格力都制定了高于国标的企业标准；能跨进格力的门槛，很多在行业中便也代表了最高水准。

一边是高门槛、极严格的标准要求，一边是实力的象征和进步的空间，供应商们"又爱又恨"的纠结心态，从一个侧面也反映出格力的产品实力。"好空调，格力造"从源头上要的就是好材料。

对于合肥格力的几千家供应商来说，格力工厂里有一把悬在头顶的"达摩克利斯之剑"。这是一支神秘的检测部队，运送进去的每一个零件都要经过他们细致而严谨的检测：合格的送入生产线，不合格的直接被退货。

这支部队"不近人情"，每一个人的姓名、联系方式在格力的电话簿里都找不到，却又与每一个供应商的"饭碗"密切相关。他们给这支神秘的部队起了一个名字：格力的"海关口"。

对于供应商来说，这些直接决定它们产品命运的质检员非常神秘，他们有非常严格的管理制度，质检员与供应商必须零接触，只有这样才能保证产品检验的公平性，让入厂的每一个零部件都能完美无缺。所以，做格力的供应商是一件非常有压力的事情，从格力建厂开始，其对零部件的标准要求每一年都在提高，因为格力对零部件的高标准，让很多供应商只能知难而退。

近年来，以工匠精神严格要求自己的格力人，走精品化路线，做精细化产品，从过去的"好空调，格力造"到今天的"让世界爱上中国造"，不只是口号，更是承诺和兑现。格力也正是有了这样对生产的产品精益求精、精雕细琢，对产品质的极致追求，才有今天的"让世界爱上中国造"的豪气和底气。

第五章　培育工匠精神的主客体及其矛盾关系

培育工匠精神工作归根到底是一项与教育工作密切相关的工作，作为主要环节的参与者全部是人的人类实践活动，研究其工作主体、工作客体以及两者之间的矛盾关系，对于探索培育工匠精神工作规律具有重要价值。

第一节　工匠精神培育工作的主体与客体

一、主体与客体

主体和客体是哲学中两个极其重要的范畴。所谓主体，是指按照一定目的去认识和改造客观对象的人。所谓客体，是指被认识和被改造的客观对象。主体和客体不同于主观和客观。主观是指人的精神世界，客观是指个体意识之外的客观世界或客观存在。主体无疑是人，但又不能认为凡人皆为主体。缺少自我意识，居于被动地位的人不是主体。只要具有明确自我意识、居于主动支配地位的人才是主体。

1. 主体与客体的概念

主体与客体是一对儿概念。它们用以说明人的实践活动和认识活动的一对哲学范畴。主体是实践活动和认识活动的承担者；客体是主体实践活动和认识活动指向的对象。两者相对比而存在，并通过人的社会实践活动将二者统一起来。

主体以及与之相关联的客体在认识论上，是从 17 世纪开始使用的。德国古典哲学在揭示主体和客体的统一方面做作出了重要贡献。马克思主义哲学把主体和客体的相互作用建立在社会实践的基础上，科学地阐明了主体、客体及其相互关系。主体和客体的关系具有不同的侧面，主要是实践关系和认识关系。实践关系是主体改造客体以及客体被改造的关系。在主体和客体的实践关系中，同时发生着认识关系，这是主体在观念上掌握和反映客体以及客体在观念上被掌握、被反映的关系。主体和客体是对立的，又是统一的。主体和客体不仅相互联系、相互制约，而且在一定条件下相互转化。人在改造世界的活动中，把自己的目的、计划、愿望变为同主体相对立的客观实在即客体；同样，在主体反映和改造客体的过程中，客体移入人脑，经过改造成为人的思想、知识，或者在主体反映客体的过程中，使自然物成为人的工具，延长人的器官，直接从属于主体。比如，为了让自己（主体）过上好日子，就要委屈自己（作为客体）去努力工作，去挣钱，挣钱的过程中，就会动用自己（主体）的脑力和体力；而挣了钱之后，再去给自己（主体）买好吃的，或者去旅游，享受生活。其实，个体，同时具有主体自我与客体自我这两种成分，只是在某个场景中，其中的一个方面表现得比较突出而已。从心理内部来说，个体自身存在着主体自我与客体自我之间的相互作用，即"主 – 客体关系"。

在某种特殊心理状态下，人会忘乎所以，忘记了自己的存在，让主体自我与客体在心理上瞬间融合。每个人都把自己当"主体"，把别人或其他事物当作"客体"。当说自己是"主体"的时候，一定同时伴随着一个他人"客体"的对比存在；有人对你说"我是主体"的时候，你心里也会想着自己也是主体，这种两个主体之间的人际互动，叫作"主体间性"。

2."主体"的心理特征

（1）整体性

主体，首先必须是人，一个整体的人。只有在人的精神世界里，只有人的活动，才构成了"主体"与"客体"的划分。人是有肉体的社会人。所以，人的血肉之躯是心理主体性的物质载体。身体需要成为心理动力的重要来源之一。人的身体与心理必须取得整体统一，才能体现出人的主体性。

（2）感性特征

主体的自我存在，是一种感性存在，它源于感觉而不是理性的思维判断。身体的疼痛感、饥饿感、生活的辛苦，特别是幸福感、无所不能感，成为主体存在的感性基础和依据。快乐与痛苦，是一种体验，是无法用思维判断来获得的。主体感的连续性、一贯性和一致性是整个主体心理得以建立和维持的最根本的因素。离开感性主体，整个主体将不复存在。

（3）目的性

人的行为是有目的的。人的行为目的是为了满足其心理需要。心理需要包括生物需要和社会需要。人，趋利避害，为了快乐而生活。吃饭是为了解除饥饿感的痛苦；抑郁症病人想要自杀，是为了尽快结束生活的痛苦；要想让抑郁症病人减轻自杀的企图，最重要的是让他能够体会到生活的快乐；每个人努力工作，得到他人的喜欢与尊重，更是为了让自己去享受生活。

（4）能动性

心理活动，是个体对客体事物能动的反映与适应。客体关系理论强调妈妈对待孩子的方式，却轻视了孩子自身内在的心理能动性。心理活动的能动性主要表现为主体的灵活性、自主感、意志的自由和创造性。人的行为是最难以预测的。与物理世界中的事物相比，心灵的一种最大特点就是其灵活性，甚至我们几乎难以预料一个人早晨起来后会想吃什么样的早餐。自由意志地去选择自身需要的对象物，控制自己的行为与环境条件，可以让人们体会到对自体的掌控感、自主感和个人意志的自由。人们在内心需要和愿望的推动下，会创造性地想象出各种美好的事物，然后据此推动自己的行为，从事创造性的工作，去达成自己的愿望，满足自己的需要。

二、培育工匠精神的主体

培育工匠精神是培育工匠精神工作主体与客体的对象性活动，是教育工作者、企业不同岗位工作人员在培育工匠精神工作总体思路下，按照自己选择的目标和行动方案通过引导学生学习和参与活动付诸实施的过程。无论培育工匠精神工作目标的确定，还是行动方案的选择，培育工匠精神工作主体始终是起主导作用的决定性因素。在一定意义上，可以将培育工匠精神工作看成培育工匠精神工作主体的一系列复杂的活动，是由培育工匠精神工作决策者的理性思维、情感意志、实践行为组成的主体性活动。

只有对培育工匠精神工作主体的规定、结构、要求、特点和功能分别加以研究，才可能把握培育工匠精神工作的实质，找到培育工匠精神工作成败的关键所在。

培育工匠精神工作系统是由人和"物"组成的，其中物的因素不可能成为主体。有的观点认为企业员工只参与实践环节，并且是按照学校教学计划指导大学生，和大学生都是处于被引导地位的人，也不是主体，只有处于支配地位的人才是主体；并进一步认为培育工匠精神工作主体就是培育工匠精神工作中从事引导活动的工作者。然而笔者认为在培育工匠精神工作的系统中，工作的主体处于主导地位。工作的客体是主体的对象或作品，工作的中介系统是主体意识和肢体的延伸。因此培育工匠精神工作主体的界定将会影响工作的整体面貌，决定工匠精神培育的价值取向。

由于培育工匠精神工作的复杂性，笔者认为应当坚持普遍主体的观点，即工作系统中每个成员都可以成为培育工匠精神工作的主体；如果坚持以高校教师为主体就势必会忽视实习企业及其管理者、作为成熟工匠的企业指导教师和作为未来工匠的在校生的作用，这显然是不符合培育工匠精神工作流程的。

1.培育工匠精神的教育者主体

培育工匠精神工作主体作为主体的一种。有其不同于其他主体的特殊规定和特定要求，包括高校教师群体、为学生提供岗位的工作人员、未来将成为工匠的在校生、甚至包括学生毕业就业后能给予其指导的同事。这里需要说明的是将来可能成为工匠的在校生在培育工匠精神过程中既是工作的主体，也是客体。因此，下面重点分析学生以外的主体，或者说是作为教育者的主体。

（1）教育者主体必须具有开展培育工匠精神工作所需的专门知识

知识是社会意识研究领域的基本范畴，众多学科都对其有所论述，关于它的含义界定很多，并存在或大或小的差异。所谓知识是人们对客观对象的浅层感知和深层认识的总称，知识作为人类认识世界的成果和改造世界的武器，是一种无形的财富和巨大的力量。我们这里所使用的知识范畴，不局限在某个具体的领域，是指人类知识的整体。这些知识按照哲学上的诉求目标可以划分为：真理知识、善德知识和美感知识；按照学科可以分为：自然科学知识、社会科学知识和思维科学知识；按照反映客体信息的水平又可以分为：经验知识和理论知识；按照获得知识的途径还可以分为：直接知识和间接知识。总体来说，可以从横向和纵向两个角度去理解这里所说的知识。横向是指知识的不同领域，比如前两种分类；纵向主要是指知识的层次性，比如后两种分类。

在开展培育工匠精神工作过程中，不论高校教师还是企业技师无疑也需要有知识，而且还要掌握更多的知识。这主要包括以下几点：

第一，有关培育工匠精神工作领域的科学知识和专门技术、技能。总之，培育工匠精神工作教育者主体虽不一定是某行的专家，但起码应该是内行，只有这样才可以和有专业背景的大学生更好地交流与沟通。

第二，尽可能通晓有关的社会科学知识。培育工匠精神工作作为一种社会实践活动，自始至终是在社会大系统中进行的。培育工匠精神工作主体要实现自己的意图，除了通晓有关专业技术知识之外，免不了还要同整个社会打交道，因而还必须掌握尽可能多的社会科学知识。如果缺乏这些知识，就不能在复杂多变的社会环境中审时度势、选择时机；不可能做到科学决策、应付各种变化；也不能在竞争中纵横自如、立于不败之地。一般来说，培育工匠精神工作中主体的决策权越大，越应掌握更多的社会科学知识。

第三，要特别熟悉关于人的知识。培育工匠精神工作的对象虽然包括物，但主要侧重于人，培育工匠精神工作就是做人的工作。因此，作为一个培育工匠精神工作主体，应当熟悉自己的对象，懂得人的生理、心理、需要、追求、信仰、期待和他们的行为规律，掌握有关的生理学知识、心理学知识、社会学知识、行为科学知识等人学知识。如果不懂得人，将活人看作死物；或者对人知道得很少，片面地将学生看作是"操作者"或"工具人"，就无法搞好培育工匠精神工作。相反，只有掌握有关的人学知识，了解人的心理活动和思想变化，才可能沟通主客体的关系，将教育工作者的意图化为大学生的行动。

第四，作为培育工匠精神工作主体，特别是培育工匠精神工作主体中的决策人物，还必须学习运用哲学。哲学是各门科学知识的最高概括，具有认识世界和改造世界的多种特殊功能，它为决策者提供综观全局、预测未来、揭示因果、防微应变的方法论，也为自己做出正确决策确定价值坐标。是按照唯物主义观点或唯心主义观点来决策，是以系统辩证的方法或以形而上学方法来处理培育工匠精神工作中的有关问题，直接关系到培育工匠精神工作的成败。所以，培养现代工匠工作的参与者要帮助学生塑造工匠精神最好学点哲学。

（2）培育工匠精神的教育者主体还应具备丰富的专业工作经验和实践能力

知识作为培育工匠精神工作主体的一种潜能，还只是培育工匠精神工作活动的一个前提条件，它只意味着搞好培育工匠精神工作的可能。要使可能变为现实，教育者还应具备将各种知识转化为相应的生产实践工作能力，不断在培育工匠精神工作实践中学会如何具体应用这些知识。这就是说，在培育工匠精神工作中知识固然很重要，没有足够的相关知识自然谈不上能力的培养，因为能力不是凭空产生而是由知识转化而来的，将知识同能力、理论同实践对立起来片面强调学生实际工作能力的观点是不正确的。但同时也必须明白看到，知识并不等于能力，有知识而无能力只能是空谈家而不可能成为优秀的教育者。

从这个角度分析，能力比知识更为重要。

培育工匠精神领导者的工作能力有多方面表现，大致可以分为：观察判断能力、专业技术能力、人事组织能力和分析综合能力。观察是指对形势的观察、预测而及时提出战略性目标；判断是指在多种计划方案中果断准确选择某一最佳方案。所谓观察判断能力就是教育工作者根据自身的有关知识在特定情势下进行科学决策的能力。在这一过程中，没有相应的知识是无法对形势进行深刻分析和对方案作理智果断选择的，否则只能是武断决策或盲目拍板。如果仅有相关知识而缺乏敏锐的洞察能力和沉着大胆的决断作风，只能瞻前顾后、犹豫不决，结果必然失去稍纵即逝的机会。所以，观察判断能力是培育工匠精神工作主体特别是决策层所应具备的基本能力。所谓人事组织能力即领导能力，其核心是如何看待人、怎样处理组织内外的人际关系。作为一个培育工匠精神的领导者，必须要有识才的慧眼、爱才的热情、用才的技巧、护才的胆略和驭才的谋略，才能将不同专长、气质、性格、职责的人才合理组织起来。相反，无识才之眼、容才之量、护才之胆、用才之能、驭才之谋的人，只能是孤家寡人。这种人事组织能力固然依赖于人文社会科学知识，但更主要是通过人事组织工作的实践逐步积累的。所谓培育工匠精神工作专业活动组织能力，是指教育工作者对他所面对的特殊活动的了解熟悉程度，包括培育工匠精神工作知识的运用能力和技巧，对培育工匠精神工作涉及的具体环节的了解和把握。这种能力是指挥过程不可缺少的基本功。不具备这种能力就无法成为培育工匠精神领导者的角色。当然这并不是要求培育工匠精神的领导者门门通、样样精，只是要求对开展培育工匠精神工作的各个环节各个方面要有基本的、全面的了解，绝非外行。

所谓综合分析能力是指教育工作者的思想技能，是指教育工作者分析综合培育工匠精神工作系统各个方面、各种情况而对系统各活动要素进行有效控制的理性思维能力。从培育工匠精神工作决策确定目标开始，到目标的最终实现，教育工作者始至终围绕着如何实现工作的优化目标而不断调控系统组织各部门各环节的活动方式。要做到这一点，没有一成不变的模式可循，培育工匠精神领导者必须随时分析现状、综合情况。这种分析综合是很难从书本上直接学到的，只能在结合培育工匠精神工作实践逐渐摸索。

（3）培育工匠精神工作主体总是同一定权力相联系

所谓权力，是按照预定方式引起别人心理或行为变化的权威和能力。它是通过约定俗成或通过法律程序所赋予的一部分人对另一部分人的影响力和支配权。权力作为一种欲望，人皆有之。但权力欲并不可能无条件地转化为现实的权力，拥有权力的人只能是少数。我们所说的教育工作者，正是权力的拥有者。所谓培育工匠精神教育工作主体，一定要有相应的影响支配别人的权力。这种权力可以是通过习惯由一些人传递给另一些人，还可以通过某种学校的规章制度赋予一些人。只有获得现实的培育工匠精神工作权力的主体才能成为真正的培育工匠精神教育工作主体。否则就不能区别培育工匠精神教育工作主体和被培养者，教育工作者就无权决策，无法对活动中的大学生行使指挥、调度、奖惩、控制。培育工匠精神工作就会成为一句空话。中外传统文化中有一种观点认为，权力欲是人性中邪恶的一面，权力无论其性质如何统统是有害的。在这种观点看来，人生来是平等的，不能有支配别人的想法和行为。它们主张社会不应由权力而应由"仁义""礼让"或理性道德来治理。因此，从尊重学生的角度出发，培育工匠精神工作不能凭借权力而应当凭借威信来进行。但是这并不说明培育工匠精神不需要权力，在有分工、有协作的社会生产和生活中，权力欲的产生和权力的运用不仅是必然的，而且总的说来是合理的。权力是社会发展的产物，也是培育工匠精神教育主体的必备要素。如果失去权力或有权力不敢运用，培育工匠精神教育工作主体就不复存在。

（4）培育工匠精神工作主体同威信相联系

教育者个人或集团的威望和信誉是培育工匠精神工作主体的又一必备要素。所谓威望，是指教育工作者良好的品德和超常的能力在大学生中造成的特殊影响力。所谓信用，则是教育者和大学生通过教学及实践活动为载体交往、相互沟通所形成的。后者对前者的尊重的信任同权力不同，威信不是由习惯和法律赋予培育工匠精神教育主体的，而是大学生对教育者（教师和师傅）的一种认同，是教育者自身造就并通过大学生所赋予的。在一部分人影响另一部分人的心理行为的意义上，教育者的威信也是一种权力，因为凭借威信同样可以达到支配别人的目的。所不同的是，权力是一种强制影响力，威信是一种自然影响力，前者是由地位决定的，后者是自发产生的。所以，权力同威望并不一样，不能认为有权必威、有权必信，威信同权力是构成培育工匠精神教育工作主体的两个并列的内在规定性。要搞好培育工匠精神工作，除去要掌握一定的权力，还要辅之以教育工作者的威信，使学生不是从形式上而是从实质上接受工匠精神教育主体的安排指令。

知识、能力、权力、威信，这四者就是培育工匠精神教育者必备的四重要素，缺一不可。

2.培育工匠精神工作主体的系统结构

培育工匠精神工作是一种复杂特殊的社会实践活动，不可能通过一人来单独进行，而必须协同一部分人来共同完成。在当代高校和企业中，参与培育工匠精神工作的人各有其不同的职责，培育工匠精神工作系统通常又是由决策人员、智囊人员、执行人员和监督人员按一定方式组成的有机整体，我们称之为培育工匠精神工作主体系统。而随着社会分工的发展和社会生活的日趋复杂，培育工匠精神工作所需的教育主体系统也日趋复杂，结构的变动性日益明显，结构的优劣对培育工匠精神工作的效率起着十分巨大的作用。

（1）决策人员

处在培育工匠精神教育主体系统最高层的是决策人员，他们是具有决策权和对整个培育工匠精神工作系统负有最终责任的领导者。因为学校历史、专业设置、生源结构等原因，许多高校培育工匠精神工作的决策人员由相关校级领导来担任，他们的任务是确定本校培育工匠精神工作目标，选择决定实现目标的某种方案。在现代社会，决策权绝不能再由少数个人"乾坤独断"，而应由集体民主决策，这就要求领导者大兴民主作风，并注意选拔不同专长的人参与决策层工作，例如让教学管理部门负责人和一线专任教师、学生管理部门以及共青团组织的负责人及工作人员加入决策工作中来，努力造成一个具有最佳人员结构的决策班子，形成一套科学民主的决策体制和决策程序。

（2）智囊人员

为了避免主观武断，使决策科学化，还可以邀请合作企业领导者和高级技师参与设立规模不同的智囊团或思想库。现代社会，上至国家政府，下到各个大型企业，凡进行计划、统计、预测、咨询、研究的专家或团体，均属一定决策层次的不同类型的智囊团体。智囊团是决策层的"思想库"，是专门为决策进行调查研究的智囊。它的职责不在"断"而在"谋"，专为决策提供最优化的理论、策略和方法。在培育工匠精神工作领域，在经过学校领导批准的情况下，建设校内外专家为主的辅助决策智囊团十分必要。吸收校内外专家参加的培育工匠精神工作智囊团虽然无权决策，但对决策工作确是不可或缺的重要组成部分。决策人员的工作好坏，很大程度上取决于智囊团的工作。决策人员和智囊人员的关系即"断"和"谋"的关系：谋是断的基础，断是谋的结果，二者既不等同彼此区别，又相互依赖彼此促进。培育工匠精神工作教育主体系统越发展，断和谋的职能越清楚越完善，彼此配合协调也越自觉。如果教育者企图集谋断于一身并以此显示自己的领导才能，那么就会很容易导致决策失误，严重时则会误导学生。

（3）执行人员

培育工匠精神工作教育主体系统的第三层次是执行人员。执行人员是培育工匠精神工作主体系统中的基层领导者和教师，其任务是根据决策者的决策方案，从事制定具体计划、组织和指导学生，任务是贯彻执行方案。不同层级的执行机关在贯彻执行上级决策时，首先应当不违背决策的基本要求，不得随意更改上级决策，更不允许借口情况特殊另搞一套。否则便是越权，执行层就变成决策层了。不过执行又并非机械照搬，简单执行，各级各部门因有不同情况，上级决策不可能详尽规定各个方面的内容。这个时候就要求执行者必须根据实际将上级决策具体化，对上级决策包括不到的部分再决策。所以执行过程同时也存在着决策过程，执行人员不单执行也有进行中观决策的任务。一般来说，执行某一项决策的中间环节越多，或者说执行链越长，其执行人员就负有越重的中观决策的任务。只有在一个层次少、执行链短的部门，决策人员和执行人员的职责才是分明的。这就是说，在理论上，我们可以而且必须将决策层和执行层相对分开来加以研究。但在事实上，尤其在体系庞大的培育工匠精神工作教学系统内，最高层的决策人员和智囊人员是确定的，而中层的执行人员同时也负有不同程度的决策任务，执行人员同中层决策人员常常是混在一起、不能截然分开的。因此，在培育工匠精神工作领域决策和执行的关系非常复杂，需要教育者坚持正确的工作方向，分析具体问题大胆创新，这样才能做好培育工匠精神工作。

（4）监督人员

为保证决策的贯穿实施，随时了解决策是否符合实际和执行部门是否按照决策执行，培育工匠精神工作主体系统还可以设置相关的监督人员，其任务是跟踪捕捉执行过程中的偏差信息，并将它及时反馈到决策层。如果属于决策同实际的偏差，便由决策层修改原有决策；如果属执行中的偏差，则由上级权力机关勒令执行人员纠正偏差。在决策的执行过程中，认为决策的绝对完美、绝对理想和设想执行中绝对准确、绝对一致是不现实的。由于多种原因，决策的执行必然是一个充满矛盾的过程，监督人员就在于及时发现执行过程中的矛盾。

只有借助于监督控制，才能保证执行人员少走弯路，顺利完成决策目标。

一般来说，在培育工匠精神工作中，监督人员常常是由决策人员兼任的。高校在开展培育工匠精神工作中需要注意两方面问题：一方面监督人员绝对不能缺少，另一方而也不能由执行人员兼任监督人员。如果这样就等于取消了监督，就会给各种形式的"监守自盗"提供可能，从而使培育工匠精神工作失控而流于混乱。另外，监督工作是一项十分复杂极为严肃的工作，它需要监督人员不仅要有相关的专业知识以便能敏锐及时发现问题，更要求有对事业的忠诚和对事不对人的高度责任心，敢于向上反映问题并督促纠正偏差。

总之，培育工匠精神教育工作主体系统是由上述四个子系统有机组合而成的，决策人员、智囊人员、执行人员和监督人员共同构成统一的培育工匠精神教育工作主体。其中，决策人员是整个系统的"大脑"和"灵魂"，决策是否恰当和及时，直接关系着培育工匠精神工作的成败。智囊人员作为决策人员的助手，是整个系统的"外脑"或"思想库"，帮助决策层"运筹帷幄、决胜千里"。执行人员则是培育工匠精神工作的"躯干"或"主体"，决策只有通过他们执行，工作目标才会变成现实。而监督人员相当于培育工匠精神工作系统的"眼睛"和指示仪，对培育工匠精神工作活动起着监控、调整、跟踪和定向等多重作用。在培育工匠精神工作中，培育工匠精神工作主体系统要发挥正常的工作功能，要求上述四类子系统必须各司其职协同配合，其中任何一类人员不任其职、不尽其能，培育工匠精神教育工作主体的功能就得不到正常发挥。如果互相掣肘，扯皮内讧，培育工匠精神工作主体系统便会因内耗而无法发挥作用。

3.建立健全培育工匠精神工作主体系统的基本原则

培育工匠精神教育工作主体是由决策、智囊、执行、监督四大子系统有机组成的共同体，如何建立健全最优化的培育工匠精神教育工作主体系统则是搞好培育工匠精神工作的关键所在。

（1）目标择优原则

要建立一个理想的培育工匠精神教育工作主体系统，首先要坚持目标择优原则，即根据培育工匠精神工作目标的要求来选择确定工作人员。具体说来：

第一，要因事设人而反对因人设事，培育工匠精神工作人员人数的多少应根据被管人数的多少和事务的繁简确定。这在管理学上称为"管理跨度"。根据国外经验，管理者和被管人员一般在1：7左右为宜。比例过小，管理跨度太宽，管不过来；比例过大，人浮于事，政出多门，不仅造成人力的浪费，而且难于统一意见，仍然管不好。这里所说的管理跨度或人员比例，是指上级同下级的比例关系，它既包括决策人员与执行人员的数量比例，也包括上级执行人员同下级执行人员的比例，还包括执行人员同操作人员的比例，而不包括智囊人员和监督人员。在组建培育工匠精神教育工作主体系统时究竟以多大的比例为宜，应视具体情况而定，不过原则上仍必须遵守一定的工作跨度。无论哪种工作主体，既不能用很少的人去管很多的人；更不能倒过来，多个领导一个兵。

　　第二，在确定培育工匠精神教育工作主体的总人数之后，紧接着还要根据工作的需要对不同的工作人员的人数进行再分割。一般来说，决策人员只能是少数，大量的是执行人员，智囊人员和监督人员的人数无一定之规，要视具体的工作性质而定。所设计的活动对象越是复杂多变，智囊人员和监督人员的人员配备应越多。而所设置的活动相对简单比较稳定，其智囊人员和监督人员的人数相对减少。

　　（2）特性互补原则

　　要建立一个理想的培育工匠精神教育工作系统，还必须根据系统要素特性互补的原则，来挑选领导成员和组建领导班子。系统论认为，系统是由若干功能相异而又彼此补充的要素，按一定结构有机组成的统一体。如果要素属于同一性质，那么这种系统就会因为功能单一、缺乏互补性而成为一种机械系统。在组织相关队伍时，正确的做法是注意将不同特点的人安排在合适的位置上。因此，应坚持以下几种互补原则：

　　第一是知识互补和能力互补。即将不同知识型和能力型的成员组成一个领导团体，避免"清一色"的"理论型"或"实干型"的"近亲繁殖"。

　　第二是气质互补和性格互补，即将不同性格不同气质的人相搭配，使之相互补充对方气质性格缺陷可能造成的错误，如将果敢型的人与沉稳型的人搭配起来，思索别的人和实干型的人结合起来。

　　第三是性别和年龄互补。性别在当代培育工匠精神工作中具有越来越明显的独特功能，年龄则与经验、作风、对事物的敏感程度相联系。理想的工作队伍不应由相同性别和同一年龄段的人组成，而应当男女适度配搭，由老中青三个年龄段的人组成。老年人阅历深、经验多，青年人对新事物敏感、富有锐气；男人一般胆大而心粗，女人一般胆小而心细。只有将不同性别年龄的人组合在一起才能形成功能互补。反之，则收不到系统的整体优化效应。

（3）心理相容原则

由不同知识能力、性格气质、性别年龄组成的主体系统，各成员间要做到功能互补，同时还必须克服各种障碍，做到心理相容。因为各个成员有不同的经历、气质、性格，他们之间在心理上是有障碍的；每个成员的知识结构、工作能力不同，彼此间便缺少共同语言；年龄、性别和价值观念、思想方法不同，对问题的看法也不可能完全一致这样，如果培育工匠精神教育工作主体系统缺乏将不同成员在心理上沟通起来的机制，集体成员之间就会相互防范、关系紧张、同床异梦、矛盾重重。这自然谈不上功能互补，而只能将时间和精力消耗在大量的内耗之中。

要使不同特质的领导成员做到功能互补，必须先使他们之间做到心理相容。而要做到心理相容，则是一件极为复杂的思想工程，需要异中求同，培养灌注以下几点意识：

第一，确认共同的价值目标。人们的观念不可能完全相同，但既然同为一个系统的成员，必须要有共同追求的价值目标。如果价值目标不统一，各怀一己之私，是必然互不相容的。只有为了一个共同目标走到一起，才可能求大同存小异，形成共同的价值观念，做到彼此配合、相互谅解。

第二，确认互助互利的系统观念。按照系统论，子系统不能脱离系统而独立存在并发生作用，系统因素都以别的因素的存在作为自身存在的前提。所谓互助互利，即指培育工匠精神工作主体系统的各个成员只有相互配合才能发挥系统的工作功能，自身才能从中获得成就感。只有当互助互利的观念为各成员所接收，变成自觉的意识，成员之间才可能相互支持，相互配合。

第三，要形成互相尊重的环境气氛。有些青年教育者具有超出常人的某种才能，自我意识很强烈，他们在比较年轻时就被选拔到领导岗位。但这些人由于年轻，有时缺乏对自身的正确估计，容易苛求与之共事的同事，甚至缺乏相互之间尊重。要改变这种状况，就必须提倡"己所不欲、勿施于人"的观点，培养宽容互谅和谦虚谨慎的精神，善于学习别人长处、尊重他人的人格；提倡同事间多接触、多谈心，增进相互了解，增强心理上的融合感。这就有可能开启心灵门窗，沟通思想渠道，凝成团体意识，做到心理相容。

4.培育工匠精神工作主体的行为方式

教育工作主体要想有效引导好大学生人生方向、塑造工匠精神、培养一流工匠，正确的行为方式非常重要。如果教育工作主体的行为方式不正确，即使是一个人员素质高、系统结构优良和领导体制恰当的培育工匠精神工作系统，也很难发挥良好的作用。

培育工匠精神教育工作主体的行为方式即教育工作者的活动方式或工作方式，它是在特定的文化环境和组织环境中长期形成的思维定式和行为模式。文化环境和组织环境不同，教育工作者认识和处理问题的方式也不同。从而形成形形色色的工作行为方式或类型。

（1）独断型

独断型是官僚主义工作方式之一种，其表现为武断自信，听不进别人意见，凡事无论大小皆由一人独断，要求别人绝对服从、唯命是从。这种主体类型是不可取的。

（2）放任型

这是与独断型刚好相反的另一种工作方式，其表现为教育工作者不愿或不敢行使自身应有的权力，该管的不管，放任下属"自由"行事。放任型工作方式的产生有其复杂的历史文化原因，在现实中也存在各种各样的具体表现。在现实中我们常常可以看到，有的领导抱着"无为而无不为"的宗旨，以为少揽权才能发挥下属的积极性，结果适得其反；有人错误地将权力和民主、培育工匠精神工作中的管理活动和平等对立起来，以为权力必然破坏人们的自觉性，结果这个集体因缺乏约束机制各行其是，一盘散沙。

（3）事务型

所谓事务型的工作方式，是指教育工作者分不清自己该管哪些事，常常忘记自己的工作职责而纠缠于不该管的事务，从早到晚成年累月陷入数不清的日常事务当中。这种工作方式既不像独断型那样大小事个人独揽专断，具有排他性；也不像放任型那样完全或基本放弃培育工匠精神工作，任由他人擅自行事。出现事务型的工作方式，从根本上说是缺乏现代观念，忘记了自己在培育工匠精神工作系统中的职责。

（4）以事务为中心

这是相对于以人为中心而言的一种较普遍的工作方式。所谓以事为中心，是指教育工作者仅以工作为中心，而将人当作实现其工作目的的手段。培育工匠精神工作作为一种能动的特殊实践活动，有其明确具体的组织目的或行为目标，无论何种工作，都应提高工作效率并保证工作质量。这种行为方式是建立在对人性错误估计基础上的工作方式，是轻视人的机械工作方式。随着社会的进步、人的觉醒、培育工匠精神工作对象的复杂化，这种方式显然已暴露出它的弱点和缺陷，迫使教育工作者转向以人为中心的现代工作方式。

（5）以人为中心的民主的工作方式

这是现代社会普遍公认的较好的工作方式，但又是教育工作者难以准确把握的行为方式。这种工作方式首先要确认人是培育工匠精神工作的根本目的，一切工作行为最终都是为了提高学生的素质、满足学生树立人生理想、职业道德，提高职业技能的需要。其次要确认人是培育工匠精神工作的中心，一切工作行为都应通过人来开展。这里的人不仅指教育者，也包括大学生。而要实现这一目标，就不能将学生当作单方面接受教育者指挥的纯粹受动者，而应看成有追求、有需要、有权利、能创造的能动者。既然如此，传统的独断专制和习惯采用的以事为中心的工作方式就应被排斥在教育工作者的行为方式之外，民主的工作方式也会最大限度地发挥作用。这样培育工匠精神工作就不再只是少数领导的权力。当然，这样做并不意味着大学生可以不接受教师的指令，也不意味着无条件地一切按多数学生的意见办。在具体的工作中要做好如下工作：

第一，充分尊重和信任学生，注意广泛吸取大学生的意见，做到择善而从，并形成习惯和制度；

第二，充分调动大学生的积极性，培养他们的能动性和创造性，善于依靠人，而不是仅仅依靠制度和命令去开展培育工匠精神工作；

第三，增加教育工作决策的透明度，自觉接受大学生的监督；

第四，一切教育工作都应以尊重人和关心人为目的。

三、培育工匠精神的客体

客体是相对于主体而言的对象，培育工匠精神的客体是培育工匠精神的主体所作用的对象。培育工匠精神工作是培育工匠精神工作主体作用客体的特殊实践活动，因而在研究培育工匠精神工作主体的规定、结构、培育工匠精神工作体制和主体的活动方式之后，还必须考察培育工匠精神工作对象的规定、特点、组织结构和活动方式。

1.培育工匠精神工作客体及其构成要素

客体在一般意义上，是主体有目的有计划作用的对象。其中，凡被人们有目的有计划地认识和考察的对象，就被称为认识客体；凡被人们有目的有计划地加以控制和改造的对象，就被称为实践客体。因此，客体范畴是一个包容甚广的哲学范畴，凡人类思想和活动所涉及的一切对象，都可以被称为客体。

　　培育工匠精神工作客体就是人们常说的培育工匠精神工作的对象，即人、财、物、时间、信息等五方面因素是培育工匠精神工作客体。

　　培育工匠精神工作作为一种特殊的社会实践活动，是培育工匠精神工作主体按照某种预定目的计划、组织、指导、控制某一实践活动的特殊实践。因此，从事培育工匠精神工作计划设计、组织协调、控制管理的人以及具体执行培育工匠精神工作计划人以及学生都是培育工匠精神工作主体，培育工匠精神工作活动涉及的因素则是其工作的客体。这种客体不是通常意义上说的静态客体，而是特殊意义上积极能动的动态客体；这种客体既包括实体性因素人、财、物，也包括非实体性的功能因素和结构因素如人的思想状态、人的活动方式、人员组织结构、人与人的信息沟通以及被人控制的时空等。培育工匠精神工作客体之所以成为主体有效作用的对象性，是由于上述诸要素进入了被控制的实践活动领域。如果培育工匠精神工作客体不是某一正在进行的实践活动，诸要素没有进入现实的实践活动领域，那么，无论是人还是物，也无论是时间和信息，都不可能成为培育工匠精神工作的对象。

　　培育工匠精神工作涉及实践的类型是多种多样的，因此在不同的具体活动中构成客体的具体要素也多少不一、形质各异。但是，从哲学的角度来看，无论何种培育工匠精神工作客体，都是由从事某种实践活动的人和实践赖以进行的物两类要素所构成。其中，人的要素又可以包括人的思想（价值观念、意志情绪、认识能力）、人的行为（行为方式、行为趋向、行为方法）、人员结构（组织结构）和人际关系；物的要素则包括物资、资金、环境、时间、空间和信息等。因为高校在开展培育工匠精神工作时，物资采购、资金申请都可以依据学校规章实现，所以下面就上述因素中的其他重要因素一一进行分析：

　　（1）人的思想

　　说人是培育工匠精神工作客体要素，首先需要关注的就是人的思想，因为人是有思想的理性动物，而不是无思想的机器或动物；当代大学生是思想最为活跃的群体，解决思想问题是第一要务。人的思想虽然无形但并非不可捉摸；人的思想对于个人来说诚然是一种反映客观的主观，而当它作为被他人认识和影响的对象，又是一种被反映被掌握的不以培育工匠精神工作主导者意识而改变的事实因素。这说明大学生的思想虽然是一种无形的精神，但对于教育工作者则同样具有可知性和客观对象性。培育工匠精神工作既然是一部分人通过教育另一部人去进行的某一实践活动，那么教育者自始至终必先了解大学生的意愿、关注他们的情绪、激励他们的情感、培育他们的才智、树立他们的观念，从而使大学生的思想成为可预测、可感知、可跟踪引导的对象。

（2）人的行为

人的行为即人的现实活动。同人的思想比较，它具有明显的客观物质性和目的方向性，当大学生参与到学习和实践活动中来，就同教育工作者发生关系，其活动就不再是完全自主的，成为受教育者支配的对象性客体。培育工匠精神工作之所以可能，正在于一部分人的行为方式、行为趋向以至活动方法不能任由自己支配而需接受别人的引导、规定及指挥。在具体的活动中，大学生干什么、怎样干、为什么而干，很多都由教育工作者来决定。同时，一些协助参与活动教育者，在实践环节中如何教，必须接受学校相关部门和企业有关部门的指导，不得违背他们规定的教学目的和教育方针，其行为趋向也构成大学生培育工匠精神工作的客体要素。

（3）人员结构

作为培育工匠精神工作客体要素的人不是以个体的方式而是以群体的方式而存在。群体究竟以何种结构方式进行活动，对培育工匠精神工作的成效影响极大。因此，培育工匠精神工作客体要素不仅包括被培育工匠精神工作的人的思想、人的活动，还包括人与人的组合方式或组织状态。教育工作者只有根据不同的教育活动目的来建立对应大学生的组织系统并根据情况的变化适度调整组织结构，才能使针对大学生开展的培育工匠精神工作取得成效。

（4）人际关系

人际关系是指组织内人与人之间发生的关系，它既包括培育工匠精神工作教育主体之间的关系，也包括教育者同培育工匠精神工作客体、培育工匠精神工作客体之间的关系。正是由于组织内人与人的关系常常不和谐需要调整，因而人与人之间的关系也就成为培育工匠精神工作的对象。无论在什么样的人群系统中，人与人之间总会产生各种各样的矛盾，这是任何组织、领导者预先不可能防止的，是不以教育工作者的主观意愿为转移的。所以培育工匠精神工作就包含着对人际关系的调整。设想建立一个无矛盾的组织系统，自然是不可能的。

（5）环境

环境也可以被称为组织环境，它是存在于培育工匠精神工作系统之外又影响工作系统的一系列因素的总和，包括校园周边生态自然环境、社会环境、政治法律环境、科技文化环境等等。

环境对于培育工匠精神工作的作用具有两重性。一方面，环境作为培育工匠精神工作系统的存在条件，是既定的、外在的因素。可以说，是具体的环境选择决定具体培育工匠精神工作系统；凡是适应特定环境的组织才能存在，与环境不适应者便会灭亡。在这个意义上，环境不是培育工匠精神工作主体可以驾驭改变的客体。另一方面，培育工匠精神工作主体是具有主观能动性的人，因而培育工匠精神工作系统又不可能被环境完全左右，在一定范围内和一定条件下，它可以按照自身的需要去选择环境、改造环境、与环境建立起互通物质、能量和信息的和谐平衡关系。在这个意义上，优化环境就成为培育工匠精神工作主体的重要工作之一。高校应当在坚持党的一系列教育方针的前提下，大胆改革、勇于探索，想方设法改造现有的环境，或者开发利用不利环境中的有利因素。因此，环境决定培育工匠精神工作，培育工匠精神工作又改造环境。

（6）时间

在哲学上，时间被看成物质存在的基本方式之一。物质处在绝对的运动中，运动着的物质所固有的过程性、延续性和先后承续性，这就是时间。在培育工匠精神工作客体诸多要素中，无论是人的要素还是物的要素，无一不同时间有关，或者说都在时间中运动、转换、匹配。因此，培育工匠精神工作的客体要素也包括时间。因为时间本身是不会被人所改变的，所以，时间不会随人的意志而改变其固有的不可逆性；要使大学生充分认识时间的价值和提高时间的使用效率，就要求教育工作者对大学生进行时限控制、时机选择和时效教育。大学生是在一定的时间中活动的，因而开展培育工匠精神工作时不仅要引导大学生思想和行为，还必须对其活动的时间期限做出规定，否则就谈不上科学化的培育工作。即使对活动所涉及的物和信息，也应当有时限控制，超过规定时限的有些物资可能变质，有些信息可能失效。时机选择是引导或指示大学生恰当选择和准确把握某种机遇，充分发挥时间的效率价值，达到在正常情况下所达不到的目的。时效是指相同时限内的不同工作效率。时效教育就是向大学生灌输时间就是效率的观念，引导大学生抓紧时间学习和参与相关社会实践活动，在短时间内发挥出最大的效益。虽然时间对每个人是平等的，时间本身具有不以人的意志为转移的客观性；但是人对时间价值的认识和利用时间的方式又大有差别。当代社会，随着生活节奏的加快，教育大学生养成时间观念，学会有效的利用时间十分重要。

（7）信息

在自然界，虽然客观存在着多种多样相互关系的信息，而且这些信息客观地经历着传递、接收、处理和反馈的过程，但这一切只是"自然"地进行着的。信息是人类为了解、沟通外界客观对象以提高其组织性而开展的自觉活动。美国贝尔公司的申农博士认为，信息是消除随机不定性的东西。其通信功能就是消除不定性，信息就是用被消除的不确定性之大小来衡量。信息普遍存在于或者说依附于物质和活动之中，并对任何一种系统的组织和运行状态发生自觉或不自觉的影响。因此，在培育工匠精神工作中，为了防止内部混乱而加强其组织性，就必须收集大量信息、分析整理有关信息，利用信息来进行科学的预测和决策，调整控制其培育工匠精神工作客体，从而使组织系统内部保持和谐，建立与环境的稳态平衡。相反，如果以为信息看不见摸不着，不对信息加以收集整理，培育工匠精神工作就可能陷入"盲人骑瞎马，夜半临深池"境地，甚至导致主观蛮干。

综上所述，培育工匠精神工作客体，包含着诸如人、财、物、时间、信息、环境等多种要素，是一个结构复杂的多元动态系统。

2.培育工匠精神工作客体的基本特点

培育工匠精神工作客体作为是实践活动系统，具有实践的客观实在性、主观能动性和社会历史性等一般特征。它是作为培育工匠精神工作主体所作用的对象性客体而存在，同时又具有可控性、系统组织性等具体特征。下面就这些特征一一进行分析。

（1）客观实在性

培育工匠精神工作客体系统中的物、财、信息、环境、时间等因素，它们的存在都是客观的。作用培育工匠精神工作客体的人虽然是有目的、有意识的，但人的存在及其活动同样是客观的，同样服从于一定的客观规律。教育工作者虽然进行的是引导工作，但仍然不能随心所欲地对他们施加影响。培育工匠精神工作客体的客观性说明，培育工匠精神工作主体的一切活动，首先必须从客体的现实情况出发，遵循唯物主义的客观规律。如果不从培育工匠精神工作客体的现实存在而仅仅从工作主体的愿望出发，就会将工作引向错误的深渊。

（2）主观能动性

培育工匠精神工作客体的主观能动性，所指的就是培育工匠精神工作客体系统中大学生的主观能动性或自觉的主动性。这就是说，大学生既是培育工匠精神工作活动中受动的对象性客体，又是实践活动中能动的创造性主体。没有大学生的这种主动创造性，就不可能有真正意义的培育工匠精神工作活动。另外，即使在培育工匠精神工作活动中，作为工作客体的大学生也并非只具有客体的性质，很多情况下，有些大学生比如优秀学生也可能同时参与部分工作、甚至是决策工作，这种参与也体现着他们的主动创造性。如果大学生不主动发挥作为人的主动创造性，或者教育者不更多关注大学生的实际情况，大学生作为培育工匠精神工作客体就失去了它的活力因素，真正有效的培育工匠精神工作也就难以实现。

（3）社会历史性

培育工匠精神工作客体的社会历史性包括两层含义：其一是说，培育工匠精神工作客体系统及诸要素是在社会大环境中形成的，不可能脱离一定的社会环境孤立存在。或者说，培育工匠精神工作客体不是绝对封闭的系统，而是作为社会大系统的一个子系统与其环境进行物质、能量、信息的交换。如果脱离人类社会，人既不能作为客体身份进入任何系统，物也不能成为被人改造的对象或客体要素，二者更不能耦合为完整有序的培育工匠精神工作客体系统。其二是说，培育工匠精神工作客体及要素既然存在于社会大系统之中，那它将随时代的变化而不断变化，以保持它与社会环境的动态平衡。因此，在现实中，没有一成不变的抽象的培育工匠精神工作客体，只有变动的具体的培育工匠精神工作客体。

（4）可控性

培育工匠精神工作客体不仅具有普遍实践活动的客观性、能动性和社会历史性，同时还具有可控性。只有当培育工匠精神主体真正认识了客体的特点、性质、活动规律并有能力、有条件控制其活动，他才能成为现实的工作客体，才能从主客体的关系中获得客体的属性。

3.培育工匠精神工作客体系统的优化

培育工匠精神工作客体作为由人和物多种因素构成的复杂人工开放系统，还具有系统的若干特性。

首先，培育工匠精神工作客体的各要素不可能孤立存在，它们之间彼此作用，相互关联，具有相关性。这就要求教育工作者树立系统整体观，注意各要素之间或显或隐，或直接或间接的联系，防止就事论事和"单打一"的工作方法。特别是在对待人的问题上，更要注意其系统组织效应。客体中的人绝不是孤立的个体，而是彼此利益相关、声息相通的群体。因此，当我们在表扬、奖励或批评一个人时，不能着眼于一人一事，而应着眼于这一人一事对个人的影响、考虑到它的组织效应。如果教育工作者以为一人一事无关大局，放松必要的引导工作；或者就事论事，采用不适当的工作方式，结果都会从两个极端扩大事态而造成失控。

其次，培育工匠精神工作客体是一个全方位开放的开放系统，系统各要素与外部环境进行着多通道、多形式的物质、能量、信息、人员的交流。客体系统的这种开放性又要求培育工匠精神工作主体改变传统的封闭意识，树立现代的开放意识。只有敢于开放的工作主体，才有可能在不断的开放中拓宽有利于系统生存和发展的环境，在动态中维持平衡有序。相反，一味把自己封闭起来，不敢或不准工作客体与外界环境接触往来，可能在一个时期这个系统是稳定和谐的，但时间长了可能会导致组织的离散解体。

再次，系统总体效用不等于各元素的累加和，而是大于或小于各元素的累加和，其结果取决于系统要素组合结构的优劣。自然系统的结构组合是自然形成的，本无所谓优劣之分。培育工匠精神工作客体系统的组织结构则有优劣之分，如何判断组织结构的优劣和如何追求实现最优化的客体组织结构，是工作主体经常面临的重大课题。要做到培育工匠精神工作客体组织的最优化，必须遵守以下三点。

（1）培育工匠精神工作客体要素之间必须具有质的适应性

所谓质的适应性，是指客体诸要素应当可以实现互补，在素质上要能互相匹配和耦合。如果有的要素在质上不能与别的要素匹配，或者对别的要素起着"瓦解"变质的作用，这就叫缺少质的适应性，就不利于客体要素的优化组合。一个学校的培育工匠精神工作质量的高低，既取决于教师的思想文化素质，也取决于教材、教学设备、教学环境、实践计划、实习企业条件的好坏。只有将好教师同与之相适的教材、教学设备、实践条件在相容的教学环境中耦合为一个教学实体，学校才有可能成为一个组织优化的培育工匠精神工作系统。反之，如教师水平高于或低于教材水平，或教学设备和教学环境太坏，就不可能优化组合，不可能有好的效果。

（2）培育工匠精神工作客体要害之间必须具有量的适度性

所谓量的适度性，包括诸要素数量的最佳比例、各要素在空间的最佳位置和整个客体系统最合适的规模。同时，工作客体规模也影响到组合的优劣，规模过大或过小都不利于形成最优的组织结构。客体规模过大，工作主体难于操纵，容易失控；过小，主体人浮于事，也破坏上述的数量比例，同样不可能形成最优结构。

（3）培育工匠精神工作客体必须合理配置时间

时间是培育工匠精神工作客体存在和运动的方式，系统各要素总是在时间中结合并相互作用的。时间又是各要素组合效应的标量，因此，要素组合的时间结构对系统能力和系统效应有直接影响。时间结构大致又包括客体要素的活动时间、要素流通时间、参与者的自由时间和人、财、物、信息的闲散时间。在时间既定的条件下，合理配置时间结构应尽量扩大实践活动时间、适当增加参与者的"自由时间"，尽量缩短流通时间和闲散时间。

总之，为使培育工匠精神工作客体系统最优化，不仅要按照系统目标使各个要素在质上相互适应、量上合理匹配，还必须科学分割时间配置时间和控制时间。如果其中任何一个环节出了问题，系统要素便无法耦合为一个运动系统，"优化"自然也就无法实现。

四、培育工匠精神工作主体和客体的辩证关系

培育工匠精神工作主体和工作客体作为培育工匠精神工作大系统的两扱，其性质、结构和功能是完全不同、截然对立的。所有教育活动，皆是由相应的培育工匠精神工作主体和与之对立的培育工匠精神工作客体组成的。如果分不清培育工匠精神工作主体和客体，或混淆二者界限，就会产生思维和决策的混乱。同时，研究培育工匠精神工作主体和客体二者之间的辩证关系，可以从动态上把握培育工匠精神工作的实质。

1.培育工匠精神工作主体和客体相互依存

首先，培育工匠精神工作主体和客体作为培育工匠精神工作实体系统的两极，是以对方为其自身存在的条件。培育工匠精神工作主体之所以居于主体地位，是因为存在着可供他们支配的客体；工作客体所以成为被支配的客体，是因为必须追随、服从工作主体。如果没有培育工匠精神工作主体，就无所谓工作客体。没有培育工匠精神工作客体，也不可能形成工作主体。培育工匠精神工作主体和客体之间是一种相互依赖的关系，两者的性质和地位是相互规定的。

2.培育工匠精神工作主体和客体相互制约

人们常常就将培育工匠精神工作活动单方面理解为工作主体对大学生主动

施加的种种影响。其实，培育工匠精神工作活动绝非工作主体作用于工作客体的单向活动，而是二者相互作用相互制约的双向活动。在培育工匠精神工作过程中，工作主体也受到工作客体的作用和制约。

首先，培育工匠精神工作计划必须根据工作客体的现状做出，工作主体不能离开学生实际情况做计划。

其次，培育工匠精神工作计划的实施布赖于工作客体与工作主体之间的协调，特别有赖于作为客体的学生与教育者的合作。如果师生不能合作，培育工匠精神工作便无法施展。

再次，培育工匠精神工作主体的工作行为不能是任意的，他们也必须接受纪律的约束和相关人员的监督。如果任性妄为，一意孤行，学生就可能在活动中会出现各种形式的（公开的和隐蔽的）不合作行为。

因此，培育工匠精神工作绝不是工作主体单方面作用于工作客体的单向活动，而是工作主体和工作客体相互制约相互作用的双向活动。培育工匠精神工作不应仅仅理解为教育工作者的能动活动，而应理解为教育工作者和学生的互助合作活动。

3. 培育工匠精神工作主体和客体可以相互转化

培育工匠精神工作主体和工作客体在一定条件下可以相互转化，培育工匠精神工作主体和大学生的角色是互换的。在培育工匠精神工作中，人被划分为工作主体和工作客体两类角色。在特定的场合，工作主体和客体的划分是确定的，一个人或者扮演前者或者充当后者，而不能同时兼任两者，否则就无角色可言，也无从进行培育工匠精神工作。但是在社会活动的大系统当中，工作主体和培育工匠精神工作客体的界限又是相对的，一个人所充当的社会角色是多种多样、不断变化的。在具体的活动中，高校应当在条件允许的情况下，鼓励、支持大学生自主策划实践活动，丰富培育工匠精神工作内容。同时，大学生也要积极参与为培育工匠精神而设计的实践活动，并学会角色转换，在不同场合负相应的责任、做不同的事，尽量避免角色冲突。

4. 培育工匠精神工作主体和客体直接同一

培育工匠精神工作主体和工作客体在一定条件下具有直接同一性。培育工匠精神工作主客体的关系主要表现为两者外在的相互依存、相互制约和相互转化，甚至还表现为两者内在的直接同一，使二者结合于一人之身。所谓二者内在的直接同一，是指培育工匠精神工作主体以自身言行为工作对象，人既是培育工匠精神工作主体又是培育工匠精神工作客体，或者说教育工作者一身二任或二位一体。培育工匠精神工作不仅是教育工作者的事，也是广大大学生的事只有当主客体直接同一，人人都把自己既当成主体又当成客体，才可能把培育工匠精神工作逐步建设成为高质量的工作。

第二节　培育工匠精神工作主体和客体的矛盾展现

世界是充满矛盾的，矛盾存在于一切领域。培育工匠精神工作也是一个矛盾世界，培育工匠精神工作过程本身就是解决各种矛盾的过程。如在决策过程存在着主观目的和实现可能的矛盾，组织目标和社会利益的矛盾，智囊人员同决策人员的"谋""断"矛盾；组织领导过程，存在着上下级之间的矛盾、工作部门之间的矛盾、同级人员之间的矛盾；在调整控制过程，存在计划与执行的矛盾，环境和组织的矛盾，离散和协调的矛盾，等等。显然，这些矛盾的产生有其极为复杂的根源。那么，在上述各样的矛盾中，究竟有无一种贯穿培育工匠精神工作过程始终、决定培育工匠精神工作基本性质的矛盾呢？答案当然是肯定的，这就是培育工匠精神工作主体和工作客体之间的矛盾。这对矛盾决定着培育工匠精神工作的基本形式和基本性质、引发其他矛盾的产生并制约着其他矛盾的解决。因此，研究这一矛盾便成为研究培育工匠精神工作相关问题的一项重要命题。

在一般意义上，培育工匠精神工作主客体的矛盾是指充当主体的人同作为客体的人和物之间的对立统一关系。但是，对物的使用也是在对人进行培育时出现的。这样，两者的矛盾又可归结为培育工匠精神工作过程中人与人的对立统一关系，它分别表现为主体与客体在利益和责任、指挥和服从、纪律和自由、集权和分权、竞争和协调等五方面的对立关系。

一、利益和责任的矛盾

不同时代和不同国家的人有不同的需要，判断利益也就有不同的社会历史标准。责任作为与利益相对的概念，是指人们在社会中所承担的义务和应负的职责。如果不负责任就无权得到相应的利益；反之，不满足一定的利益，人们也就无责任可言。

培育工匠精神工作的开展，首先依赖于组织成员合理分担一定的责任和获得相应的利益。不承担一定责任，人就不可能进行有效工作，自然就无法满足单一个体的自身利益。因此，要保障培育工匠精神工作顺利进行，就必须申明系统内每一个要素成员的责任和义务，同时满足要素成员应得的利益。其中，教育工作者有其工作的责任和与之相应的利益，大学生也有其参与责任和与之相应的利益，只有当二者各尽其责、各得其利的时候，主客双方才能耦合为一个动态组织系统，培育工匠精神工作才得以持续有效地进行下去。

但是在培育工匠精神工作中，利益和责任常常又是不统一的。这是因为，利益作为满足人们需要的表现形式，它具有一种由外到内、由他人到自己的收敛性和排他性。如果缺乏有效的组织约束机制，无论是个人还是组织都会本能地唯利是图。同理，责任意味着向他人和社会做贡献，它具有由内到外、推己及人的社会发散性和自觉性，只有通过有效的组织约束和道德教化，它才能使组织成员树立责任感，对自己的行为负起与之相对应责任。培育工匠精神工作过程之所以无法避免这一矛盾，就源于此。培育工匠精神工作之所以必要，也在于通过相关活动可以使两者统一起来，避免大学生群体中出现唯利是图和逃避责任的现象。

二、指挥和服从的矛盾

"指挥"是一个组织学概念，意思是说教育工作者根据学校或者自己所处部门的统一安排指导学生开展教育活动的行为过程。"服从"则相反，它是指大学生接受上级的指令、按照上级的意图而运作的过程。培育工匠精神工作的基本原则，就是指挥统一、令行禁止。如果放弃指挥或者拒不服从，培育工匠精神工作就不可能进行。指挥无方或服从勉强，培育工匠精神工作也难以奏效。

在培育工匠精神工作实践中，指挥和服从不是自然达到统一的，而是在经常的矛盾运动中求得一致的，之所以会经常出现矛盾，大致有以下几个主要原因：

（1）资源分配不公

大学生因感到没有成就感而不愿参与到具体活动中来。在开展培育工匠精神工作时，如果在资源分配上处理不当，就会导致大多数学生成为看客，不利于活动落到实处。因此，在设计活动时就应努力让更多的大学生可以参与其中，这样学生才会有收获。

（2）价值观念不统一

教育工作者和大学生缺乏一致的价值观念。培育工匠精神工作不仅是少数教育工作者的事，更是组织所有成员共同的事业，它需要大家对组织目标取得共识，上下要有共同的价值观念。但是在实际生活中，人和人的社会地位、主观需要是不完全相同的，基于不同的社会地位和主观需要，各人的价值观念也不可能自然地取得一致。尤其是教育工作者和大学生，由于他们处在不同的地位，年龄、生活阅历的明显差异必然导致价值观念存在着明显的区别，二者经常发生观念冲突，这就可能导致教育工作者发出的指令被大学生曲解乃至抵制。

（3）个别教育工作者有权无威，滥用职权

培育工匠精神工作的指挥权虽是必要的，但指挥是否得到相应的服从则取决于掌握权力的教育工作者有无威信，指挥是否得当。只有既具有权威、又指挥得当的教育工作者，才能不仅从信息上而且从情感理智上沟通大学生，从而得到下属的信任、理解和拥戴。而有权无威的教育工作者，其指挥要么是强迫命令、滥用职权，要么朝令夕改、意气用事，其结果或者遭到下属的抵制，或者使人们被迫屈从或盲目服从。大学生的不配合必然导制指挥的落空；而屈从或盲从只是表面上的服从，同样也会使指挥失去真实的对象而成为虚假的指挥。

在培育工匠精神工作中，要做好相关工作就需要注意如下几点：

第一，在开展活动中的指挥不允许采取简单的强制命令，而应伴之以说服、指导和激励，使广大大学生心服口服、自觉服从。

第二，指挥应以上下共识为基础，服从则以真理为前提。反对不做调查研究的瞎指挥，提倡服从真理，尊重权威。

第三，力求指挥的正确和服从正确的指挥，为教育工作者和大学生的关系造成一种良性循环的格局。教育工作者越是充分考虑大学生的意志和服务于大学生的利益，大学生就越会自觉服从其指挥；同时，大学生越是服从教育工作者的指挥，支持他们的工作，教育工作者的指挥就会越有效，积极性越高，越能体现大学生的智慧和服务于大学生的利益。

三、纪律和自由的矛盾

要行使上级对下级的指挥，组织必须制定纪律；而要变盲从屈从为自觉的服从以发挥广大大学生的主动创造性，又需要自由。

纪律和自由是培育工匠精神工作中的又一对矛盾，两者也常常通过教育工作者和大学生的关系表现出来。所谓纪律，是为实现组织目标保证培育工匠精神工作有序进行而制定的各种行为规范，它主要是由教育工作者来监督执行。自由有多重含义，这里是对组织纪律而言，主要指大学生在纪律允许的范围内行动的自主性以及行为的自觉性和自律性。培育工匠精神工作之所以能够进行，既要有统一的组织纪律来规范人们的行为，统一大家的行动；又要有一定的自由，以使个人能独立地开展本职工作。没有纪律，就无法约束人们的行为使组织形成合力，自然也就做不好培育工匠精神工作。没有自由，组织成员的一言一行都得按教育工作者的指令行动，大学生就会因丧失自主性和自觉性而成没有主见的人，也实现不了培养有理想的青年大学生的目标。由此可见，纪律和自由作为矛盾的两个侧面，是相互依存、彼此作用的。培育工匠精神工作在一定的意义上，就是教育工作者代表的组织纪律和大学生代表的个人自由这两者之间的对立统一过程。但是，纪律和自由的对立统一运动不是自发完成的，它作为社会规律之一，必须通过人们的正确认识和有效培育工匠精神工作才能实现。但是，由于认识的偏颇和历史的局限，纪律和自由曾经长期被人们对立起来，在大学生培养工作的历史上曾出现过两种错误的工作模式：

一种是只强调纪律而排斥自由的工作模式。这种模式往往会将培育工匠精神工作片面地理解为对组织成员的纪律约束和行为强制，试图将大学生的一切言行都统统简单纳入工作的目标。在这种模式中，纪律就是一切，人们的一言一行无不受到组织的限制和监督。自由在这里没有合法的地位，大学生的主动创造性被看作不安本分而受到鄙视甚至遭到惩戒。持这种观点的人无法理解纪律和自由的辩证关系，长此以往，一方面因剥夺大学生的用正当渠道发表个人想法的机会必然引起他们的对抗或使之逐步失去主见，纪律无法起到真实的效用；另一方面也助长了教育工作者的专擅任性，使之我行我素。

另一种是只讲自由不讲纪律的自由主义工作模式。自由主义者肯定人的自我力量、尊重人的自由创造、批判专制主义蔑视人的种种观点，无疑具有部分的真理性，但是却忽略了团体章程和纪律约束的必要性和重要性，导致无政府主义倾向。

因此，在培育工匠精神工作中，教育工作者既要警惕无视自由只讲纪律的工作方式，注意尊重大学生首创精神，维护人们的自由权利，又要反对破坏纪律的极端自由主义，严格组织纪律，培养遵守纪律的良好习惯。

四、集权和分权的矛盾

所谓集权，通常是指把政治权力集中于中央。这是狭义的或政治学的集权。在培育工匠精神工作中的集权是广义的，它泛指一切培育工匠精神工作活动中将权力集中到各级组织进行统一指挥。分权则是它的对立面，意味下级组织分有上级的一部分权力，各自独立地行使一定的权力。

培育工匠精神工作之所以可能，首先在于培育工匠精神工作主体拥有统一指挥的权力，这就需要集权。如果工作主体不能集权，"大权旁落"，就无法进行统一指挥，组织就分割为一个个互不相属、无所适从的机械部分，主体就会因为失去所控制的客体而不复存在，培育工匠精神工作目标就难以实现。因此，自从人类有分工有协作以来，集权就有它存在的意义和价值。

但是，培育工匠精神工作绝不是工作主体一方面的活动，而是工作主客体双方的活动。从一方面看，教育工作者只有集中权力才能对作为客体的大学生施加影响，引导他们的行为；另一方面，被支配的客体又有其归他们支配的客体对象，也需有一定的支配权，是另一种对象的主体，因而客体就必须分有一定的权力。

集权和分权作为对立的双方，各有利弊，因此必须互相补充。集权的优点是思想统一、指挥集中，一定的集权还可促进决策的专门化，使某一职能部门能独立开展工作。其缺点是不可能事事都管到，对于学生培养过程中（尤其是实训环节）随时变化的情况及时全面地加以控制。分权的优势恰好是对集权的补充，它可以代替上级进行现场指挥，可以根据变化的情况随时做出应变的现场决策，以发挥职能部门和各级下属组织的自主性和创造性。其缺点是容易形成本位主义，滋生谁也管不了谁的分散主义，因此它又必须由集权加以限制。

在具体的培育工匠精神工作中，要使集权和分权恰当统一起来绝非易事，从辩证法的角度看，两者的适度平衡常常是通过不平衡来实现的。

使集权和分权统一起来是一个极为复杂的权力分配问题，值得我们深入研究。不过，总的原则是"大权独揽，小权分散"，"宜统则统，宜分则分。"

具体说来：第一，决策权一般应该被掌握在核心部门之手，否则工作目标就无法统一，形成分散主义；第二，在开展业务性质和工作程序大致相同的活动时，也宜集权不宜分权；第三，在特殊情况下，为加强某一职能部门的作用或使特定活动专门化，也应使之集权化；第四，为应付各种特定性事件，可以临时成立某种专门的领导班子，将平时归不同部门拥有的某种权力收归上级，集中使用；第五，上级组织无法决定和无力指挥的事，可以交给下级全权处理；第六，具体事务的执行权，应当适度授予下级事出突然来不及向上级请示的机动权。

要在培育工匠精神工作中使集权和分权统一起来，除去按照上述原则把握好上下各自的权力限度之外，关键还在教育工作者和大学生中要树立正确的权力观念，处理好上下级之间的关系。

五、竞争和协调的矛盾

所谓竞争，是指系统内成员之间或系统与系统之间为实现自身特定目的而展开的一种排他性活动，它具有扩散性、排他性、无序性和创造性等特征。相对于竞争的协调，则属于系统的组织活动或组织的系统功能活动之一，具有与竞争刚好相反的聚合性、协同性、有序性、保守性等特征。

在生物界和人类社会，竞争和协调作为两种互补的现象，是普遍存在的。在生物界，无论植物或动物为了自身的存在和发展，无时无刻不在争夺最合适的生存环境，彼此之间充满了生存竞争。正是这种竞争推动着物种的进化，显示了大自然的勃勃生机。不过，生物竞争又是弱肉强食，它同时又带来了负面价值，使物种之间和生命个体之间彼此疏远离散，表现出盲目的冲动，破坏着生物群落的有序。因此，竞争就需要协调来进行控制和补充。否则，竞争便无异于自杀

人类社会是由生物界进化发展而来的，社会生活也一样充满竞争。同生物界一样，社会竞争既是社会进步的动力机制又有其负面价值，同样需要组织协调加以补充控制。如果没有协调，人类社会也会在竞争中走向灭亡。但是，人类社会毕竟不同于生物，社会领域的竞争协调同生物界的竞争协调相比较，有着本质的区别：

首先，生物之间的竞争是由生命的本能冲动或生存需要引起的，它缺乏明确的目的性而显现出纯粹的自发性。社会竞争本质上是社会的，每一竞争的产生有着极为复杂的社会根源，是一种具有自觉意识的社会性活动。

其次，生物竞争是以弱肉强食的自然方式进行的，竞争者之间完全是一种你死我活的敌对关系。社会竞争虽然也有类似的关系和行为，但社会中通行的主要方式则不能简单定义为弱肉强食，竞争者之间的相依性是主要的。

再次，生物竞争也离不开"协调"，但这种"协调"主要不可能来自于生物自身或生物群落内部（高级动物群中的动物首领也有控制协调群体内部竞争的某些行为功能），而是来自竞争的外部自然环境。各类植物的共生现象、动物群成员之间的某种组织性，主要是由外部环境造成的。社会则不然，人类社会的每一种竞争都有相应的协调相伴随。而且，这种协调多是自觉的，是由某些人或组织来进行的。正是由于社会能自觉协调社会竞争，人类才不同于生物竞争，社会才有序地组织起来，让大学生理解上述问题也是培育工匠精神工作的重要任务。

可见，社会竞争和社会协调是社会组织的两种机制。前者是社会组织的动力机制，后者是社会组织的调控机制。在培育工匠精神工作领域前者主要表现为大学生之间的关系，后者主要表现为教育工作者对大学生之间的关系；前者多由大学生的活动来进行，后者则属于教育工作者的职责。所以，社会竞争和社会协调之间的关系也体现了培育工匠精神工作主体和工作客体的关系。认识两者的矛盾并寻求解决矛盾的途径是培育工匠精神工作的一项重要内容。

在培育工匠精神工作领域，竞争首先表现为带有竞赛性质的活动中组织内部广大大学生之间的同级竞争，主要有争荣誉、争自我表现等等。与竞争相反的则是不争、退让，如让利让名、不争利而争贡献等等。无论是争或让，都不能笼统地说谁是谁非、孰好孰坏，而应做具体分析。不过一般来说，竞争才能打破平衡、拉开差距，形成人们行为的压力或动力，免于组织系统处于平衡状态而失去发展的生命活力；相反，以为争是恶而讨厌争，抱着与人无争的消极宗旨一味以退让去求得人际关系的平衡，对人对事不加分析一概反对竞争，这实际上是缺乏竞争进取意识的处世哲学。当然，竞争既带来了活力，也引起了麻烦，既打破平衡，又可能带来组织内耗和混乱。尤其是竞争中一些极个别的大学生个体选择不正当手段，必然使人人相互防范而破坏人际的情感沟通和正常关系。这时就需要教育工作者进行协调。防止人与人之间出现这种不正当竞争的基本原则不是取消竞争，而是批判不道德的竞争行为，确立公正平等的竞争原则。为此，教育工作者既要明察秋毫、辨别好坏，更要敢于坚持公正原则和确立切实可行的平等竞争准则。

培育工匠精神工作中，既要提倡竞争、保护竞争，又要协调好竞争，避免可能引起的组织混乱，对竞争进行控制和引导。如果对竞争协调得当，组织就呈良性的有序循环，培育工匠精神工作主客体之间也相得益彰。相反，如对竞争不闻不问、放手不管或对竞争横加限制，其结果不是使工作走向混乱无序，就是使培育工匠精神工作缺乏创新活力。因此，教育工作者需要时刻注意：竞争必须合法合理，不允许采取损人利己的手段来打击别人；竞争在本质上是一种竞赛协作关系，而不足敌对关系。教育工作者可以依靠培育工匠精神工作有效协调竞争，解决集体和大学生个人、大学生个人和个人的利益矛盾，使培育工匠精神工作主客体关系高度统一起来。

第六章　我国高职院校如何培养工匠精神

在当前劳动力成本优势逐渐消失的情况下，想要适应新常态的要求、继续保持竞争优势、建立令世界尊敬的中国制造，就必须要培养具备工匠精神的中国劳动力大军。作为输送高素质技能型人才、已成为实现"一带一路""中国制造2025"等国家战略的重要保障的高职院校，培育具有工匠精神的技能型劳动力后备军，显得迫在眉睫、势在必行。

第一节　培养高职学生工匠精神的重要性

在高职教育中融入工匠精神，对学生的工匠精神加强培养，有着重要性以及可行性。用"工匠精神"涵养高职生，具有多方面的重要意义。这是中国由制造大国走向制造强国的必然选择，也是职教自身发展和学生未来成长成才的需要，此外有助于推动社会文化的健康发展。总之职业教育是与企业发展、科技进步、社会繁荣紧密关联的教育类型。重振、培育工匠精神自然离不开职业教育。眼下，确有不少职业院校不够重视学生工匠精神的培育，迫切需要尽快补上短板，走出过重视技能传授而忽视职业素养培育的误区，让工匠精神在职业教育中扎根，进而对经济发展和科技进步产生"蝴蝶效应"。

一、"工匠精神"是企业发展，民族工业振兴的重要保障

"工匠精神"自古有之，中国几千年来涌现出了不少能工巧匠，凭借对技术的刻苦钻研，有了"四大发明"等对世界的巨大贡献，几千年前的有些技术甚至让现代人都望尘莫及，如越王勾践剑的"精密铸造、防锈、防腐、错金"等工艺，使其出土时仍寒气逼人、锋利无比，历经两千四百余年，仍然纹饰清晰

精美，被誉为"天下第一剑"，堪称我国国宝。新中国成立以来，中国人民也正是凭着"工匠精神"奠定了中国的工业基础，在艰难的环境中造出了原子弹、导弹，捍卫了中国国防，同时中国人民也造出了人造卫星，使"神州"飞船上天，"蛟龙号"潜艇下水。

上述这些成就都值我们骄傲，但由于我国建国时间不长，工业基础相对薄弱，工人素质参差不齐，在工业蓬勃发展、规模扩大的同时，在工业制造的某些领域忽视了对产品质量的把控，导致了比较严重的后果。

1. 企业生命周期较短

据美国《财富》杂志报道，美国中小企业平均寿命不到 7 年，大企业平均寿命不足 40 年；中国中小企业的平均寿命仅 2.5 年，集团企业的平均寿命仅 7-8 年。美国每年倒闭的企业约 10 万家，而中国有 100 万家，是美国的 10 倍，不仅企业的生命周期短，能做大做强的企业更是寥寥无几。

2. 产品信赖度不高

中国产品在同内外市场上也存在一定的诟病，导致国内很多消费者对国产的商品信心不足，千方百计购买外国产品，即使是出国旅游也往往出现在国外"暴买"的现象，如中国人赴日本、韩国等国旅游出现疯狂购物的现象。而时"工匠精神"强调的正是对产品精益求精、精雕细琢，对产品品质的追求。因此，重拾"工匠精神"，让中国制造出高质量、高品质的产品，不仅可以赢得国内外消费市场，使企业做大做强，而且可使中国制造享誉全球，从而振兴我国的民族工业。

二、"工匠精神"是顺应国家政策和制造业发展的必然要求

2016 年 3 月 5 日，国务院总理李克强在《2016 年国务院政府工作报告》指出，"鼓励企业开展个性化定制、柔性化生产，培育精益求精的工匠精神，增品种、提品质、创品牌。"这是"工匠精神"首次出现在政府的工作报告上。为什么总理要如此慎重地提出工匠精神？答案不言而喻。因为中国众多企业缺乏工匠精神，所以提倡以共勉。时至今日，高铁、大飞机在中国相继被制造出来，而 1895 年已经被发明的圆珠笔的"圆珠"，中国至今仍需要进口。

古语云："玉不琢，不成器。""工匠精神"不仅体现了对产品精心打造、精工制作的理念和追求，更是要不断吸收最前沿的技术，创造出新成果。在互联网时代下，制造业的社会地位受到了一定程度的削弱，有些人认为再提"工匠

精神"已经落伍了。但正如《中国制造2025》所指出的，制造业是国民经济的主体，是科技创新的主战场，是立国之本、兴国之器、强国之基。目前我国制造业还存在着大而不强、产品档次整体不高、自主创新能力弱等问题。要实现《中国制造2025》确定的目标和任务，从"制造大国"变为"制造强国"、从"中国制造"转向"中国智造"，尤其需要培育和弘扬"工匠精神"可以说"工匠精神"代表着一个时代的气质，坚定、踏实、精益求精，工匠不一定都能成为企业家，但大多数成功企业家身上都有这种工匠精神。

三、"工匠精神"是高职教育改革发展的必然趋势

"工匠精神"追求产品的卓越品质，是治企之本，是振兴中国制造业的动力之源。当今世界工业强国如日本、德国、美国等发达国家，其产品质量做工精细考究，其原因是企业的精品理念和人员工作的一丝不苟、追求完美的态度。这些国家的从业人员常将本职工作的好坏与个人荣辱相联系，即便是十分不起眼的工作也力求尽善尽美。其实，这归结于这些国家职业教育中对准职业人灌输的职业精神教育。

随着国家对"工匠精神"的高度重视，如何培育大批具有这种精神的人才，也将逐渐成为国家和社会关注的重点。高等职业教育是以就业为导向的高层次职业准备教育，旨在培养生产、建设、管理和服务一线需要的具有较高职业素质的专门技术人才。在当前我国高等职业教育面临的诸多改革和发展的困境中，"工匠精神"培养也必然成为高等职业教育改革和发展的突破口。此外，高职学生未来的成长和发展需要学生具备多种职业素质，而"工匠精神"所涵盖的"精益求精、注重细节、严谨、一丝不苟、耐心、专注、坚持、敬业"的精神品质和特点不仅可以使学生在求职应聘增强就业能力，使学生从人数众多的求职者中脱颖而出，成功求职。而且在实现由学生转换为员工的角色之后，良好的精神品质和较强的职业核心能力也可以让新员工尽快适应岗位的需求，为公司创造出更高价值和利润，得到公司的肯定，获得职业生涯的可持续发展。因此高职院校要大力加强对学生"工匠精神"的培养和塑造，以满足高职大学生工作后可持续发展的需要。因此，在高职教育中融入"工匠精神"不仅顺应了国际制造业发展的趋势，符合国内经济转型升级的需要，也有利于学生综合素质的提升和未来职业的发展。

第二节　高职院校培育工匠精神的研究现状与反思

近年来，学术界对于职业教育中的工匠精神进行了大量研究，研究的主要内容涉及工匠精神的内涵及其培育意义、职业教育中工匠精神缺失的归因分析以及职业教育培育工匠精神的路径这些研究取得了一些成果，但也存在不足，在后续研究中，我们应该进一步明晰工匠精神的结构划分依据，要重视工匠精神在学科教学中的渗透和工匠精神培育的实证研究。

2015 年央视新闻推出《大国工匠》专题片，弥足珍贵的工匠精神在社会上引起强烈反响。在 2016 年《政府工作报告》中也提到了鼓励企业"培育精益求精的工匠精神"，这充分体现了国家对工匠精神的高度重视。随即，理论界对工匠精神的关注迅速升温，有关工匠精神与职业教育的研究纷纷进行。这些研究对于职业教育借鉴、吸收和弘扬工匠精神至关重要。

一、职业教育中工匠精神的内涵研究现状

工匠精神的内涵和特征的分析对于如何在职业教育中融入、体现和弘扬工匠精神至关重要。对此，学者们尝试从各自的角度进行阐释。从目前的研究来著，主要有两种阐释方式，一是对其主要特点进行概括性的分析，二是对其内涵与特征的结构进行分层。

就前者而言，研究者认为工匠精神是一种职业态度和精神理念，是工匠对产品精益求精，并不断创新的精神品质。工匠精神表现为：对职业的认可和热爱，对职业成就的渴求，对职业的热心、专注，对职业的务实、潜行，对职业极限的挑战、创新。工匠精神具有热爱本职、吃苦耐劳、精益求精、务实创新的特征。或者具有追求精益求精、严谨、耐心、专注、坚持、专业和敬业的特点。有研究者认为，对于工匠精神而言，崇尚劳动、立足本职是首要意涵；精益求精，追求卓越是核心意涵；钻研技艺、传承创新是应有意涵。由此可见，大家共同认同的内涵包括敬业乐业、精益求精、传承创新等。

就后者而言，研究者从不同的立足点对工匠精神的层次进行了多样性的划分。有四种代表观点：

第一种观点认为，工匠精神的内涵可归纳为三个层面：敬业、乐业和专注。

敬业指对工作认真负责，并对自己的工作态度和工作质量有较高的追求；乐业指有高度的职业自豪感，享受自己的工作；专注指对工作任务的投入度和追求精益求精的奋斗精神三个层面从外而内依次递升，是人格和境界逐渐升华的过程。

第二种观点认为，工匠精神从人格心理层面是自尊自信，认同自身的匠人身份；专业技术层面是专注于提升自己的技艺水平；职业精神层面涵养了匠人的职业操守；价值情怀层面始终把关心人作为其核心。

第三种观点认为，工匠精神具有三个层次的内涵，一是"精于工"，即精湛的专业技艺。二是"匠于心"，即工匠要有独特的精神境界、精益求精的工作态度，强烈的专业追求和坚定的职业操守，并将其作为目标贯穿职业生涯始终。三是"品于行"，即工匠要有高尚的品行。

第四种观点认为，对工匠精神内涵与特征的理解需要从专业性、职业性和人文性这三个特征来认知工匠精神，才能对工匠精神有源于职业又高于职业，源于工业文明又进入后工业文明，源于教育又走出教育去看待的理想境界和形而上的追求。

二、职业教育培育工匠精神意义的研究现状

工匠精神在社会各个行业领域有其特定的意义，研究者对于职业教育中培育工匠精神的意义理解主要表现在四个方面。

第一，有利于职业院校改革与发展要从制造大国过渡到制造强国需要培育现代工匠，这对国家经济社会发展也有现实意义。在深化职业教育改革提出的目标下，培养学生工匠精神是职业院校改革、发展创新的必然选择。显然，这种观点是以国家职业教育的宏观趋势和职业院校生存发展为出发点，关注工匠精神与职业教育结合的社会意义。

第二，有利于职业教育推行素质教育研究者认为，以工匠精神为核心来组织实施职业素质教育，既是当前我国社会经济发展的需求，又是职业院校加强职业素质教育的需要，更是提升高职学生职业能力的需要。这类观点的特殊意义在于：把工匠精神与职教学生的素质提升和全面发展结合起来。

第三，有利于提升职教学生的社会竞争力。研究者认为，职业教育从生产、建设、服务等一线培养具有较高素质的应用技能型人才，这些工作需要学生具备开拓的创新意识、良好的职业精神、精准的专业特点，这些都是当代工匠精

神的体现。培养学生的工匠精神，有利于他们以专业身份承担社会责任。

第四，有利于提升职教学生的职业道德水平。研究者认为，工匠精神属于职业精神范畴，是职业院校毕业生的基本职业道德素养之一，也是人力资本的重要内容。培养培育工匠精神是其不断完善职业生涯规划、提升就业竞争力的现实需要，在研究者看来，职业道德水平是职教学生竞争力的重要组成部分，而工匠精神可以成为重要的教育内容。

三、职业教育中工匠精神培育的缺失归因分析研究现状

理论界对工匠精神的重视与实践领域工匠精神的缺失形成鲜明对比，研究者对职业教育中工匠精神缺失现象进行了剖析有研究者认为，文化歧视、社会变迁、教育体制缺陷、办学模式不当和工学结合不力等因素，导致我国职业教育中工匠精神培育的缺失。还有研究者认为，我国工匠精神缺失的原因在于：缺乏社会认同感，缺乏有效的培训体系，缺乏相关知识体系的积累和建设，以及职业教育本身存在缺陷。总体上看来，研究者认为导致职业教育中工匠精神缺失的原因主要包括教育自身原因与社会环境原因，

1.教育自身原因

（1）职业教育忽视学生可持续发展的需要

研究者认为，受"能力本位"传统思想的影响，各职业院校忽视了决定学生可持续发展的职业精神的培养认识上的不足，导致工匠精神培养未能完全渗透融入专业教学中，以贯穿人才培养的全过程。由此可见，职业院校过分重视人才市场对学生技能的需求，导致工匠精神在教育中缺位。

（2）部分学生缺乏专业认同

研究者认为，多数职教学生对学习专业知识和强化技能培养有较强的自觉意识，但对于职业精神的培养却不以为然；大多数学生缺乏主动学习、刻苦钻研的学习习惯和持之以恒、精益求精的毅力品质。导致这种现象出现的原因是因为很多职业院校的学生在专业选择过程中是被动的，为工匠精神的塑造增加了难度。

2.社会环境原因

（1）传统观念的束缚

中国传统教育和职业观念造成当代弘扬工匠精神的历史文化困境，对形成健康的现代职业教育理念和工匠精神的塑造构成了一定的障碍和束缚。相关研

究从历史和文化的角度分析了阻碍工匠精神培育的社会原因，这样的分析让我们深刻地认识到重塑工匠精神可能遇到的深层次挑战。

（2）复杂社会因素的作用

我国现行的升学机制缺乏开放性，教育的制度性保障不健全，不能实现优质资源向职业教育流动，职业院校"双师型"教师比例偏低，职业教育发展面临着体制机制的诸多约束。就业准入制度不完善，企业自身对职业精神的评价、激励、惩罚机制不健全，招聘员工的标准多为对技能的星化考核。这些都严重影响了社会形成良好的工匠精神的氛围。

四、职业教育培育工匠精神路径的研究现状

用工匠精神来促进职业教育，需要体现在具体的办学实践和教学实践中。重视运用综合的视角和多层次推进这一项工作是目前研究的一个特点，有的主张从校园文化建设、学风建设、人文素质教育等方面培养学生的工匠精神；主张将工匠精神在职业教育中做"精"、做"细"、做"强"，并将各方面结合起来；主张不但要确立工匠精神的战略层面，还要与实践教学、"双师型"师资队伍建设等方面结合起来。还有一些关于工匠精神如何在职业教育中融入的研究提出了一些有侧重点的建议，主要包括四个方面。

1. 工匠精神培育与职业学校文化建设

工匠精神与职业学校文化建设是相辅相成的关系。研究者主张在校园文化建设中，通过利用高素质、高涵养、高标准的工匠精神，彰显职业院校校园文化建设的特色。在工匠精神与学校文化结合的实现路径中，有研究者主张在校训中直接体现工匠精神的价值追求更有利于直观地把其价值符号化，便于学生理解和内化。

工匠精神在我国传统文化或地方文化中早已有之。有研究者结合实践案例提出在学校理念与文化建设中，将对鲁班精神的挖掘与对工匠精神的学习结合起来对于将地方文化与工匠精神的培育结合起来，有研究者就主张挖掘红色文化资源，将其有机融入职业院校德育和素质教育工作中，以培育当代工匠精神。这些观点启示我们，在工匠精神的培育过程中要体现历史的厚重感，才有利于将其内化为价值观。

2. 工匠精神贯穿于教育教学过程中

职业教育具有特殊性，研究者重视在实践教学、产教融合、校企合作、现

代学徒制人才培养模式等方面培养学生的工匠精神。完善"校企合作，工学结合"人才培养模式，导入现代学徒制培育工匠精神。有研究者指出，职业院校要强化观念，深化课程及教学改革，增强实践教学与实训环节，把工匠精神贯穿于人才培养方案之中，落实到每一门课程教学与实践的环节里。为培育学生工匠精神积极营造氛围，努力培养出更多的"大国工匠"。

分析影响工匠精神培育的因素，对于在教育教学中实现既有的教育目的有重要意义，所以有研究者发现职业教育中存在巨大缺失的现象。因此，结合工匠精神内涵，从分析影响培育工匠精神的社会、学校、企业和家庭因素出发，探讨高职院校培育工匠精神的重要性，并为其发展寻求有效途径。

强调制度保障也是确保把工匠精神融入职业教育教学环节的重要依据，因此在新的时代背景下，职业教育构建工匠精神的载体与制度保障具有重要的时代性和现实性的意义。一些研究者提出，宏观上，要加强顶层设计，扫除机制体制障碍；中观层面上，要尽快构建"第三方"评价机制；微观层面上，要完善基于校企合作、产教融合、工学结合的现代学徒制人才培养方案。

3.在高职思政工作中培育工匠精神

工匠精神作为一种精神和价值，是可以传承和教育的。研究者必然重视将其与职业院校的思政工作结合起来，并在日常的思想政治教育和思想政治教育课中进行渗透。

高职思政教育更深层次的目标应该是发现、发掘和强化学生的创造潜力，启迪学生的创新性思维，培养学生的创新精神。在当今社会对人才迫切需求的时代背景下，高职思政教育应该把工匠精神培养与高职思政教育进行有效结合，这样既有利于高职学生的职业精神培养，也有利于高职学生的政治素养提升。

也有研究者主张，要高举理性的大旗，防止说教。有研究认为工匠精神用马克思主义实践观来解读，就是工匠的专业精神、职业态度和人文素养。还有研究者认为，高职教育的理性有两个维度，一是技术理性，二是价值理性。思想政治理论课在高职教育中，二者结合使其服务于专业精神、职业态度和人文素养的培育。

4.借鉴国外职教经验培育工匠精神

国外职业理念中的很多精神与我们所提的"工匠精神"具有相似性，借鉴国外的经验对于提升我国职业教育的工匠精神具有较好的参考价值。比如，借鉴日本"职人文化"和德国"工作伦理观"，将其与专业教学、实训课程、校园文化和校企合作相结合，着重在各行各业培育"人无我有、人有我优"的理念精神和"德才兼备、技术技能兼备"的高素质人才。

除了理念层面的借鉴之外，也应该重视对国外先进的职业教育管理模式的借鉴，以德国为例，研究者认为德国经验对我国的职业教育发展可以提供多方面的启示，比如重视企业精神在职业教育中的体现，重视利用合同管理为职业教育与企业合作提供制度保障等等。

五、职业教育培育工匠精神研究的反思

相关研究对于如何认识工匠精神与职业教育的关系，以及如何在职业教育过程中体现工匠精神都具有较好的参考价值。它体现了职业教育理论工作者对社会热点的关注，也是理论研究承担社会责任的表现，有利于了解实践领域反思相关工作的开展情况。与此同时，我们发现当前的研究中也存在一些有待完善的地方。

1.工匠精神结构划分的依据须进一步明晰

若要在实践中真正体现并落实工匠精神，必须对工匠精神的内涵和结构进行把握。目前的研究对这一问题进行了多样化的思考，研究者基于不同的视角得出了不同的划分结论。从一定程度上看，划分的标准有点混乱。而混乱的原因应该是研究者未能清晰地认识到工匠精神与上位概念和下位概念之间的关系，也未能寻找到其临近概念。

2.工匠精神在学科教学中的渗透需要具体化

目前的研究者对于工匠精神与学校文化建设

和思政建设讨论较多，对如何在实践教学中进行渗透也做了一些讨论。很少有研究者对于如何在专业学科的学习中贯穿工匠精神进行讨论。职教学生的专业意识和专业能力的培育虽然有多种方式，但是专业课程的学习是其主要方式。如果离开了专业课程的学习泛泛地谈工匠精神的培育，很难让教育者和学习者从现有研究中习得可以利用的操作性经验。

3.工匠精神培育的实证研究有待加强

目前，此类研究理论思辨较多，也有部分研究者结合一些学校的实践理论及工匠精神培育的实践案例。但很少有研究是基于培育的实践现状进行反思，并提出如何在学校的具体工作中进行改进和完善须知，工匠精神的培育本身就是一个实践性和现实性很强的问题，理论思辨不能代替实践操作，而实证研究

有利于把握工匠精神培育的现状和影响因素，也便于人们将工匠精神的理念与具体实践结合起来。

第三节　高职学生工匠精神的培养途径

培养高职学生的"工匠精神"是一项系统的工程，需要高职院校的不懈努力，更需要政府各部门的协调联动和全社会的关注、支持，要形成校企联合、社会联动的工作机制，多层次、全方位地进行整体推动。下面从社会、学校、企业几个角度对高职学生工匠精神的培养进行分析。

一、社会层面

从社会层面来说，培养高职学生工匠精神需要社会的指引和帮助，营造一个匠人职业受尊重的氛围，让广大高职学生热爱工匠职业，为成为一个匠人而感到自豪。这就要求社会弘扬"工匠精神"，使广大高职学生转变就业观念，并进一步健全奖励制度，提高职业的受尊重度。具体来说可以从以下几个方面进行。

1.弘扬"工匠精神"，转变就业观念

工匠精神是一种严谨认真、精益求精的精神。中华优秀传统文化中蕴含着丰富的工匠精神，大至"格物致知"的理念，小如"家有良田万顷，不如薄艺在身"的意识，都与工匠精神有着密切联系。回顾历史，从古代的鲁班、庖丁，到新中国成立后的八级工，我国一直不缺乏对工匠精神的推崇。20世纪五六十年代流传的一句歇后语"八级工拜师——精益求精"，反映了当时社会上对工匠精神的崇尚。但近些年来，"速度为王"成为一些地方和企业的时髦用语，工匠精神逐渐被忽视。除此之外，"官本位"的职业不平等观念在当前的中国社会还有一定的土壤，青年人大都不愿上高职院校，不愿从事技术性的职业也与此密切相关。

当今世界，凡拥有发达制造业的国家，无不重视工匠精神的培育。德国人素以严谨的工作态度著称。德国的现代化之路，从某种意义上说就是一条技术兴国、制造强国的道路；从内涵看，支撑这条道路的则是工匠精神。当欧盟其他国家经济处于衰退中时，德国经济却能一枝独秀、表现抢眼，这与德国人追求卓越的工匠精神密不可分。

当前，我国经济发展正处于转型升级的关键期，需要一大批具有"工匠精神"的匠人。基于此，政府和社会要注重通过新闻、报纸、广播、网络等新闻媒体对国外职业教育发展经验和"工匠精神"以及国内职业教育发展成果和一代优秀年轻工匠的典型事迹进行系列宣传和报道，让公众对"工匠精神"有个全面深入的认识，营造氛围，逐步打破职业不平等观念。彻底转变学生的就业观念，让他们知道匠人也是人才，社会需要"工匠精神"。

2. 健全奖励制度，提高职业尊重

俗话说，三百六十行，行行出状元。但从事任何一个职业的人都渴望自己的劳动得到肯定和尊重。近些年来我国经济实现了持续快速发展，机器正一步步代替手工，工匠精神逐渐被忽视了，工匠的地位有所下降，致使大多数人不再甘愿做工匠。

工匠也需要外界的肯定和自我荣耀感。在日本，制造者认为制作出一件优良的产品是自己的荣耀；如果由于自身疏漏而导致产品缺陷，即是耻辱。这种"荣誉法则"推动很多日本企业数十年如一日专攻一种产品、一门技艺，使其工业制造能力长期处于世界领先地位。

培育工匠精神，需要改善社会文化环境、完善激励制度。良好的社会文化环境应具备"四个崇尚"，即崇尚劳动，尊重生产一线劳动者的劳动；崇尚技能，让技能型人才有地位、有较高收入、有发展前途；崇尚创造，真正的工匠应富有强烈的创新和创造精神；崇尚"十年磨一剑"的理念，摒弃急功近利的思想。

同时，合理的激励制度能够促使产业工人养成精益求精的习惯，最终形成体现工匠精神的行为准则和价值观念。政府相关部门要健全激励工匠的激励政策，对于具有"工匠精神"的高技能人才进行定期奖励，引导人们对于"工匠精神"的追求。围绕产业工人的培训、奖励、社会保障等建立完善的制度体系，转变"重装备、轻技工，重学历、轻能力，重理论、轻操作"的观念，逐渐形成培育工匠精神的良好土壤。其中，奖励政策可以包括提高工资水平、提高福利待遇和表彰奖励等，也可以制定各级各类"千人计划"和"万人工程"匠人拔尖计划，将做出重大贡献的工匠纳入相关项目，对被纳入其中的工匠进行定期培训、享受相关津贴等。通过政策激励使社会对工匠有一个全新的认识，提高社会对其尊重程度。

二、学校层面

目前，高职院校以培养学生技能为主，对于学生的职业精神的培育还较为欠缺。在新的时代背景下，学校是培育学生"工匠精神"的主要阵地，学校职业教育人才培养体系必须将以"工匠精神"为核心的职业精神融入其中，并凸显其在"文化育人"中的中心地位，发挥其育人功能，这是实现"制造强国"的基本路径，也是产收业级发展的必然要求，更是当前高职教育所要担负的历史使命。想要更好地培养学生工匠精神，学校需要从学生观念、校园氛围、教学内容以及教学实践几个方面入手。

1.通过思政教学提高学生的职业道德观

在高职院校，思政课和创新创业课是直接改造学生的思想课。在讲授职业道德和职业精神时，学校可以通过教师讲解、学生讨论、成功人士讲座等多种方式和方法，加强对学生的思想境界教育，增强学生的思想意识，要让学生明白工匠精神的基本知识点，还要让学生明白工匠精神的价值与作用，要使其理解发扬工匠精神对个人成长和发展的重要意义。这样有利于学生形成良好的心态和积极向上、精益求精的职业态度，从而提高自身的综合素质，有利于自身的健康成长和快速成才。在工匠精神专业人才短缺的背景下，我们必须把职业道德观念融入思政教学课程的全过程，坚持社会主义核心价值观与工匠精神的有机结合，培养学生的职业道德观念；加强工匠精神教育，把专注、创新、严谨、责任等思想观念融入高校思想政治理论课教学中，激发学生的学习兴趣和工匠意识。

2.在专业教学中融入"工匠精神"

学生的专业素养不仅包括专业技能，也包括专业精神。因此，专业课教师应该认真思考如何利用专业课提高学生的职业精神，培育其工匠精神。专业精神的养成与否直接决定着学生的专业能力，在很大程度上决定了毕业生就业、择业时给用人单位留下的第一印象。所以专业课在考核专业技能的同时，也必须加强对专业精神的考核，将专业精神融入专业课程教学考核考评之中，用量化、细化的考核细则对其进行评价。

学校是学生学习知识的主要场所，老师是知识的传授者，正所谓，师者，所以传道授业解惑也。作为学生接受知识的最主要方式，教师要充分利用实训课的机会，对学生的专业精神进行全方位的引导教育，通过实训作品的评比，结合工匠精神有关知识点，介绍优秀的实训作品；通过潜移默化的方式，让学生感悟工匠精神；通过工匠精神的培养，进一步提升高职学生的专业能力和专业水平。在教学过程中，学校要形成以专业教育为切入点、以工匠精神教育为辅助的专业教学体系。工匠精神是高级技工的基本素质。高职院校必须充分认识到这一点，努力成为培养工匠大师的摇篮。就未来的发展来看，高职院校应将坚持教学改革，在教学体系、课程设置、实训练习和顶岗实习等教学环节中融入工匠精神，完善人才培养方案，坚持职业标准，增强专业认知，对学生开展专业、专注、个性化培养。

（1）专业课程教学渗透工匠精神

专业课程的教学要兼顾专业和职业特点，专业教师要研究和分析本专业学生必须具有的职业素养，以就业能力为导向，在专业课程教学的目标、过程和评价等环节渗透工匠精神。在知识体系上，特别强调基础、成熟和适用的知识，把工匠精神的培养和专业理论课程教学紧密结合，创设职业问题情境加强职业道德训练，介绍行业发展史、推进小班化教学。

（2）实践技能训练体验工匠精神

工匠精神培育要和实践教育、技能训练相联系，学生才能深切感受到它的价值。要考虑学生的个性特长、专业方向等影响因素，突出个人能力的发展，使学生在精通一门技艺的基础上掌握职业迁移能力。深化实训教学，继续推进与专业相关的校内外生产性实训基地、实训室建设，在日常教学中通过职业角色扮演，在细节中培养学生的职业精神。通过毕业设计、社会实践活动、社会兼职，让学生在劳动过程中进行不断探索、创新，为学生搭建提供更多工匠精神培育的实践平台。

一是重视课堂实践。充分发挥思政课、职业素养、就业指导等课堂的育人主阵地功能，围绕"工匠精神"设计一系列课内实践教学环节。

二是丰富校园实践。完善组织管理方式，逐步形成职业院校教务处、学工部、学校团委等部门协调配合的实践教学工作机制，定期开展以培养学生"工匠精神"为主题的校内实训基地实践活动。

三是拓展校外实践。高职院校要积极争取社会的广泛支持，整合实践教学资源，形成一批相对稳定的校外实践教学基地。通过组织学生定期校外实践，培养学生的"工匠精神"

此外，工匠精神离不开社会认同，而社会认同离不开工匠的为民服务。通过组织学生"走出去"，利用本地社区、广场、公园等场所，开展紧贴群众生活的服务活动，让群众感受职业教育服务美好生活，既能高大上，又能接地气。

（3）现代学徒制传递工匠精神

要切实通过现代学徒制，组建一支由企业高工、行业专家、专业教师融合的教学团队，让名师巧匠对学生进行一对一、手把手的指导，在真实的工作环境、任务规则下言传身教，培养学生对职业的敬畏、对技艺的执着。要进一步依托产教联动、校企合作，使学生及早适应企业、社会工作；并通过融入社会的生产实际，培养学生对新设备、新信息、新技术的敏锐度和求知欲。要充分利用好顶岗实习，结合企业和岗位的特点，加强职业精神教育，对学生实施动态考核。

（4）"互联网+"提升工匠影响力

"互联网+"时代，紧扣工匠的主题，充分利用新媒体强大的信息传播功能，致力于建设官方微信、微博等平台，将工匠精神在学生中进行广泛传播，从而强化了培育学生工匠精神的效果。一是分批次、分时段在官方微信平台推送了多篇心灵鸡汤，在班级微博中推送了大国工匠等相关内容；二是搭建校园BBS师生交流互动和网络文化活动的服务平台；三是在QQ、微信、贴吧等网络载体上开展了形式多样、丰富多彩的活动。

高职院校技术技能型人才的培养需要工匠精神的引领，而作为身处教育一线的高职院校辅导员，也只有将工匠精神引入学生日常教育，积极探索培育工匠精神的新形式和新方法，才能为国家育工匠，为制造业树典范。

3.通过加强校园文化建设弘扬工匠精神

校园文化环境是融合教育与艺术的一种会说话的空间，校园文化则是以全校师生为主体，以校园活动为载体，以校园精神为主要特征的群体性文化，它对学生有潜移默化的影响。作为一种教育文化氛围，校园文化是培育工匠精神的有效载体。要在校园文化层面融入工匠精神，通过精神文化、制度文化、物质文化和行为文化建设，帮助学生树立正确科学的职业理想，让工匠精神真正扎根于大学校园的沃土。

（1）精神文化建设涵化工匠精神

要通过校训设计活动凝练学校精神，设计"校训"主题文化活动，深化校风建设，着力推进学校精神塑造工程。要发挥校园文化对工匠精神养成的独特作用，推动优秀产业文化进教育、企业文化进校园、职业文化进课堂，组织具有工匠精神的社会成功职业人士和优秀校友专题报告、经验分享和工作展示，着力推进职业素质养成工程。融入区域文化特点，深化区域人文精神培育；建立文化传播阵地，开展博雅教育，组织文化讲座、论坛和展示，弘扬中国传统工匠文化；打造书香校园，建立校内外素质教育基地，丰富具有工匠精神的素质教育特色活动。

（2）制度文化建设塑造工匠精神

要在日常教育教学过程中，积极引入行业、企业的管理体制和规章制度，将有关的操作规范和要求张贴在显眼位置，让学生了解并适应企业的管理方式；在制定校规校纪、管理制度、奖惩制度等各项规章制度时，要体现"高技能""应用型"等职业特点。要通过现代大学制度建设，引领现代工匠精神塑造。加快推进职业教育治理体系和治理能力现代化，优化内部治理结构，完善符合高等职业教育发展规律同时体现学校特色的大学章程，建立健全各类运行制度，推动科学、规范、细致、严谨的工匠精神培育。

（3）物质文化建设传导工匠精神

要借鉴国内外职业教育优秀文化成果，推进文化交流共享，讲好工匠故事，传递文化力量。要将行业要素、职业要素融入有形的物质建设中，继续推进以职业特点给校园景观、道路、楼宇、文化阵地命名的工作，充分利用条幅、提示板、雕塑、文化长廊等载体，使标语引导、图片说话、墙壁提示、挂像感召，让师生觉自愿地感受和体会工匠精神。要优化文化景观建设，努力形成若干突出工匠精神内涵、体现学校特色、与校园环境相协调的重点景观，让学生置身于校园的每一个角落，都能切身感受以工匠精神为内核的物质文化的熏陶。

（4）行为文化建设彰显工匠精神

要精心培育具有学校特色、反映学校师生价值追求的优秀文化活动品牌，努力形成符合广大师生"工匠精神"养成需求、思想性和艺术性相统一的优秀文化活动体系。推进大型活动精品化、中型活动特色化、小型活动经常化，紧密结合工匠精神培育，建设和发展文体文化。推进仪式活动的形式改进与内容创新，加强对工匠"敬礼"的各类仪式文化象征意义，发挥仪式的文化育人功能，建设和发展仪式文化。

三、企业层面

"工匠精神"需要在实践中不断养成，企业理应成为培育学生"工匠精神"的土壤。校企要不断探索现代学徒制教育教学模式，完善其相应体制制度，才能帮助企业发挥好学生"工匠精神"培育的重要作用。

1. 发挥师傅角色作用

在师徒关系中，师傅对徒弟的影响是多方面的，其主要表现在三个方面：职业生涯、社会心理和角色模范。

（1）职业生涯是指师傅给予徒弟学习上的指导，从而对徒弟的职业生涯规划产生潜移默化的影响。在这一过程中，师傅在传授技能给徒弟的过程中会逐步将"工匠精神"内化到教育过程之中。

（2）社会心理是指师傅帮助徒弟建立一种身份认同感、胜任力和效力的心理职能。师徒之间往往亦师亦友，师傅可以通过在生活中给予徒弟认可和关怀来提高徒弟的积极性和工作热情，培养徒弟认真负责、刻苦钻研的工作态度。

（3）角色模范是指师傅的技术专长和职业操守，可以作为徒弟的模范和榜样。通过富有"工匠精神"的角色模范师傅，对徒弟会产生潜移默化的影响。

2. 完善顶岗实习考核

要发挥企业"工匠精神"育人功能，企业要不断完善学生顶岗实习制度，将学生的知识技能与职业素质表现考查相结合，注重对学生"工匠精神"等职业素质的考查，重点考查学生对工作是否有认真负责的工作态度，精益求精、独具匠心的精神以及刻苦钻研、学而不倦的工作作风。

第四节　高职院校培育工匠精神的对策

要培养符合当代中国发展目标的工匠，在高等职业院校中构建有利于培养企业用得上的高水平青年工匠的教育体系就显得十分必要。培育高水平青年工匠是一项系统性工作，培养在校大学生的专业技能和素质是基础。目前很多高等职业院校都在原有的教学体系上，通过建设"双师型"队伍把原来长于理论教学的教师队伍逐步转化成理论水平高兼具备实践经验的教师队伍，通过"请进来"——邀请优秀工人技师进课堂、"走出去"——创造学生进入企业顶岗实习等办法，全面提升学生专业技能和素质，努力实现学生毕业后就能进入生产一线工作的目标。

培育工匠精神则是许多高等职业院校面临的新课题，构建一个相对独立又与原有教学体系相结合的学生培养体系是实现培育工匠精神目标的关键。下面重点探讨构建上述教育体系的原则、教育方法、基本对策以及具体的教学内容。

一、构建工匠精神培养体系的原则

构建有利于工匠精神培养的教育体系是一个系统的工程，笔者认为，在开展工匠精神培养过程中有一些原则需要遵循，其中比较典型的原则如下：

1. 科学性原则

工匠的生产实践活动是一种典型的改造社会的工作，是人类创造人化社会的集中体现。有人认为工匠的生产实践活动与科学原理关系不大，事实上这种观点是不正确的。在人类解决问题的过程中，科学是任何环节都不可缺少的。科学性原则也是包括工匠的生产实践活动在内的一切社会活动的第一原则，工匠精神培养作为为培养工作的组成部分也不例外。在工匠精神培养工作中，科学性原则主要体现在以下几个方面：

（1）工匠精神培养工作中所涉及的原理必须是科学的。

工匠的实践活动可能依托于产品、可能依托于技术、还可能依托于服务，但不论何种形式的实践活动都必须符合事物发展的客观规律。试想一个工匠把自己的革新目标定位到发明和生产永动机上，其成功的可能性就可想而知了。不仅如此，工匠的主体活动是生产实践活动，要保证商业活动的"科学性"，就需要规避国家法律、道德不允许开展的领域，就需要杜绝国家法律不允许使用的生产手段，就要遵循产业的发展规律只有这样才能保证工匠实践活动的健康发展。如果工匠在生产实践中偷工减料，甚至个别人置国家法律法规于不顾，参与制假等活动，这仲违反科学性原则的做法必将导致企业因违反法律而走向失败，也使工匠精神丢失殆尽。工匠精神培养必须要坚持科学原则，把学生培养成有社会责任感的人，而不是投机分子。这样，学生将来投身社会后才会成为对社会有用的能工巧匠。

（2）工匠精神培养工作的决策应该科学。

教育工作中决策是不可或缺的，在决策过程中要对目前掌握的信息进行分析判断。现代社会中的人类活动趋于复杂化，高校教育活动中涉及的信息越来越庞杂，仅仅靠经验进行判断显然是不行的。要更好地对信息进行处理，就要熟练地运用统计学的知识。完成了对信息的处理、分析，决策工作才会顺利进行。而要实施决策就需要提出一系列备选方案进行权衡、比较，如果没有现代管理学知识，备选方案的设计、权衡、比较也将无法进行。因此，方案决策必须以科学为基础，开展工匠精神培养工作要坚持科学决策。

（3）工匠精神培养工作的计划安排应当是科学的。

一个好的方案，如果没有具体的规划将不可能得到实施。任何方案确定之后都需要制定周密的实施计划，要分析清楚计划的关键环节在哪里？哪些工作是后续工作不可或缺的基础？哪些工作可以平行进行？哪些工作必须按先后顺序执行？在保证完成工作计划、达到工作目标的基础上，订立最好的可供执行的计划是计划安排的目的。要达到这一目的，活动的计划安排也应当是科学的。开展工匠精神培养工作，如果没有符合本学校特色、有针对性、系统的计划，就很可能照抄照搬其他先进学校的经验，成为"邯郸学步"的笑话。

（4）工匠精神培养工作的实施过程是科学的。

有了计划就需要具体的实施，而实施过程中，保证计划在实施中的执行效果和面对计划以外问题的及时处理是实施下作过程中的两个关键环节。要保证计划的执行效果，首先要有科学的工作态度，实施工作的负责人分清楚哪些工作是必须执行、不能变通的，哪些工作是自己有权决定的。面对问题，实施工作的负责人要首先判断当前所面临问题的性质。分清问题是自己可以做决定的，还是需要向上级或决策者反馈的。做出这些判断的基础归根到底还是科学原理。如果在工匠精神培养工作中不考虑课程的特殊性，而用传统教学的尺子去衡量，很可能违反工匠精神培养规律，把工匠精神培养工作引入歧途。

2.有限理性支配下的简单性原则

工匠精神培养工作是一项不可完全模仿和复制的工作，需要教育工作者进行理性的思考与判断，而人类所能够思考的范围是有限的。这时候，人类就要进行有限理性的思考，而在有限理性支配下的人就会选择简单性原则。开展工匠精神培养工作同样要坚持这一原则。

有限理性说强调理性活动者思考、推理、计算和认知能力的局限性，完整地说，就是决策者面临复杂的外界环境，在自身认知能力限度的限制下，力图达到一定目的的行为风范。高校教育工作正是有限理性说的重要表现形式。在教育活动中，人们既能看到教育者对外部环境的适应，更要看到教育者技能局限忭对适应过程的意义。有限理性说为教育者制定有效的决策、设计和规划，提供了规定性的原则。因此，"寻求满意"的原则（简称满意原则）已经成为教育领域中最重要的原则之一。而要寻求满意的结果就需要对问题进行简化。因此，努力使问题简单化和寻求满意是有限理性支配下人类活动的必然选择。这一点，值得教育工作者在工匠精神培养工作中注意。

在工匠精神培养工作中应用简单性原则的主要原因有以下几个：

（1）难以求得理论最佳结果是工匠精神培养工作应用简单性原则的客观原因。

在教育工作中，教育目标能否实现的重要条件是教育方案是否可行。教育方案的可行性是在设计教育实施方案过程中实现简单性原则的前提和基础。教育中的优化工作按任务目标分类一般可分为单目标设计和多目标设计。所谓单目标优化是指需要解决问题的中心目标是单一的优化设计问题。所谓多目标优化是指需要解决问题的目标是多个或多个目标重要程度基本相当，必须全面考虑。教育活动中是以实现目的为表现形式的工作，一般是多目标优化问题，优化是贯穿在教育者教育工作始终的一个过程。"最优化"是典型数学的概念，在教育活动中实现"最优化"就是实现理论上的最佳，教育活动中绝对最优化是不存在的。

高等院校的教学工作很难模拟工匠生产实践活动的全过程，因此，选择简单性原则用简化的模型、案例开展教学是一项有效手段。

（2）思维习惯性是工匠精神培养工作中应用简单性原则的认知原因。

环境心理学在研究行为性时发现，人有"走捷径"的行为习惯。同样，在思维中也存在着"走捷径"的习惯，通过简洁的思维过程一下子得到思维结果，就是以长期经验积累为基础形成的经验直觉。这种经验直觉在大多数情况下是能够保证思维结果的正确性的。正是这种过程既简单又省力，结果基本正确的价值判断成为工匠精神培养工作中应用简单性原则的认知原因。确定何者第一、何者第二的过程，实际上是对一个复杂问题进行简单性判断的过程。因此，简单性原则成为优化的外在表现形式。

在理想条件下，人类的整个思维过程完全是具有理性的。在具体的教育实践活动中，涉及的与教育决策相关的主、客观因素很多。在参与判断的主、客观因素中，有可量化但难以计算的，也有不可量化的。对于这类情况的处理，就只能借助教育者的经验使用简单性原则进行判断。因此，在诸多因素的影响下，教育者很难完全按理性思维解决问题。在此情况下，教育者由习惯性思维所引起的简单性判断作用更大。所谓习惯性思维就是由于外界环境的影响，教育者根据个人的知识积累和经验，对具体问题做出判断的思维方式。由于这种思维是受教育者间有的思维习惯影响的，因此被称为习惯性思维。习惯性思维所反映出的思维特点时以被称为"思维的习惯性"，"思维的习惯性"是简单性原则成为工匠精神培养工作原则的原因。

由于思维习惯性的存在，教育者很难获得综合的、一致的效用函数，它对备选方案的价值考虑是受注意力支配的，注意力的影响就决定了教育者考虑范围的简单化。当教育者对教育中的问题进行分析时，他的价值考虑将集中在当前所面临的基本问题上。教育者的思维空间就被限制在待解问题系统这一有限范围内，不可能把待解问题系统之外的其他相关需求都同时加以考虑。即使同时存在多种需要，也要首先顾及其中最迫切的问题。有时由于条件过于复杂，甚至只重点考虑核心的需求目标。因此，教育者对备选方案的优劣衡量，不是依照某个囊括全部价值的效用函数，而是一个遵循简单性原则的部分效用函数。

由于思维习惯性的存在，教育者根本不可能真正寻找一切备选方案。在决策过程中，他们往往只考虑于做抉择最有关系的少数方案，这便形成了方案选择上的简单性。同某一事物有关的其他事物，尽管从原理上讲是极其大量的，但由于使用了简单性原则，人们只考虑其中的少数几件，而把其中大部分忽略掉了。比如，一个人在决定花钱买车时，考虑到的备选方案可能只限于购买本地区某几家商场里的某几种车，尽管他做抉择的客观环境还包括其他地区的另外一些车，甚至包括把这笔买车钱花到其他用场上去。

由于思维习惯性的存在，教育者在做任何决策即使是重要决策时，也很难把一切可能后果都认真考察一番。实际上教育者只是对备选方案的后果有着一般的了解，他可能会对一两个重要后果认真地加以思考，但绝不会去思考其余的无数可能后果，也可以说教育者不可能对诸多复杂因素——考虑。世界上的事物之间的联系原则上讲是普遍的，但人们在实际思考时只考虑很少的几个主要联系，这便形成了决策方案制定上的简单性。

由于思维习惯性的存在，教育者会主动寻求简单。因为教育者尽可能不同复杂性情况（通过优化方法实现简化）打交道，由于没有一致的效用函数，不考虑一切备选策略，也不考虑每个策略所可能导致的一切或然事件。所以，他在不同时期所做的决策很可能是不一致的。从连续推移的时间上看，即使侥幸获得"此时"之"最优"，等到"彼时"来看，很难仍是"最优"的了。所以，"最优"概念本身，对于受"思维习惯性"影响的教育者来说是很成问题的。放弃"最优"，选择"次优"，思维习惯性影响下的教育者思维活动体现出的正是典型的简单性原则。放弃"最优"，选择"次优"，教育者就实现了优化与简单性在工匠精神培养工作中的统一。

（3）目标性是工匠精神培养工作中应用简单性原则的动机原因。

工匠精神培养领域中的工作往往是以完成某一特定任务为目标，相当一部分工作几乎没有任何重复性。随着特定的终极目标的实现，工作即告一段落或完成。工作任务的一次性、非重复性决定了每次活动必须根据需要因时因地按目标的要求、环境的情况、当时的技术条件进行工作。具体的工匠精神培养的设计与实施是一种具体教学目的性条件下的活动，教育者由于受教学条件的影响，在选择方案时就会自觉以实际情况为标准选择最合适教学的方案（即从经济角度出发的最简方案）。因此，教育工作者思考时不可避免地带有目标性倾向，对目标实施条件进行选择与简化也就不可避免。这时，简单性原则就成为工作的首选思想原则。

对于工匠精神培养工作中的具体项目和课程教学任务，完成任务的时间、资金、人力、物力都有要求。这就决定了实施方案设计不可能完全是理论上的设计，设计中常常出现为了完成任务而不得不作设计调整的现象。这种调整是为了满足上述时间、资金、人力、物力等功利性要求而做的，调整后的设计内容就不可避免地带有以完成上级教学要求为目的的功利性色彩。在功利性的驱使下，教育工作者在进行设计决策时往往由于条件所限而主动或被动地放弃了对全部可行设计方案的考察，进而依据简单性原则遴选出部分设计方案进行优化。事实上，工匠精神培养工作中的方案决策实际上是教育工作者在相对功利性条件下进行的；教育重要目的之一就是实现利润最大化，即在完成任务的前提下实现成本最小。成本最小的实质就是使总资本投入最小。实现总资本投入最小的过程，实际上是一个协调总资本投入中各类资本投入比例关系的过程。显然要达到这一要求就必须建立一组关系函数。虽然主要变量只有两个（"物量资本"和"人力资本"），但两者又都受许多因素的制约，因此很难建立或构造出一组理想的、能够全面反映各种因素的关系函数。建立或构造出的关系函数往往是忽略些次要条件的结果，这一点是完全符合简单性原则的。最优化结果求解的困难，导致选择"次优化方案"的使用正是功利性因素作用的结果，教育工作者在传播这一理念的同时，也正是强化简单性原则在工匠精神培养工作中作用的体现。

在工匠精神培养决策中的另一种目标性倾向就是追求最终效果的"最佳"。效果"最佳"往往与实施过程的学校固有规定、教学条件相矛盾。而在以教学活动为代表的工作中，工作中教育又是教育工作者不可侵犯的准则。在功利性原则的支配下，方案设计者往往采取在不违反学校固有规定标准的前提下降低教学效果的办法。

（4）寻求满意解是工匠精神培养工作中应用简单性原则的技术原因。

对于一个具体的问题而言，整个问题中的评价、选择工作，不可能完全用优化方法来完成，其中大部分工作都要用次优化方法来完成（即寻求满意解），以寻求满意解作为完成任务、实现目标的技术手段正是简单性原则的体现。

在数学优化理论中，问题的解有三种类型：最优解、满意解、可行解。最优解是求解数学模型得出"解集"中的"最佳值"，是一种很好地达到解决问题全部要求却很难在现实生活中实现的"理想状态"，教育工作者在工匠精神培养工作中基本难以采用。可行解是求解数学模型得出的"解集"。由于"可行解"中包括一些"极差值"，它是一种只能达到基本要求的"临界状态"，教育二作者在工匠精神培养工作中也基本不会采用。满意解是求解数学模型得出"解集"中的"中间值"，是一种较好地达到解决问题全部要求的"惯常状态"，教育工作者在工匠精神培养工作中会常常采用。因此，教育工作者在确定方案时，就会在"可行解"中寻找"满意解"。现实世界中各种条件相互制约，不可能使全部条件均达到"最佳"，因此，寻找"满意解"只能实现目标条件大体上的"满意"。这里所说的满意原则是指在工作中实现其总体目标，"满意"的概念不同于日常习惯上的满意，它是一个数学意义上的"满意"。

教育工作者的功利性思想决定了工匠精神培养工作过程就是寻求解决问题方案满意解的过程。寻求满意解，意味着寻求在当时看来比较满意的解决问题方案。这个方案，通常经过逐步搜索而构造出来。寻求满意解的教育工作者通常不是先把一个个方案先构造出来然后挑选一个，而是先构造一个方案看看满意不满意。如果是满意解就停止搜索，如果不是满意解再构造下一个方案。如果找到了许多方案都不能令其满意，就会降低自己的满意解标准。满意解标准的出现实际上就是放弃了复杂性原则选择了简单性原则。显然，寻求满意解的过程是一个考察方案的过程。寻求满意的教育工作者的最后选择，往往取决于他构造的方案的顺序。比如，假设甲方案比乙方案更好，但两者皆达到了满意解标准（欲望），这时，先构造了哪个方案，哪个方案就被接受了，决策者不再继续构造其他方案。

在具体的寻求满意解的过程中，首先，根据产生欲望并以境况优劣程度来调整欲望水平的机制，来确定什么是"满意解"或"好"。然后寻找备选方案，直至找到一个"足够好"的方案为止。这个原则对设计解决问题的方案模型和思维模型的工作提出了 -- 个要求：所设计的方案模型和思维模型应当是符合简单性原则和满意原则的模型，它应当体现这样一种机制，使人在无法完全了解复杂事物的情况下，仍能处理复杂事物（用简单性原则处理复杂事物）。由于在复杂世界里，备选方案不是给定的，而是必须去寻找。又因为备选方案不是只有一两个或有限多个（从本质上说有无穷多个），因此，根据满意原则教育工作者通过将简单性原则引入思维过程，避免了试图在真实世界虽寻求最优的困难——寻找、评价和比较无穷无尽的备选方案，避免了思考、策划过程进入永无止境的恶性循环，满意原则提供了现实的终止判据，即一旦找到足够好的备选方案便停止思索，告一段落。因此，满意原则是简单性原则在工匠精神培养工作中得以实现的载体。

教育活动具有复杂性和非线性的特征。但是，由于理论上的最佳结果难以实现的客观原因以及思维习惯性、功利性思维和满意原则的存在，教育工作者为了实现教学目标，总试图在一定范围内将复杂变成简单，将非线性转化为线性。在这个以简单性为原则的转变中，理论上的最佳结果难以实现的事实是基础，功利性思维是动机，思维习惯性是转换的辅助力量，寻求满意解是外化表现形式

二、培育工匠精神的教育方法

方法是主体实现目的的手段，或是主体能动作用于对象性客体的各种工具的总称。无论是认识世界或是改造世界，人们都必须借助一定的物质手段或精神工具，离不开相应的方法。没有方法或方法不当，人们就寸步难行、一事无成。培育工匠精神工作作为高等职业学校教育工作领域特有的一种对象性活动，自然也依赖一定的方法，这即是工作方法。不过，究竟什么是培育工匠精神工作所需要的工作方法，不同方法之间有何联系与区别，以及如何正确选择和恰当运用众多的培育工匠精神教育方法，这是一个十分复杂的方法论问题，需要进行初步分析与探讨。

时代的进步和科学技术日新月异的发展，一些前人未知的领域和前人没有采用或无法采用的方法，逐步被人认识，并运用于培育工匠精神工作实践。正是这些伴随新兴科学技术产生的培育工匠精神教育方法逐步被人类认识和运用，培育工匠精神教育活动才跃升到一个新的水平，并日臻完善和富有时代特征。

因此，研究现代条件下培育工匠精神工作中的技术方法意义重大。下面将对方法进行概括分析基础上，进一步分析容易应当被教育工作者熟悉的工作方法。

1.培育工匠精神教育方法及其系统结构

培育工匠精神工作作为一种特殊的教育工作实践活动，必然有其经常使用的二作方法。但是在如何认识和界定培育工匠精神工作所需的工作方法的问题上，需要认真的探讨。

首先必须指出，培育工匠精神教育方法不是工匠培养教育活动中人们所采用的一切方法，而只是教育工作者在培育工匠精神工作中的方法。我们知道培育工匠精神工作作为一种社会组织活动，是培育工匠精神工作主体和培育工匠精神工作客体的互动过程。在工作过程中，教育工作者和大学生都在活动，两者都有自己作用的对象，同时也都借助于一定的方法。那么，是否可以认为培育工匠精神教育活动过程中人们所采用的方法即是培育工匠精神教育方法呢？笔者认为这种观点是不正确的。因为，大学生在培育工匠精神教育过程中虽然也在活动，但他们是在教师引导下参与培育工匠精神工作的。教育工作者的工作才是培育工匠精神工作重点，是引导大学生逐步形成"工匠精神"、提高素质的特殊实践活动。因此，只有他们的行为方式才具有教育的属性，其方法才是严格意义的培育工匠精神教育方法。如果将培育工匠精神教育过程中所有成员所使用的方法都看成培育工匠精神教育方法，就会模糊教育工作者同大学生的关系。

培育工匠精神教育方法不仅包括教育工作者的实践方法，也包括他们的认识方法，这是因为完整的培育工匠精神教育活动不仅包括教育主体对教育客体一系列的组织、支配活动，还包括教育主体对教育目标的预测、论证、择优和计划的制定，这两类活动都需要借助一定的方法，而这两类活动也都具有教育的性质，如将教育工作者的认识方法排除在培育工匠精神教育方法之外，这不仅是对培育工匠精神教育的片面理解，也与当代教育工作丰富的内涵明显不合。在现代教育工作中，教育工作者常常既是计划的制定者，同时又是计划的执行者，他们所采用的方法既是具有教育工作实践的属性，又具有教育工作的认识属性。所以，将培育工匠精神教育方法仅仅看成培育工匠精神教育的实践方法是不正确的，培育工匠精神教育方法是指教育工作者为达到教育目标、实现培育工匠精神教育中各种职能、确保活动顺利进行的各种手段、工具、措施和方式的总称，在本质上它属于培育工匠精神教育主体的精神性工具，是培育工匠精神教育思想实现社会价值的具体表现形式。

　　培育工匠精神教育方法既然是教育工作者进行教育活动所采用的各种工具和手段，这就说明教育方法是多种而不是一种。那么，培育工匠精神教育方法究竟包括哪些种类？这些不同的方法彼此之间又有何关系？这就涉及方法的系统问题。因此，需要从哲学角度分析、研究、探讨培育工匠精神教育的方法系统。

　　培育工匠精神教育方法作为一个系统，是由多层次多侧面的不同方法按照一定结构有机组成的。从方法的总体特征来分类，培育工匠精神教育方法可以划分为教育工作者的认识方法和实践方法；按培育工匠精神教育方法的普遍性程度，又可划分为哲学方法、技术方法和专业工作方法。下面重点介绍培育工匠精神教育的哲学方法、一般方法和技术方法及其关系，揭示培育工匠精神教育方法系统的一般特征：

　　（1）哲学方法

　　所谓哲学方法，是指教育工作者运用某种哲学观点来研究观察和指导培育工匠精神教育活动的方法，它包括教育工作者如何理解培育工匠精神教育的社会本质和一般规律，如何确立培育工匠精神教育的最终目标和进行价值判断，怎样评价教师和大学生的能力以及两者的基本关系，怎样在宏观上把握组织和环境、团体和社会之间的关系，等等。总之，凡是涉及培育工匠精神教育的根本路线、战略决策、基本原则和用人宗旨等重大问题，便需借助哲学方法。这种方法具有最大的普遍性也最抽象，初看起来似乎不能直接解决培育工匠精神工作中任何具体问题，因而常常被人们所忽视，似乎哲学与教育工作无关。实际上，教育工作者是摆脱不了哲学的，哲学左右着教育工作者的思维方式和行动路线，自觉或不自觉地影响着各种培育工匠精神教育活动，甚至决定着培育工匠精神教育的成败，为教育工作者提供了必不可少的方法论原则。

　　（2）一般方法

　　与哲学方法相关但又有所不同的另一类教育方法是一般方法。同哲学方法相比，这类方法没有哲学方法那么广的普遍性和形式上的抽象性，显得比较具体、容易操作，但与更具体的各门技术方法相比，它又具有相当大的普遍性，可以被称之为一般方法。

　　（3）技术方法

　　教育工作者特别是一线教育工作者常用的教育方法是具体的技术方法。这里的"技术"不是指工程技术，不是人们常说的各种技术工具，而是指作为个体的教育工作人员开展教育活动的具体方法和技巧。技术方法是最具体最易操作的方法，同时也是最直观最丰富的工作手段。这类方法为教育工作者提供了明确的教育工具和具体的教育手段。

（4）几种方法之间的关系

培育工匠精神教育方法之所以是一个系统，正是由于教育工作者所采用的不是一种方法或一类方法。一方面，上述方法分属于培育工匠精神教育的不同层次，各有自己的特点和功能，彼此不能取代。另一方面，上述方法又相互制约、相互影响、互为补充，综合运用于培育工匠精神教育。哲学方法属于最高层次的方法，侧重于宏观决策和总体控制，多为高层教育工作者（如学校领导以及分管教育工作的领导）所采用；属于中间层的一般方法，因其通用性和一定范围的规范性，被校内教学部门领导者和中层教育工作者所采用。至于技术方法，因为它具体而实用性强，主要是一线教育工作者采用的教育手段。当然这并不是说，高层教育人员只需要懂得哲学方法，可以对一般教育方法和必要的技术方法一无所知；也不是说中层教育人员可以抛开哲学方法或一线教师无须掌握必要的一般方法和学会哲学方法；而是说不同层次的教育人员首先应当学会与自身工作关系最密切的主要方法之后还应该兼顾掌握其他方法，不能主次不分或平均使用力量，否则一样方法都掌握不好也使用不好。从培育工匠精神教育主体群体来看，因为教育方法是一个系统，各类方法单独使用都不能发挥最佳的教育效用，只有三种方法兼用、互相配合才能在培育工匠精神工作中发挥作用。这就要求各级教育工作者树立系统观念，既能熟练掌握某一种教育方法，又做到互通信息、上下配合；既注意克服方法上的单一化倾向，又杜绝不同方法的混淆和错位。

2.现代技术方法的类别和特征

现代技术方法，是在培育工匠精神工作中应用的各种现代数学方法、定量化方法和先进技术手段的统一体广泛应用现代技术方法，是社会发展的客观要求，也是教育工作现代化、科学化、与时俱进的必然趋势。

随着社会发展和科学技术的进步，社会分工日趋精细，各部门之间的联系日益密切，影响教育工作的因素更加复杂多变，因而教育工作相关的信息量和工作量激增，对教育工作的要求也就越来越高。在这样的新情况下，除认真总结各种行之有效的传统教育工作方法外，还必须广泛应用适合于现代社会的技术方法，以便能更准确地描述和分析问题，深入研究各种因素多方面的数量关系，及时处理大量的教育信息，并对拟订的计划方案和政策规定进行科学论证。同时，由于现代数学、信息科学和系统科学等学科的产生，以及计算机的广泛运用，也为现代技术方法在包括教育工作在内的各领域中广泛运用提供了必要的条件。

现代技术方法，是按照现代社会发展规律和适应现代科学技术进步的客观要求，运用现代自然科学和社会科学的最新成果，对各种工作对象进行有效控制的一系列新技术和新方法它是在继承和发展一般方法的基础上运用现代科学技术成果，经过不断探索、科学试验、精心优选逐渐形成的。同传统方法相比，现代技术方法具有三个明显的特征：

（1）现代技术方法具系统性和择优性。一般说来，每一种现代技术方法都有内在的系统性，它包括明确的目标，一定的约束条件，达到目标的程序和方法以及信息反馈等，从而为科学地解决问题提供一定的模式或模型，使复杂的工作实现科学化。例如，在培育工匠精神教育实践中，引进并建立数学模型进行求解的过程，也是优化的过程。又如在一定的约束条件下，对多元教育工作目标选择最佳的组合方案，或在一定的目标要求下，对各种约束条件进行选择和组合，都存在择优的过程。

（2）现代技术方法使培育工匠精神教育信息数据化，并能把培育工匠精神教育的定性分析与定量分析密切结合起来。现代技术方法区别于传统工作方法的一个重要标志，就是使教育工作活动从定性分析发展为定量分析，从依靠经验判断转变为数理决策。因为建立数学模型，进行定量分析，可使培育工匠精神教育任务进一步科学化，这就大大提高了教育系统的运转速度和工作效率。

（3）现代技术方法具有较大的通用性和关联性。现代技术方法应用的范围较广，在解决培育工匠精神教育系统中复杂的实际问题时，各种方法可以相互补充，发挥多方法配套使用的整体功能。

现代技术方法的种类很多，这就要求教育工作者要针对不同的对象准确选择合适的方法，避免方法的混用或错位。同时，各类技术方法又存在着相互联系、相互制约的关系。如果在培育工匠精神教育中孤立应用一种或几种方法，虽然也能收到某些成效，但会有很大的局限性。为此，教育工作者在工作中，应努力使各种方法和技术相互补充，发挥各种方法的综合功能。在当代教育工作中，尤其是培育工匠精神教育中，使用得比较多的方法包括系统方法、数学方法和预测方法。

3.系统方法

系统方法，就是按照事物本身的系统性把对象放在系统的形式中加以考察和处理的一种方法。这种方法要求从系统的观点出发，始终从整体与部分、系统与环境的相互联系、相互作用、相互制约的关系中综合地、精确地考察对象，以达到最佳地处理问题。系统方法的显著特点是整体性、综合性、动态性、开放性、环境适应性等。

整体性反对传统工作事先把对象分成单一的个体。从系统管理目标上分析，任何系统都体现系统管理目标的整体性。从系统管理功能上分析，系统大于个体之和。

综合性就是指在进行教育管理时，要把系统的所有要素联系起来。综合考察其中的共同性和规律性，它从两个方面对教育工作者提出要求：一是培育工匠精神教育目标综合，即要求教育系统各个部分必须围绕系统总目标开展工作，或者说要求一个学校的最高领导必须用培育工匠精神总目标去统摄各部分的分目标；二是培育工匠精神教育过程各个部分功能的综合，即各个部分功能要按照培育工匠精神教育总目标运行。同时系统综合性原理还提示教育工作关注两个问题：第一是系统可以分解，由于系统都是由许多要素综合起来形成的，因此，任何复杂的系统都是可以分解的。第二是综合可以创造新事物，现有的事物或要素通过特定的综合可能生成新的事物和系统。"量的综合导致质的飞跃"正是基于这一规律。

动态性主要体现在系统管理要素的动态性和系统管理功能的动态性两种形态。培育工匠精神教育系统要素的动态性表现在两个方面。一方面，培育工匠精神教育系统要素之间存在着纷繁复杂的联系，这种联系就是一种运动。系统要完成功能输出，需要内部要素相互作用、相互影响，形成一定的输出模式，这个过程本身是动态的。另一方面培育工匠精神教育系统要素与环境的相互作用是一种运动。由于现实生活中封闭系统是相对的，开放系统则是多数，因此，系统与环境之间会存在信息、能量或者物质的交换活动，这个相互作用过程也是动态的。培育工匠精神教育系统功能的动态性主要表现为：培育工匠精神教育系统的功能是时间的函数，是随系统要素状态的变化、环境状态的变化、各要素之间联系以及要素与环境间联系的变化而变化。

系统开放性是指在非理想状态下，不存在一个与外部环境完全没有物质、能量、信息交换的系统，即所有的系统都是开放性的。

环境适应性是系统方法的第五个特点。在系统的环境适应性理念的指导下，教育工作者进行培育工匠精神教育决策时既要清醒地认识系统本身的局限性，设计出有利于学生素质提升的工作方案。

在培育工匠精神教育过程中，运用系统方法应遵循以下几个基本步骤：

（1）确立目标，搜集信息。目标是运用系统方法所要达到的目的，根据具体情况，目标可以是明确的、定量的，也可以是粗略的、定性的。确定目标既要从单项目标入手，注重单项目标的可行性和最优化，又要将各单项目标放在总目标的现象中进行考察，把落脚点立在整体系统的目标上。为了达到系统方法追求的目标，还要按确定的目标搜集信息。收集信息主要包括三项内容：一是进行实地调查，直接掌握情况；二是广泛收集材料，并按目标要求对有关情况进行筛选；三是对筛选过的情况作单项分析，包括定性和定量分析，得出一些性能指标和参数。这些指标和参数，或称信息数据，是系统分析的基本根据。

（2）建立模型，拟制方案。这是系统方法的主要部分。建立模型，就是将搜集得来的有关信息因素按一定关系结构组合成一定的模型，用以反映系统活动所要耗费的人力、物力、时间和系统诸因素在系统活动中的作用方式。模型建立后，再以系统活动的各种效益为指标进行综合性比较、评价，然后选择拟定最佳方案。系统模型可能是定性的，也可能是定量的，也可能是定性与定量结合的。

（3）对方案进行评估检验。建立模型拟制方案之后，还要对方案进行检验评估，分析方案的可靠程度或风险程度。这是因为任何事物都受到随机性干扰，随机干扰是人们在现有知识水平上尚无法认识的或无法确定的事件。

现代社会活动规模大、因素多、关系复杂，如果照抄过去那种条块分割、分兵进击的传统方法进行教育工作，势必造成人力、物力、财力和时间上的巨大浪费。

系统方法改变教育主体的思想方法，给整个教育方法论带来深刻的革命性变化。系统方法可以使教育工作者对培育工匠精神教育的研究方式从以个体为中心过渡到以系统为中心，从单值的过渡到多值的，从线性的过渡到非线性的，从单一测度的过渡到多测度的，从主要研究横面关系过渡到综合研究纵横面关系。这些变化，不仅改变了培育工匠精神教育的图景，改变了教育工作的知识体系，同时也引起了培育工匠精神教育主体世界观和方法论的深刻质变。

4. 数学方法

数学本身不是目的，而是一种工具和手段，这在应用数学表现得特别具体而清楚。因为应用数学就是为设计解决各种具体教学课题而产生的数学工具，是给某一具体课题提供适当而有效的数学方法。

数学方法有以下几个主要特点：

第一，抽象性。现实对象是复杂具体的，每一事物无一不是质和量的有机体。只有经过抽象加工，才能便于人类进一步把握。

第二，精确性。数学具有逻辑的严密性和结论的确定性。数学推导是严格按照一定的规则进行的，只要前提正确，那么，由数学的内在逻辑所推出的结果本身具有毋庸置疑的确定性。运用数学方法，对客观事物中各种质的量以及量的关系、量的变化进行推导和演算，使现象及其过程能够得到精确的定量描述。所以，数学方法也是决策最优化的可靠工具，利用数学模型对几种可能的方案进行推导和演算，就能从数量上进行精确地比较，帮助人们选择最优的方案。

第三，普遍性。数学对象的普遍性决定了数学方法的普遍性。数量及其关系是各种事物所具有的共同特征。任何事物既存在质的方面，又存在量的方面，没有质的事物固然不存在，没有量的事物也不存在。既然任何事物都是质和量的统一，那么从可能性来说，任何领域都可以应用数学和数学分析，培育工匠精神工作自然也不例外。

数学作为数量结构科学，数学方法的普遍性还反映了异质同构现象的存在。就是说，不同质的事物和系统可以存在着同样的数量关系，而同样的数量关系，又可以反映不同的物质存在形态和不同的物质运动过程。

数学方法可以应用于各门科学，这是就原则和理论来说的，要把这种原则和理论上的可能性变为现实，需要人类不断的探索。科学和社会发展的历史表明，进行质的定性分析，相对来说比较容易，而进行定量分析就比较困难。近代科学产生以后数学方法首先在力学和物理学中得到了广泛的应用，尔后是化学。目前，数学方法在社会科学某些领域中也开始得到了应用，比如运筹学在一些社会科学中正在显示出它的作用。

随着现代科学的不断进步，数学方法也开始应用于教育工作中。在数学方法的参与下，部分培育工匠精神工作就可以是用数学模式程序来表示计划、组织、控制、决策等合乎逻辑的程序，求出最优的答案，从而达到目标。

此外，计算机还为数学方法应用于教育工作开辟了新天地。它不仅可以协助教育工作者对培育工匠精神教育活动的全过程进行宏观的调控，提高教育跨度，而且适应高速发展的现代社会的需要而使培育工匠精神决策工作高速化、精确化。当然，随着教育工作的发展，人们培育工匠精神教育各个层次的认识越来越深入，反映到教育的认识手段和方法上，就比以往任何时候更加需要多种方法协同发展。

5.预测方法

所谓预测是指对于客观事物未来发展状况进行分析、估计、设想和推断。预测并不神秘，事实上，人们时时处处都在做出预测判断，例如出门需注意天气的变化，预定乘车路线等。总之，要实施一个有目的的行动，都必然会有一个对未来的考虑过程，这个过程就包含有预测。日常生活中的预测，一般比较简单，较易执行。但对培育工匠精神教育活动来说，预测的内容就复杂多了。

科学的预测，应通过对客观事物的历史和现状进行科学分析和调查研究，由过去和现在推测未来，由已知推测未知，从而揭示和预见事物未来的发展趋势和变化规律科学的预测不是随意猜测，而是在正确理论的指导下，对客观事物进行深入分析、并运用现代先进的预测技术，做出系统的研究。

第一，专家评估法。即组织有关领域的专家运用专业方面的经验和理论，研究预测对象的性质，对过去和现代发生的问题进行综合分析，借以对教育工作未来的发展远景做判断。专家评估法主要包括个人判断、专家会议和德尔菲法（即专家意见法）等。个人判断一般指专家权威凭个人经验和知识才能做出预测。专家会议即依靠专家集体智慧做出预测。德尔斐法是由美国兰德公司首先采用的一种方法，又称专家调查法，这是采用书面的形式征询各个专家的意见、背靠背地反复多次汇总与征询意见，最后得出一个比较一致的预测意见。

第二，预兆预测法。这是通过调查研究前超现象推断后继现象的一种预测方法，它是因果联系最敏捷的发现形式。预兆预测法的关键，是准确掌握后继现象与前超现象之间的种种联系，特别要注意两者的内在联系，排除偶然性。有时只知道两者相随发生，并不知道其内在联系，这种预测便是不可靠的。只有密切注意两种现象相随的再现率，并通过思考以发现二者之间的本质联系，才能确定引起后继现象的前超现象，从而对将来的发展方向做出正确的判断和评估。

第三，回归分析法。即研究引起未来状态变化的各种客观因素的相互作用，找出各种客观因素与未来状态之间的统计关系的方法。这是多种依据事物间的因果性原理，用数学工具建立的预测方法。在随机事件中，某些变量之间存在着定的依赖关系，一个变量的变化引起另一个变量的变化。当人们能够准确发现这些变量之间的数量类系时，就表现为函数关系，难以准确确定其数量关系时，就只能通过对大量数据的分析，找到某种相关性关系。为了定量地把握事物的因果规律，需要通过回归分析的中介，使相关关系转化为函数关系。回归分析，就是根据大量统计数据来近似地确定变量间的函数关系，即定量确定相关因素间的规律时方法，它可以用来预测未来。

第四，类推法。类推法至少是在两个事物中进行的，一个作为模型出现，另一个作为被预测事物出现，前者称为类推模型，后者称为类推物。类推法的本质是把类推物与类推模型进行逐项比较，如果发现两事物间的基本特征相似，并且有相同的矛盾性质，就可用类推模型来预测类推物。

科学预测方法在培育工匠精神工作中，具有关键性的作用。从决策程序来看，不论是确定决策目标阶段还是优选决策和追踪决策阶段，都是离不开预测的。看不准未来的发展趋势，就不能确定决策目标；没有预测作为依据，决策就是冒险的、不可靠的；如果没有预测的可靠根据，就有可能造成再次失误。

提高预测水平是提高教育工作者应变能力的重要一环，随着科学技术的迅猛发展，特别是现代化通信工具、信息技术、计算机的应用，使教育工作者面对一个瞬息万变的世界，对各种不同的事物开展预测，提高应变能力，对于各种不同的可能性，做出不同的预测判断。加强预测也是提高工作效率和经济效益的迫切需要。

三、构建工匠精神培养体系

工匠精神培养工作目标就是在教给学生专业知识的同时，培养学生的实践能力，提高其综合能力。完成这个任务的关键是建立有特色工匠精神培养体系。

1.构建一体化课程促进工匠精神培养工作

所谓一体化课程，就是将当代大学生所需要专业知识和能力，作为一个系统去考量，而后设计一个前后关联紧密的课程体系。开发工匠精神培养一体化课程时应当关注如下三方面问题：

首先，在工匠精神培养一体化课程过程中，要对与学生实践能力培养密切相关而专业课程又很少涉及观察能力、想象能力、联想能力加强训练，培养学生的逆向思维、发散思维，提高学生的思维灵活性。营造有利于激发学生潜能的心理环境，促进大学生利用类比、举一反三，开拓思路，同时提高学生思维的系统性，从而全面提高的大学生综合素质和能力。

其次，开发工匠精神培养一体化课程的目标，是使学生可以树立正确的理想，善于独立思考，拥有达自己独到的、有创新性的观点，并能够轻松表达思想，为未来的工作服务。因此，教育目标应定位在培养学生应用能力上。教师应重点培养和激发学生的学习兴趣，进而，帮助不同基础的学生发现自身不足，并从方向上和方法上引导学生去查资料。然后，还应鼓励学生积极参与活动、大胆地展示自己的才华和学习成果。

再次，在教学中激发学生参与意识是促进学生能力逐步提升的关键。兴趣是最好的老师，教师在教学过程中首先要培养大学生参与活动的兴趣。因此，教师应该以一个组织者和学生朋友的身份进入教学环节，减少学生的压力，鼓励学生大胆发表个人观点。不仅如此，教师还应该运用多种教学手段和方法尽可能多地为学生创造实践、展示的机会，鼓励学生大胆地设想、实践。

如何能在教学中更好地保证学生学习到与未来生产实践所需的相关知识和能力？建立工匠精神培养一体化课程计划是关键。也是实现工匠精神培养工作从"是什么"向"怎么做"有效途径。工匠精神培养一体化课程是培养当代大学生生产实践所需的能力的系统方法。一般来说，工匠精神培养一体化课程计划应当具有以下重要特征：首先，工匠精神培养一体化课程计划是围绕当代大学生生产实践所需的能力知识体系进行组织的，但需要重新调整教学计划，促使生产实践所需的人才培养目标要求的各种能力之间有机联系和相互支持，而不是各自分离和独立。其次，工匠精神培养一体化课程计划将学生未来参与生产实践活动时涉及的各种能力进行有机结合，使其形成相互支持的课程体系，减少专业学科知识与实践能力培养之间可能出现的矛盾。最后，在工匠精神培养一体化课程计划中每个选修课或讲座都应当明确规定的关于当代社会生产实践所需的人才能力的学习效果，以便为学生将来自我学习打下良好的基础。工匠精神培养一体化课程计划形成了一个总体效果大于各部分相加的教育系统。这个教育系统由相互联系的各种元素的协调构造而成，每一元素都有各自明确的功能，所有的元素共同作用以确保学生达到专业所设定的预期学习效果。

工匠精神培养一体化课程计划是通过与本科必修课教学基础相结合，培养大学生实践能力和工匠精神的系统性方法。当所学课程的有关内容和学习效果之间具有明确的联系时，实践能力和工匠精神应是可以相互支撑的。一个明确的计划使教育者可以将当代大学生实践能力和工匠精神培养工作进行整合。

构建工匠精神培养一体化课程计划有实践上和教学上两方面的原因。实际上，我们只能重新分配可用的时间和资源。在传统本科课程计划，很难增加工匠精神培养的内容或时间，特别是当预期学习效果超出学科核心内容时，学生每学期不仅需要完成平均的课程任务，而且教学计划难以拓展学生的经验。因此，在构建工匠精神培养一体化课程计划时，必须能够使能力和学科知识得到同时的发展。

工匠精神培养教师要能够在提高学生学习效果方面扮演重要的角色。如果教师确信围绕工匠精神培养工作进行的能力培养是重要的，他们就会在课程中将这些能力和工匠精神培养的教学目标结合起来。此时，当他们示范这些能力时，学生就可以在课程结束后的实践活动中培养这些能力。关键是教师要向学生说明工匠精神培养在未来生产实践中的重要性和合理性。

工匠精神培养一体化课程应具备以下特征：首先，专业学习效果会系统地渗透到教育的每个环节的学习效果中。其次，教育系统的各个环节规定了它们如何相互支持学科基础知识的学习，并具体说明了如何使个人实践能力达到预期的水平。最后，工匠精神培养一体化课程计划的设计是一个由全体参与工匠精神培养的教师认可并认真实施的一个明确的计划。这一点对实践能力和工匠精神培养一体化课程计划的成功执行至关重要。因为教育是由整个教学领导层所主导，并且由具体教师去执行的。因此，全体参与工匠精神培养教师达成一致非常重要。

在对工匠精神培养一体化课程计划进行设计时，有一点很重要，就是要意识到每个教师对某一实践能力作为工匠精神培养一体化课程计划一部分的作用和地位可能会有不同的理解。有些教师认为这些能力是次要的，应该和教学内容分开，所以他们可能不愿意将这些能力整合到他们的教学计划中去。对能力和学科内容在认识上的关系将影响教师对工匠精神培养一体化课程计划设计的看法。当教师对基本能力的母和地位有不同看法时，就需要通过对工匠精神培养一体化课程计划中的分歧进行讨论并提出建议方式来实现。这些讨论有利于在进行对工匠精神培养一体化课程设计的准备阶段便知道如何将当代大学生工匠精神培养工作目标与教学知识进行有机的结合。因此，要努力实现教师从关注与教学计划无关或相关类别的判断转变为重视能力和学科知识的相互作用上了。

2.工匠精神培养一体化课程中的教、学环节分析

要实现工匠精神培养工作目标，教、学、评估是实现教学目标的三大因素。因此，怎样对学生开展学习效果评估？如何处理好教与学的关系？是建设工匠精神培养一体化课程必须面对的两个关键问题。

实践能力和工匠精神培养一体化课程教学目标是使在学生学习学科知识的同时，学习并实践未来生产实践活动相关综合能力。前文已经分析了把能力融合到实践能力和工匠精神培养一体化课程中的重要性。教学工作是经验工匠精神培养一体化课程教学重要基础，结合以往经验形成的案例进行课程教学是实现讲座计划中所设定的教育目标的基础。这些方法的主要特点有：一体化学习计划要求有明确的关于大学生综合实践能力培养的预期学习效果。一体化学习将工匠精神培养教师置于学生学习理论知识和培养实践能力的中心，并强调这两方面教育的价值和联系。经验学习使大学生置身于教育者将要面对的环境中。主动学习使学生能够实际参与模拟活动，这不仅可以应用于经验学习，而且可以应用于传统的学科课程和大班课程设置当中。教学实验表明，使用这些学习方法，学生更有可能达到预期的学习效果，而且对所受到的教育更加满意。因此，要实现工匠精神培养一体化课程教学目标需要关注学生对教与学的认识、一体化学习、提高一体化学习的方法和资源、主动学习和经验学习等四个方面的问题。下面将从学生对教与学的认识出发，逐步展开对工匠精神培养一体化课程教学相关问题的分析。

（1）学生对教与学的认识

要实施工匠精神培养一体化课程教学，就要求广泛使用教学、学习和评估的方法。在开展教学之初，重要的一点就是要了解学生对现有学习方法的认识。实际上，学习和评估是相辅相成的。

学生常常会觉得在以往的专业课程学习中常常需要为考试去记忆理论，但并不知道理论知识与专业实践和解决问题之间的联系。这是一种死记硬背的学习方法，学生并不清楚这些理论为什么是这样的，以及怎样去应用这些理论。学生应该更加重视应用，目的是掌握知识的所有内涵。事实表明，许多学生为了适应课程提出的要求，只是死记硬背，导致对学习内容理解肤浅，缺少长期学习的积极性，学习动力差。然而，从肤浅学习中得到的知识结构是混乱的，而且容易遗忘。反之，通过深入学习的方法，学生所学的知识结构清晰，并能长期记忆。

因此，在设计学生学习活动的时候，必须区分学习和深入学习两种情况。对大多数学生而言，学习和理解理论的动力就是应用理论并与实践相结合。通过工匠精神培养工作创造实践学习机会，能激发大学生更大的积极性，并使大学生认识到所受的教育是有用的。学习积极性的提高使他们对所学的知识和能力更有信心。其结果就会使学生觉得有能力胜任未来生产实践中需要承担的角色。

（2）一体化学习

一体化学习是实现工匠精神培养一体化课程教学目标的一个主要手段。让学生在尽可能接近实际环境中学习理论知识和培养实践能力的同时，培养个人教育能力。根据一体化的学习经验，教师要更有效地帮助学生把知识应用到未来生产实践活动中。一体化学习可以带动大学生对理论知识和实践技能的学习，使学生的学习时间得到双重利用。工匠精神培养一体化课程强调把能力学习效果融合到工匠精神培养计划中的系统性计划，关注生产实践的实现问题。一体化学习意味着学生在学习理论知识的同时，还要提高应用能力。双重目标的学习活动作为一种学习能力的手段，加深了学生对理论知识的理解。在一体化课程教学中，学生掌握了生产实践所需的一般能力，使他们有信心在其专业领域中表现自己的实力。工匠精神培养工作期望学生能够描述或表达意见，能对教育活动中的设想和解决方案表示支持或反对，并能通过协作策划形成对策。显然，这些能力与学生对所学知识的表达和应用密不可分。因此，应该对学习活动和学习评估进行调整，以强调与学科知识和能力有关的学习效果。学习和评估的交流在实际环境中更加有效，即在实践的模拟情况下更有效。

为使学习时间得到双重利用，学习活动和学习评估必须采用新的方法，必须特别注意把能力学习效果融合到一门课程中，但这并不意味着要把大量新的理论内容加入到已有许多内容的课程中。例如，在培养学生作为教育者所需的表达能力时，不能把表达教学能力看成是语言学、心理学、哲学等学科理论知识体系的一个新目录，而应当列出一个现代教育者需要掌握的重要的表达知识，这些知识包括多种能力，可以通过系统的教学和实践而获得。团队协作能力和交流能力等许多能力需要都可以在一体化课程中讲授和评估。在课程的设计中过程，决策者要着眼于将大学生个人能力提升安排在已经排好序的课程中，并逐步形成对一体化教与学活动进行策划的基本框架。

（3）提高一体化学习的方法和资源

实现工匠精神培养一体化课程教学目标要从确定工匠精神培养工作目标开始，通过指定的预期学习效果来完成。在教学计划的设计过程中，要尽可能保证工匠精神培养工作的目标效果在一体化课程中基本得到正确的反映。然而，学习效果的改进和详细的设计却是每一个课程的任务。在课程学习效果中明确地指定能力，有助于确保这些能力的教学和评估，否则当教师对课程的目标存在异议时就会产生冲突。

通过对预期学习效果进行明确定义并形成一致意见，为工匠精神培养工作提供了一条解决问题和避免产生不必要冲突的途径。预期学习效果描述学生在参与课程学习之后能做什么。这些学习效果应与可观察到的表现相一致，即能够通过学生的表现和教师的判断去确定这些效果是否达到。预期学习效果还指出学生必须达到的理解水平和能力水平。比较通用的教育目标分类法列出了六种知识和能力掌握水平：了解、理解、应用、分析、综合以及评价。

许多学习效果最初是通过应用与实践表现学生的知识、能力和态度的。尤其是在综合实践能力训练过程，仅有理论知识是不够的，应该有意识地策划和教给学生生产实践能力方面的学习效果。例如，安排学生辅助教育团队工作并不意味着他们就能自动地学习到教育的团队活动中所需的表达能力。因此，必须让学生明确理解许多问题，如怎样形成一个团队，怎样在团队中计划和分配工作，怎样解决团队内部的冲突等问题。当学生有机会进行实践、对其经验进行反思以及将理论概念在实践中予以应用时，就会获得卓有成效的学习效果。为了重新设计包含主动学习和经验学习的内容，要为教师提供机会以提高他们的教学和评估能力。更多地使用新的教学和评估方法需要付出很大的努力主动学习和经验学习的策划需要时间、资源和来自学习和评估专家的支持。要实现这一目标，就应与努力用实践教学环节打破长期以来在教学过程中已经形成了根深蒂固的传统授课文化，这样学生的视野才会更加开阔。

（4）主动学习和经验学习

所谓主动学习是基于主动经验学习方法的教与学。主动学习方法使学生直接参与思考和解决未来生产实践中可能面对的问题。它很少让学生被动接受信息，更强调学生参与操作、应用、分析和评价其想法。让学生思考概念，特别是思考新的想法，并要求他们做出某些明确的反应。学生不但能学到更多的东西，而且明白自己学到了什么和怎样学习。这个过程有助于学生提高学习理论知识和掌握实践能力的动力，从而达到预期的学习效果，同时形成终生学习的习惯。主动学习提供了一种深化学习的方法。深化学习的方法意味着学生要去理解概念，这与考试中简单地重复记忆是完全相反的。主动学习和经验学习方法直接影响学生的学习方式。当学生在学习过程中扮演主动角色时，他们会学得更好，因为他们更愿意采用深化的学习方法。学生主动参加他们的学习，能使学过的知识和新的概念之间更好地联系起来。经验学习是让学生模拟专业角色和专业实践的环境中进行教学活动。经验学习方法包括基于具体表达活动的学习、仿真、案例分析和模拟实现经验，这些方法是建立在学生如何学习和提高认知能力的教育理论的基础上的。

工匠精神培养一体化课程和实践活动是基于经验学习实现的。在工匠精神培养一体化实践活动中，经验学习的循环是在不同的时间点开始的。因为学生都有共同的经验基础，所以，结合主动学习方法的授课课程要从思考观察出发去激励学习。课程也可以从抽象概括开始，并对主动实践进行总结，例如通过模拟实践活动的游戏来实现。学生参加类似于实际生产实践活动的任务，思考从这些经验中学到的东西，总结他们的学习，提高对观点和原理的概括能力，并通过主动实践方法和其他问题的应用检验这些新想法。把经验学习贯穿于综合能力训计划中，为加强知识的理解提供了机会。

角色扮演学习是安排学生扮演专业活动具体角色的活动。角色扮演通常有具体的规则、指导原则和结构上的角色及关系等。在角色扮演环节中，课外活动指导教师的任务是解释规则和条件，以告知学生要充当的角色，并监控角色扮演使其完整执行，以及引导学生思考他们的模拟表达实践效果，并得出结论。在教学的环境中，教师应当在课程中把主动学习和经验学习方法结合起来，这样才能更好地实现教学目标。

3. 培育工匠精神一体化课程的总体设计

现代社会的发展对各行各业的工作人员的素质要求越来越高，社会主义经济建设需要的人才，是理想、道德、知识、智力与技能以及体质、心理素质等诸多因素全面发展、相互协调的人才。人才素质的构成是全方位的，它包括人的知识储备、职业素养、表达能力等等。

传统的观点认为：人才按其知识和能力结构的类型可以分为学术型（科学型、理论型）、工程型（设计型、规划型、决策型）、技术型（工艺型、执行型、中间型）和技能型（操作型）。工业文明要求大批训练有素的劳动者，这就要求学校按一个统一的模式把成批学生制造成规格化的"标准件"去满足工业文明的需要。现代社会对人才需求是全方位的，对人才的素质要求也是全方位的。因此，人才需求的类型与传统的类型有着较大的区别，即便是普通劳动者也不是简单操作型人才。工匠的定位是技能型，但又部分接近技术型人才，在掌握工作必需的本专业基础理论知识和具备扎实专业应用技能之外，未来工匠的非专业素质成为衡量人能力的关键。

适应现代社会的工匠的非专业能力主要有思维能力、表达能力（包括书面表达能力和口头表达能力）和解决问题能力。在此基础之上加上良好的心态就形成了现代人才非专业能力体系。简而言之，非专业能力的核心就是以良好的心态创造性解决问题的能力。

工匠精神培养一体化课程是相对独立于原有课程体系的，课程要贯穿学生学习的始终，又要结合紧密。要提高大学生素质，尤其是非专业素质，就要首先培育大学生职业能力和工匠精神，形成良好的心态。同时，开展思维能力、表达能力、解决非专业问题所需的实践能力。基于此，笔者以三学期教学为模型，在原有教学内容基础上设计补充课程体系如下：第一学期，结合即将到来的顶岗实习环节，开设职业道德和工匠精神养成课程，讲授工匠必须具备的职业道德、中国工匠发展历史，并结合具体案例解读工匠精神，为学生在未来顶岗实习中践行工匠精神提供理念参考。同时，抓住学习方法、学习习惯转换的时机，依托大学生新生入学新鲜感，开设创造创新思维与实践课程，讲授工匠未来工作所需的思维方法、技术革新活动所需的技法、培养问题意识和系统思考意识，为未来参与创新实践打下基础。第二学期，抓住即将开始的大学生暑假社会实践活动，开设社会实践教育课程，讲授社会实践的意义和价值、社会实践方案设计、社会实践活动中需要掌握的调研方法以及社会实践成果的写作技巧。第三学期，以工匠未来工作所需的表达能力为重点，开设表达能力课程，讲授写作基本技能、工匠参加工作后涉及的各类文体的写作规范与技巧，同时介绍提高学生口才的方法和具体训练手段。

培育工匠精神是一个循序渐进的过程，要想培养符合市场经济需求的工匠就要打破专业界限，构筑新型平台是建立一体化课程体系的基础。在教学中，要注意如下方面的问题。

（1）以职业道德和工匠精神养成课程激发学生兴趣是培育工匠精神教育的核心。

以职业道德和工匠精神养成课程为载体的未来工匠心态教育是保证方向的标志物，也是培育工匠精神教育的核心。在这一过程中，应当引导学生热爱工匠岗位，激发学生兴趣，使一体化课程成为受学生欢迎的课程。

兴趣是最好的老师，教师在教学过程中首先要培养学生的兴趣，为未来的教学打下基础。在具体的教学工作中，教师首先应该以一个组织者和学生朋友的身份进入课堂，减少学生的压力，鼓励学生大胆发表个人观点。其次，教师应该运用多种教学手段和方法（如多媒体教学、案例教学、头脑风暴法等）尽可能多地为学生创造表达的机会，鼓励学生大胆地说、大胆地讲。在此基础上，教师应该及时发现典型和个别问题，在课堂教学和课外答疑时进行分析、指导，以促进不同基础的学生在原有基础上迅速提高。这样，教师就可以抓住影响教学质量的关键环节，实现提高教学质量的目标。同时，教师可以把作业转化为课上练习的延续。要求学生课下自己设计作业题目，自己策划实施方案，自己记录实施过程，在此基础上让学生把成果总结后在课上进行发言，教师进行点评。此时，学生可以根据教师点评并结合自身体会，修改发言稿并写出心得体会。这样，就能让学生眼、手、脑并用，看、想、写结合，达到消化、深化、优化、理解的教学目的，使学生以教师引导为出发点，由"粗"到"精"，获得独立分辨、逐步掌握、优化信息的方法，提高学生通过自学选择信息、表达思想和总结问题的能力。教师将课程结束后的考试改为口试，这样就可以用考核督促学生积极参与练习，既关注如何使自己的奇思妙想变成现实，又能够使学生获得顺畅地表达自己观点的机会，进一步提高教学效果。

（2）创造创新思维与实践能力课程是培育工匠精神的基石。

具备创造创新能力的工匠应该是具有很强的自主意识，又有良好的合作精神。不仅如此，还应该同时具有继承性思维、批判性思维和创造性思维。任何创造创新过程都需要这三类思维的整合。教师应该在注重传统教育的共性发展、社会本位基础上，注重个性发展、个人本位，注重传统教育手段和现代教育手段结合：把传统教育注重知识，学生勤奋、踏实、谦虚与现代教育注重智力开发、综合能力培养，学生兴趣广、视野宽、胆子大、敢冒险结合起来；把传统教育强调知识的严密、完整、系统，与现代教育注重掌握知识的内在精神和发展方向结合起来；把传统教育强调学生基础知识扎实，与现代教育强调学生自立、开拓结合起来；把传统教育强调求实的作风，与现代教育追求浪漫的风格结合起来；把传统教育"学多悟少"，与现代教育"学少悟多"结合起来。上述观念是培养大学生创新精神的核心，也是培养具有创新能力的高水平工匠的关键。

在创造创新思维与实践能力课程教学的过程中，重点训练学生的观察能力、想象能力、联想能力、设计能力，培养学生的逆向思维、发散思维，提高学生的思维灵活性。创造有利于激发学生潜能的心理环境，促进学生利用类比、举一反三、开拓思路，同时提高学生思维的系统性，从而全面提高学生创造性解决问题的能力。

（3）实用写作和口头表达方式训练为主要内容的课程是提升未来工匠表达能力的台阶。

首先，坚持培养学生应用能力为主要目标是学生能力逐步提升的基础。大学生表达能力训练的目标是使学生可以轻松表达思想，尤其是表达自己独到的、有创新性的观点。因此，教学目标应定位在培养学生应用能力上。教师应培养和激发学生的学习兴趣，同时帮助不同基础的学生发现自身不足，并从方向上和方法上引导学生课下去查资料补充所欠缺的知识。在此基础上，教师应鼓励学生积极参与练习、大胆地展示自己的才华和学习成果。

其次，强化学生在教学过程中的主体化地位是通过课程教学提升未来工匠表达能力的关键，教学是一种以语言为载体，以知识为内涵的实时性信息传递活动。传统的观点一般认为教学过程的主体是教师，基于这种观点人们就会认为提高教学质量完全是教师的事。事实上，教学是"教"与"学"两个部分组成的。教学的目的是向学生传递信息、讲授知识、提高学生能力，因此学生应该是也必须是教学的主体。只有坚持学生教学过程中的主体化地位，才会使学生真正成为教学的中心。坚持以学生为教学中心，就会使一切教学工作都围绕提高学生能力和综合素质这一中心进行。这一规律，在以学生表达能力培养为中心任务的课程中体现得更加明显。坚持学生在教学过程中的主体化地位，并不是削弱教师在教学环节中的地位和作用。教师在教学过程中要起到主导作用，所谓主导作用就是教师要在教学过程中起到引导学生进行主动学习的作用。在教师的引导下，学生的学习潜能会得到充分发挥，教学质量也会进一步提高。

再次，适度的"班型"是通过课程教学提升未来工匠表达能力的保障。听课学生人数的多少，是影响教学效果的重要因素。因此，适度的"班型"是实现预期教学效果的保障。"班型"过大，势必影响教学效果；"班型"过小，则会造成教学资源浪费。普及知识类课程"班型"应该大一些，培养技能类课程"班型"应该小一些。表达方式训练课兼有上述两个特点，实用写作可以像创造创新思维与实践、社会实践等课程一样"班型"大一些。口才训练课"班型"应该适中。同时，在不同的教学环节（如多媒体教学、案例教学等）中，可以将"班型"适度放大或缩小。

（4）社会实践课程是帮助未来工匠参加社会实践接触社会的辅助工具。

所谓大学生社会实践，就是大学生按照学校培养目标的要求，有目的、有计划、有组织地参与社会政治、经济、文化生活的教育活动。社会实践活动泛指由共青团组织和学生党组织、教学部门倡导和负责的专业实习、实践以外的活动，主要形式包括如下几种：大学生暑期社会实践活动，科技、文化、卫生"三下乡"活动，"青年志愿者"活动，社会调查和考察，大学生课外科技活动及"挑战杯"全国大学生竞赛活动，专业实习和专业性社会实践，勤工助学活动，军训，挂职锻炼等。

大学生社会实践可以促进青年学生的健康成长，促进高等教育的改革和发展。作为大学生"受教育、长才干、做贡献"的重要形式，具备以下的特点：

第一，理论和实践双重性。大学生社会实践既存学校教育的属性，又有社会教育的属性，是联结学校教育和社会教育的重要纽带。它不仅仅是理论指导实践第一课堂的延伸，而且是大学生在实践中形成新的理性认识的基础。

第二，多功能综合协同性。大学生社会实践的教育目标或价值，既可以体现在认知发展、技能形成等业务能力提升方面，也可以体现在情感体验、品德与态度等树立正确的世界观、人生观、价值观方面。在某一实践活动中，既可以对学生主体进行德育，也可以进行智育、体育、美育、劳动技术教育和心理教育等多方面的教育内容，进而达到综合而不是单一的教育目标、任务。大学生社会实践要求各专业教师之间、学校教师与家长及社会有关机构人员之间相互配合，家庭、学校、社会形成合力，协同完成任务。而且要求学生在充分发挥自己进行评价的同时，充分利用与合作伙伴相互交流、分享成果的机会，培养锻炼人际交往能力和团队合作的精神。

第三，自主参与性和开放性。大学生社会实践是大学生作为社会政治生活、经济生活、文化生活的一员广泛地参与到广阔的大自然改造和丰富的社会活动之中，亲自接触和感知各种人和事，通过了解社会从而增加对社会的生活积累，并获得对社会物质文化、精神文化和制度文化的认知、理解、体验和感悟。大学生社会实践的开放性包括活动内容的开放性——在大自然和人类社会的广阔天地中去学习和发展、活动时空与形式的开放性、活动评价的过程和活动开展的开放性等。

第四，稳定性和灵活性。随着高校社会实践的深入开展，在不断探索和总结经验的基础上，为保证该项活动能持久有效地开展，已逐步建立了一套行之有效的规章制度，并已建立了一批"大学生社会实践基地""实践活动定点社区"，为大学生社会实践持久、稳定地开展创造了有利的条件。在此基础上，高校有关部门开始不断尝试用新的运作方式来开展大学生社会实践，从经费筹集到具体形式都不断创新，使大学生社会实践活动不断向前发展。

为了更好利用社会实践培育根据精神，就需要把社会实践课程当作帮助未来工匠参加社会实践接触社会的辅助工具。用社会实践工作中的所需确定教学目标和内容，反向指导社会实践教学。同时，把教学内容应用到指导社会实践工作中，用社会实践活动作为课程效果的检验。因此，判定课程效果不是课程成绩而是社会实践效果，在条件允许的情况下，可以把社会实践活动效果作为高等职业院校学生社会实践课程成绩评定的依据。一般来说，为了更好地结合社会实践活动培育工匠精神，应当在贯彻"受教育、长才干、做贡献"的指导方针基础上，用如下原则指导社会实践活动开展。

首先，旗帜鲜明。"旗帜鲜明"就是指在大学生社会实践活动中要坚持以正确政治方向为指导。大学生社会实践活动，作为社会主义高等学校教育不可缺少的组成部分，它必须以马列主义、毛泽东思想、邓小平理论、"三个代表"重要思想、科学发展观和习近平总书记重要讲话为指导。坚持"受教育、长才干、做贡献"，以受教育为主的指导方针。

其次，周密策划。即在具体工作中要重点把握好三个环节：一是事先进行动员、联系，确定社会实践的内容和形式、参加人员、接待单位、经费来源等；二是活动开展过程中，带队教师、干部和学生骨干进行精心指导，帮助学生解决在活动过程中遇到的思想问题和实际问题，对于可能出现的消极因素进行引导；三是活动后，对活动成果进行总结、消化，对好的经验进行推广。

复次，因材施教。应当根据不同学科、不同年级、不同专业学生的思想特点和培育工匠精神的要求，有针对性地确定社会实践的思想教育主题和内容、形式，使学生能够通过参加社会实践更好地在思想政治方面受到教育。在具体的工作中要根据不同专业、不同年级学生的专业特点和专业水平，精心安排社会实践的内容。同时发挥专业课教师在社会实践中的指导作用。此外，要尽可能地把社会实践同专业实习结合起来。

再次，共赢发展。指社会实践不仅要使学校和学生受益，也要尽可能使活动接受单位受益。因此，在安排社会实践时，除了着重考虑对学生思想教育和专业教育的要求外，还应考虑地方和活动接受单位"两个文明"建设的需要，把社会实践同地方和活动接受单位"两个文明"建设的需要结合起来。努力把学校专业技术上的优势转换成活动接受单位的精神文明成果和现实生产力。

最后，量入而出。在活动策划阶段充分考虑经费、交通、活动接受单位接待能力等方面的限制，安排好大学生社会实践活动。尤其是在大学生暑假社会实践活动中要注意如下三点：第一点，多数学生应回到家乡就近开展社会实践；第二点，集中组织的社会实践队伍应当精干，选择的活动地点、活动内容应与活动目的相一致；第三点，学生在社会实践中，吃、住、行等应从简安排，不应过多增加接待单位的负担，削弱社会实践的效果。

4.改革培育工匠精神一体化课程教学的考核方法

培育工匠精神一体化课程与传统课程区别很大，要课程教学活动顺利实施，可以采取如下一些措施改革考核方法，提高教学效果。

（1）考核标准统一与弹性的结合、考核手段多样化、考核方法改进过程民主化是考核方法改革的关键。

任何思想都必须有一个核心与关键，考核方法的改革也不例外。任何教学活动最终都是通过评分评判得出成绩的，评分要相对统一又具有弹性。标准统一是为了评判结果的客观性和公正性，因为评分、评判标准是一个衡量尺度，如果没有一个统一的评分、评判标准就不能做出正确的评判。但是，如果在评分、评判标准上一刀切，势必扼杀学生的创造力和想象力。因此，在制定评分、评判标准的工作中要有弹性。具体地说，就是增加对于学生素质的主观评价。也就是说，在评分、评判标准中增加教师对学生创造力的主观评价的评分比例。这样做，可以使评分、评判标准达到主观和客观的结合，标准统一与弹性的结合。

显然，多次评分得出的综合结果比一次评分得出的单一结果可信度更高。多种考核方法对事物的评价更客观、更全面，多种考核方法的使用过程必然是不少于一次的考核。因此，多种考核方法产生的结果显然可信程度更高。要争取教学质量一直保持在一种较高的水平上，就必须不断改进考核手段，使之更有利于教学。要做到这一点就必须敢于、善于接受对自己有益的思想，要做到这一点就要善于以民主的方式听取来自各方面的意见（包括学生和相反的意见）并认真分析，吸收有益于提高教学质量的部分。

（2）多次考核与多样化考核相结合是推动课程发展的有效方法。

评定成绩是教学必不可少的环节，然而为"考试"而考试学生压力必然增大。久而生厌，变成了一种消极负担。因而有必要对考试进行改革的尝试。采用期终考试来评定成绩，"一锤"定音，虽然可以收到促进全面复习、提高、巩固所学知识的效果，但是同时也会给学生造成一种消极的负担和恐惧心理。因而，可以在一体化课程教学工作中进行如下改革：

首先，根据该课程是考查课的实际情况，将期末考试分解为多次考核。在每一单元结束后都进行一次考核。考核的方式是多样的：既可采用笔试，也可采用口试或单元总结报告等方式进行。通过考试，正确的掌握学生的学习情况，为有针对性的矫正错误提供依据。同时进行总结、讲评，及时矫正，促使学生思考，掌握前导知识，以促进以后的学习。

其次，结合答疑的质疑训练同样是考核的一种方式。通过答疑，特别是有计划地准备问题，可以全面了解学生的学习情况，特别是疑惑和难点。在帮助学生解疑的同时，也促进了后续教学的改进。

在具体的考核评分过程中，可以采取具体的分数与五级评分制相结合；可以将成绩先以具体的分数（百计分）评定，然后转化成五级评分制（优、良、中、及格、不及格）。同时，可以对优秀学生试行答辩制，这样既可以提高成绩的可信性又可以锻炼优秀学生的口头表达能力。

（3）尝试小论文写作，培养综合能力是考核方法改革的有益补充。

作业作为教学检查的一种方式一直为教师所采用。然而，对作业抓得不紧和缺乏典型性也会使学生产生单纯的任务观点，滋生厌烦情绪和心理障碍，甚至于进行抄袭，难以取得理想的效果。为此，可以将作业改变成小论文、课题报告等形式，在包含所学知识的同时，有意识在广度与深度上有所延伸，使学生在熟悉、运用所学知识的基础上，同时训练分析、概括与综合能力以及查阅资料与书面表达能力。在具体的操作过程中，可以采用先示范例文的方法，克服写论文的神秘感。而后由教师指定学生材料的范围，布置相应的小课题，并启发论文的思路和方法。同时，提出具体要求，保证论文质量。最后，认真讲评并计入总分。这项考核的过程就是学生带着问题自学，并写出小论文的过程。

第七章 中国工匠精神 2.0 应从教育抓起

在十二届全国人大四次会议上，科技部部长万钢表示，工匠精神要从职业教育抓起。他表示，从职业教育抓起，对于培养专业性人才的工匠精神十分重要。

第一节 教育是工匠精神之源

今年的《政府工作报告》中提到，要大力弘扬工匠精神，厚植工匠文化，恪尽职业操守，崇尚精益求精，培育众多"中国工匠"，打造更多享誉世界的"中国品牌"，推动中国经济发展进入质量时代。

教育作为培育工匠精神的主要阵地，发挥着不可替代的作用。而对于如何从教育的角度培养"大国工匠"，教育部部长陈宝生也有自己的看法。3月12日，陈宝生在十二届全国人大五次会议记者会上表示，工匠的涌现离不开职业教育。我国要建设教育强国，职业教育非常重要。和普通教育一样，是我们国家实现现代化最重要的智力保障。"我们既需要培养爱因斯坦，也需要培养爱迪生，也需要培养鲁班。"

2016年3月，李克强总理在政府工作报告中提出"培育精益求精的工匠精神"，迅速引起社会各界的强烈反响和共鸣。这是工匠精神首次出现在政府工作报告中，体现了国家层面对弘扬和培育工匠精神前所未有的高度重视。此后，总理在各种场合反复提及"工匠精神"，强调"'中国制造'的品质革命，要靠精益求精的工匠精神和工艺创新"。

为什么"中国制造"需要品质革命？最近两年来，中国游客在日本爆买电子产品，疯狂抢购马桶盖等等一系列的情景还让人记忆犹新。这些产品中国完全可以制造，然而人们却追逐国外产品，其中一个重要原因就是国人对国产产品的品质还不信任，在某种程度上人们对中国制造的刻板印象还停留在低质量、高耗能、山寨等挥之不去的词语上，导致中高端购买力通过境外消费等形式持续外流。而形成这种情况的一个主要原因是，拼速度、扩规模、模仿赶超一度曾是市场竞争的关键，由于"工匠精神"的缺失，一些生产制造行业对利益过分追逐而放松了对产品质量的把关。因此，提倡"工匠精神"，以客户不断提升的消费需求，倒逼"中国制造"全面升级，就成为时代发展的要求。从这一意义上讲，"工匠精神"已经成为国家产业战略迈向中高端的核心要素之一。

在中国制造的现时代语境中，这种工匠精神并没有从历史的舞台中退出，反而具有重要的时代价值。我们所强调的工匠精神，既秉承传统尚技崇德精神，更强调的是一种精益求精、务实创新、踏实专注、恪守信誉等行为准则的综合体现。因此，工匠精神是用"匠心"和"创新"不懈地提升质量与服务，既注重改革制造工艺、产品性能和管理服务，又强调持续创新和改善用户体验；工匠精神是对品牌与口碑的坚守，包含着对用户的诚信、对高品质的执着以及对百年老店的孜孜追求；工匠精神还意味着对法律和规则的敬畏，尊重契约精神，严守职业底线，严格执行工序标准。

重提工匠精神仅仅是一个开始，而重塑工匠精神、造就合格工匠则路漫漫其修远。央电视台推出的系列节目《大国工匠》，讲述劳动者用双手匠心筑梦的故事。他们中有人能在牛皮纸一样薄的钢板上焊接而不出一丝漏点，有人能把密封精度控制到头发丝的 1/50，有人能在 35 年中手工加工数十万个飞机零件而不出一个次品。这些"大国工匠"，基本都是奋斗在生产第一线的杰出劳动者，他们行业不同，专业不同，岗位不同，但他们有着鲜明的共同之处，就是心有理想，身怀绝技，敬业爱岗。这些大国工匠从何而来？来自于数以亿计的生产第一线的普通劳动者，而数以亿计生产一线的普通劳动者从何而来？从职业教育中来。

作为与经济社会以及产业联系最为紧密的职业教育，承载着为实现全面建成小康社会和实现中华民族伟大复兴培养数以亿计的高素质劳动者和技术技能人才的重任。在当前，我国产业转型升级的关键时期，需要有大批产业工人通过潜心努力不断提升工艺水平，实现制造大国向制造强国、中国制造向"中国智造""中国创造"的进步，提升"中国制造"的含金量和竞争力，这正是当下强调工匠精神的意义所在。

正如习近平总书记指出的，要着力提高人才培养质量，弘扬劳动光荣、技能宝贵、创造伟大的时代风尚，营造人人皆可成才、人人尽展其才的良好环境，努力培养数以亿计的高素质劳动者和技术技能人才。也正如李克强总理所强调的，要把提高职业技能和培养职业精神高度融合，要培养大批怀有一技之长的劳动者，让千千万万拥有较强动手和服务能力的人才进入劳动大军，使"中国制造"更多走向"优质制造""精品制造"。

为全面建成小康社会和中华民族伟大复兴培养技能人才的职业教育与中国制造、技术创新等紧密相连，在加快制造强国建设过程中，要将精益求精、不懈创新、笃实专注的工匠精神融入现代工业生产与管理实践，就要从职业教育抓起，通过职业教育的培育将工匠精神传递给数以亿计的生产一线劳动者，释放巨大人才红利，为国家富强、民族振兴、人民幸福打下坚实基础，这也是中国职业教育的使命与担当。

第二节　工匠精神 2.0 需要工匠具有创新思维

现代高校培养"工匠"的终极目标是提高大学生的素质，帮助其逐步塑造成为能工巧匠所需的技能和精神。要培养工匠精神，仅仅传授专业知识是不够的，提高被培养者的创新能力十分重要。

现代的大学在校学生，尤其是高职院校的在校学生是未来的"工匠"。要成为能工巧匠仅仅能够发现问题是远远不够的，在发现问题基础上解决问题才是体现"工匠"价值的关键，"工匠"解决问题的过程本身就是一个实现创新的过程。因此，提高"工匠"创新能力十分重要。

一、创造与创新概念的界定

在学术界创造、创新是两个不同的含义。因此，必须首先分析创造、创新的区别。

1.创造的概念

英文的"创造"一词是由拉丁语"creare"一词派生而来。"creare"的大意是创造、创建、生产、造成。它与另一个拉丁词"cresere"（成长）的词义相近。在旧约全书的《创世记》中有"上帝在一切不存在的情况下创造了天和地"。

因此，从词源上分析，创造的含义是在原先一无所有的情况下，创造出新东西。创造特别强调独创性。然而，任何创造都不是无中生有，而是在前人创造的基础上有所突破，所以要论创造二字的含义，中国语言中的创造更贴切实际。根据《词源》的解释，"创造"，是由两个字组合的，"创"的主要意思是"破坏"和"开创"，"造"的主要含义是"建构"和"成为"。所以"创"和"造"组合在一起，就是突破旧的事物，创建新的事物。

创造是各式各样的，时时处处都可以有创造。如科学上有发现，艺术上有创作，方法上有创新，技术上有发明。"唯创必新"是创造的根本特点。

美国创造心理学家 I. 泰勒，曾提出划分"创造五层次"的著名观点。具体如下：

（1）表露式的创造：意指即兴而发、但却具有某种创意的行为表现。例如，戏剧小品式的即兴表演、诗人触景生情时的有感而发等，其创造水平或程度一般即属于这一层次。儿童涂鸦式的画作有时很有创意，其水平亦属此层次。

（2）技术性的创造：意指运用一定科技原理和思维技巧以解决某些实际问题而进行的创造。如"把素材按新的形态组合产生出新事物"，或"某种旧的结合解体，新的结合重新产生"。

（3）发明式的创造：意指在已有的事物基础上，产生出与以往曾有过的事物全然不同的新事物的创造。例如，爱迪生发明的电灯，贝尔发明的电话。

（4）革新式的创造：意指不仅在旧事物基础上产生出了新事物，而且是在否定旧事物或旧观念前提下造出新事物或提出新观念的"革旧出新"的创造。技术史上各种新工具的出现以代替旧工具，科学史上发现新定律以替代旧定律等。

（5）突现式的创造：意指那种与原有事物无直接联系，看似"从无到有"地突然产生出新观念的创造。我们可以说，各学科领域荣获诺贝尔奖的重大科学发现，即均应属于这一层次的创造。

2. 创新的概念

第一个明确地阐述创新概念的是美籍奥地利经济学家熊彼特。他在 1912 年发表的《经济发展理论》一书中，提出创新是经济生活内部生产要素和生产条件的新的组合，并指出创新有五种存在形式：一是引入一种新产品或一种产品的新质量；二是采用新的技术或新的生产方法；三是开辟新的市场；四是获得原材料或半成品的新的供应来源；五是实现企业新的组织形式。

在熊彼特的创新概念中，技术创新是其关注的重点，制度创新也只关注企业内部组织结构。因此，熊彼特提出的创新只是创造的一部分。中国现代创造学研究是从陶行知创造教育研究开始的。1918年，陶行知在《试验主义教育方法》等论文中，提出了改革教育的创造教育思想。20世纪80年代初期，学术界开始在创造工程、创造技法方面资料的引进等方面开展研究。20世纪90年代，国家开始推动创新工作。20世纪90年代中后期，技术创新概念替代原来使用的技术革新。而后，创新概念被技术、经济领域以外的领域使用，与熊彼特最初提出概念的外延已经区别很大。

分析创新工作的类型就需要从创新工作的主体出发来探讨问题。根据依据创新工作主体之间的不同关系，创新可以分为：自主创新、模仿创新和合作创新。

（1）自主创新

自主创新是指创新者依靠自己的知识和能力，在生产活动中取得突破，提出或使用某种新的工作方法或开展某项新的工艺活动。自主创新又可分为原始创新和一般自主创新。尽管全球化正在推进，国内外企业交流的机会逐步增多，但是企业生产工作中的差异很多，具体的企业或企业内部门仍然是工作主体的主要形式。每个企业的利益是相对独立的，每个企业内部的群体和个人的生产流程也是相对独立的，新的创新成果扩散和普及一般都会有一段时间延续性，而且往往遭遇到因企业生产水平等情况不同导致的"水土不服"。因此企业生产领域的创新在现有社会的条件下，不一定是原始创新，即原创出具有自主知识产权的工作方法、理念创新，还包括一般自主创新。它的成果可能在全国或某省范围内不属于原创，但是在一种类型的企业范围内是首先出现的。从严格意义上来说，一般自主创新不具有原创性，但是它在现有社会发展阶段，对于一个具体企业来说是有意义的，它可以根据本企业情况，提出适合自身类型的首创性方法。企业工作中的原始创新具有根本性和原创性，最能代表一个地区的企业生产实践研究水平。大批的原始创新成果的出现往往可以带来一个地区的企业生产与实践水平的飞跃式发展。

（2）模仿创新

模仿创新是创新者在所引进的原始创新或一般自主创新成果的基础上进行的一种创新。它不是简单的模仿，它需要对引进的新方法和理念进行消化和吸收，并在此基础上进行再创造，改进或重组原有方法，以达到突破性的效率和效果。模仿创新是迅速提高企业生产效率，实现企业生产实践水平进步的捷径，不但节约了时间，而且也节约了先期理论研究的人力和物力资源。因此是层级较低的企业采用最多的创新方式。但是要想成为同层级企业真正的领先者，模仿创新就具有局限性。

（3）合作创新

合作创新，是指创新者与企业内外各层次主体之间，以各种组合方式的联合开展的创新活动。在全球化和知识经济的时代条件下，合作创新的必要性和优势越来越明显。随着企球交往和生产的国际化，企业生产实践水平不断提高，产品生产涉及的问题越来越复杂，单一主体很难应对这种局面。为了实现生产出更好的产品、提升企业竞争力的共同目标，不同的组织会采取合作创新的战略合作创新实现了资源共享、优势互补，节约了时间和投入，减少了失误和风险在开展合作创新时，首先需要明确的合作目标、合作期限和合作规则，划清各自的权利义务，这样才能避免主体之间的利益矛盾，使合作行为顺利进行，达到预期效果。

通过上面的分析，不难发现创新对企业生产实践工作意义重大。在现代企业中，一线生产者——"工匠"是实现创新成果应到生产的最后和最关键的一环，如果抛开"工匠"开展创新活动很容易造成工作脱节，影响创新效果；在创新实践开始就把"工匠"纳入工作体系，给他们发表意见乃至参与创新实践的机会十分重要。

3.传统观点中关于创造认识的几个误区

如何提高"工匠"创新能力就成为当代高职院校必须面对的一项重要工作。要实现这样一个目标，高职院校领导和教师首先要破除传统观点中关于创造认识的几个误区。

（1）误区一：创造是一种天赋，无法教授。

在传统的观点中有一种观点认为：创造是一种天赋，无法教授。这种观点的最大作用就是可以使人认为创造力开发是没有意义的。然而，中外的种种成功的例子证明了这种观点的局限性。但是，这种观点的支持者仍然会从一些在人类历史上做出卓越贡献的创造型天才，尤其是那些在自己擅长领域中作用突出的成功者的例子中找到佐证。莫扎特、爱因斯坦或米开朗琪罗都成为他们的好例子。进而说明对人类历史产生重大影响的天才们是没法制造的。数学能力、艺术表达能力乃至运动天赋都有各种有用的级别，即使在缺少天才的时候也是如此。就像一组人参加百米比赛，必然有的人跑得最快，有的人跑得最慢。他们在比赛中的表现依赖于天生的奔跑能力。现在，假设有人发明了"自行车"，并让所有赛跑者进行训练。比赛改为"自行车"比赛再次开始。每个人都比以前运动得更快。但是，有的人仍然跑得最快，有的人仍然跑得最慢。如果我们不为提高人类的创造力做任何努力，显然个体的创造能力只能依靠天赋。但如果我们为被训练者提供有效和系统的训练方法，我们就可以提高创新能力的总体水平。有的人仍然比其他人好，但每个人都可以学会创造技能，提高自己创造性解决问题的能力。"天赋"和"训练"之间根本不存在矛盾。每位教练员或教师都会强调这一点。事实上，学习创造学理论与方法和学习其他知识之间没有什么区别。一方面，教学可以将人们培训成有创造能力的人，另一方面，受教育者已有的天赋可以通过训练来提高。因此可以认为"创造无法学会"的观点现在已经站不住脚了。创造力具有"可教性"和"不可教性"。天赋是无法训练的，但训练可以激发潜能。也许作为未来工匠的高职院校学生学习创造学理论不可能训练出天才，但是有很多有用的创造并不是天才的功劳，要提高全体"工匠"的能力，学习创造学理论工作必不可少。

（2）误区二：创造来自于传统观点格格不入的思想。

在传统的观点中另一种观点认为：创造来自于传统观点格格不入的思想。有许多创造是在打破旧有观点、观念基础上实现的，有的人就会产生上述观点。而且，这一观点也很容易在生活中找到佐证。因为，在学校里许多成绩优秀学生似乎属于循规蹈矩派。而在实际工作中有所创造的人往往在学校读书时成绩不佳。有创造性贡献的人必然拥有传统观点有差异的观点，但是需要明确一点，没有前人的积累，有创造价值的观点就无从谈起。没有旧有的事物作基础，任何新事物都无法产生，创造本身就是一个辩证否定的过程。批判地继承绝不等于全面打倒，与传统观点差异更不等同于与传统观点格格不入。

（3）误区三：有创造力的人往往在右脑和左脑的使用习惯和开发上有一种明显的倾向性。

在传统的观点还有一种观点认为：有创造力的人往往在右脑和左脑的使用习惯和开发上有一种明显的倾向性。于是，就产生了左脑或右脑主动性的观点。这种观点进而认为：惯用右手的人的左脑是大脑中"受过教育的"部分，识别和处理语言、信号，按我们已知的事物应该存在的方式来看待事物。右脑是未受教育的"无知"的部分因此，在与绘画、音乐之类有关的事中，右脑单纯无知地看待事物。你可以画出事物本来的、真实的面目，而不是按你臆想的来画。右脑可以允许你有更完整的视图，而不是一点一点地构造事物。于是，在提到创造性思维时，这种视点认为，创造只发生在右脑；为了具有创造性，我们所需要做的就是停止左脑思考，开始使用右脑。事实上，所有这些事都有其价值，但当我们涉及关于改变概念和认知的创造时，我们别无选择，只能也使用左脑，因为这是概念和认知形成和存放的地方。通过 PET（Positive Emission Tomography 正电子发射断层成像）扫描，有可能看出在任何给定的时刻，大脑的哪一部分在工作。在胶片上捕获到的放射线的闪光表明了大脑的活动。可以很清楚地看到，与一个人在进行创造性的思考时，左右脑会同时处于兴奋状态。这正是人们所期望的。

在获得正确的认识基础上，高职院校领导和教师在教育工作中需要做好如下三方面的工作：提高学生创造性思维能力、帮助学生掌握企业生产创新实践创新相关的工作方法，最终帮助学生拥有创造性的解决外来工作中可能面临问题的能力。

创新实践活动并不是孤立的、凭空的，它要依赖于大量信息的积累，更受到人的思维习惯和方法的影响。要提高创造性思维能力，不仅要掌握那些带有创造性思维特点的思维形式，还要掌握基础性的思维形式。具体地说，要注重创造性思维能力的提升。首先，努力养成突破传统观念直接解决问题的习惯。其次，努力保障逻辑思维的严密性。最后，要善于变换思维角度。

二、工匠创新思维能力培养

1. 突破传统观念能力分析

在企业生产实践工作中，常常会遇到一些比较复杂的问题。人们似乎认为对于复杂问题的解决，必然是一件复杂的事。产生这种观点的重要原因之一，就是传统观念的影响。要解决这类问题，就要通过突破传统观念来简化问题，使问题得到解决。在具体的工作中，"工匠"可以借助三种思维方法突破传统观念。

（1）利用直觉思维直接突破传统观念

直觉思维法是一种未经有意识的逻辑思维而直接获得某种知识的思维方法。直觉思维是一种潜意识思维，也是突破传统观念的有效手段。人们有时对某一问题的理解、某种认识的产生，并非经过严格的逻辑推理，而是由突然领悟而获得的。直觉是人们在认识过程中，头脑中的某些信息在无意识的状态下经过加工而突然沟通时所产生的认识的飞跃，表现为人们对某一问题的突然领悟，某一创造性观念和思想的突然降临（灵感），以及对某种难题的突然解决。

直觉思维是一种从材料直接达到思维结果的认识活动，是一种思考问题的特殊方法与状态。人们在思考问题时，借助直觉启示而对问题得到突如其来的领悟或理解被称为顿悟。顿悟属于潜意识思维，它的特征表现为：功能上的创造性、时间上的突发性、过程上的瞬时性和状态上的亢奋性。在现实生活中，人们往往遇到这种情况：某个问题已经研究很久了，成天苦苦思索，仍然没有解决问题的思路。而在某一个突然的外界刺激，思考者头脑中突然出现了一种闪电式的高效率状态，顿时大彻大悟。一通皆通，问题便迎刃而解了。顿悟并非是某些科学家、艺术家、文学家所特有的，每个正常人的大脑都具有这种功能，差别仅在于顿悟出现次数的多少，功能的强弱，而不在其有无。顿悟并不是虚无缥缈的，它不会凭空发生，它只是垂青于那些知识渊博、刻苦钻研、经验丰富的人。勇于实践，积累广博而扎实的知识是灵感顿悟产生的基础。产生灵感顿悟的最基本条件是对问题和资料进行长时间的顽强的思考，直至达到思想的"饱和"，同时必须对问题抱有浓厚的兴趣，对问题的解决怀有强烈的愿望，要使头脑下意识考虑这一问题。

启迪是顿悟的关键诱因，它连接各种思维信息，是开启新思路的契机。当主体的灵感孕育达到一触即发的"饱和"状态时，只要有某一相关因素偶然启迪，顷刻就豁然开朗。因此要留心观察周围事物或现象，以便及时起到开窍作用。灵感顿悟来去倏忽，稍纵即逝，很难追忆，要掌握珍惜最佳时机的技巧，善于捕捉闪过脑际的布独创之见的思想。灵感顿悟大多是在思维长期紧张而暂时松弛时得到的，思考者要养成良好的学习、工作方法和习惯，注意张弛结合。要促进思考者产生顿悟，要创造相对安定的环境，否则不相关的信息太多，根本无法进入研究、探索的境界，也不可能造成灵感顿悟产生的境域。创造性思维的灵感、顿悟好像是刹那间从天而降。其实人的潜意识活动在一定范围内得到显意识功能的合作，经历了一个孕育的过程，当孕育成熟时即突然沟通，涌现于意识，终于灵感顿发。正因为它有一个客观的发生过程，所以灵感顿悟并非是神秘莫测、不可捉摸的。在人的灵感产生以前的反复思考、思想活动的高度集中，已经把思维从显意识扩大到了潜意识。思维在潜意识里加工，偶然和显意识沟通，得到了答案，就表现为灵感。直觉、灵感的产生，都是创造得经过长期观察、实验、勤学、苦想的结果。没有这个基础，灵感是不会飞进你的大脑的。企业生产实践活动中的灵感、想象往往是模糊的，如果不重视这种模糊的思维，就可能让灵感白白溜掉。

必须指出的是，直觉思维不会凭空而来，而是与专业知识背景紧密相连的。因此，直觉、顿悟、乃至于在梦中产生的想法，都必须以一定理论知识背景为基础，那种认为直觉、顿悟可以解决一切的想法是十分不切合实际的。

（2）利用想象突破传统观念

人的创造性思维来自于丰富的想象，创造想象是创造活动的先导和基础。好的创造成果无不起源于新颖、独特的创造想象。人们在思考问题时，除了运用概念进行判断、推理外，还依赖于想象。广义的想象包括：联想、猜测、幻想等。想象把概念与形象、具体与抽象、现实与未来、科学与幻想巧妙结合起来。但值得注意的是：想象的东西在没有为实践证实之前，始终是想象而不是真理。要把想象变成现实，既要有一定的条件，也要有一定的过程。想象是带有某种程度的猜测性的，它至多是一种预测而已，而猜测或预测不一定都能实现。因此，我们在倡导想象，提倡培养自己丰富的想象力的同时，必须对想象保持清醒和不同程度的怀疑态度。

想象本身是以人类旧有的经验为基础，通过对这些经验的有意识重组，进而创造出一个崭新形象来的心理过程。人们在分析和解决问题时，可以通过一系列具有逻辑上因果关系的想象活动，来改善特定的思维空间，从而选择到解决问题手段的思维方法。

联想是想象的核心。联想是通过事物之间的关联、比较，扩展人脑的思维活动，从而获得更多创造设想的思维方法。联想可以通过对若干对象赋予一种巧妙的关系，从而获得新的形象。运用联想，可以使风马牛不相及的事物联系起来。联想是培养创造性心智机能的一种有效的方法，是通向新知识彼岸的桥梁。它可以在已知领域内建立联系，也可能从已知领域出发，向未知领域延伸，获得新的发现。不少成功的发明创造，往往是通过联想获得的。联想不是一般的思考，而是思考的深化，是由此及彼，由表及里的思考。一个人如果不学会联想，学一点就只知道一点，那他的知识不仅是零碎的，孤立的，而且是很有限的。如果善于运用联想，便会由一点扩展开去，使这点活化起来，举一反三，触类旁通，产生认识的飞跃，出现创造的灵感，开出智慧的花朵。联想能够克服两个概念在意义上的差距，把它们联结起来，从而发现某些事物的相同因素或某种联系，揭示出事物的本质。联想不是想入非非，而是在已有知识、经验的基础上产生的，是对输入到头脑中的各种信息进行编码、加工与换取、输出的活动，其中包含着积极的创造性想象的成分。联想能力是人脑特有的一种能力。不过，并不是每个人都能因联想而有所发明创造，要使联想导向创造，必须懂得联想的类别和规则。

按人脑反映事物之间的关系不同，可把联想分为接近联想、类似联想、对比联想、因果联想和自由联想等。接近联想，是由在空间和时间上接近的事物形成的联系，而由一种事物想到另一种事物。例如，由江河想到桥梁，由天安门想到天安门广场和人民大会堂，这是对在空间上接近的事物的联想，叫空间联想。又如，由日落联想到黄昏，由"八一"南昌起义想到"秋收起义""广州起义"，这是对时间上相接近的事物的联想，叫时间联想。类比联想，也叫相似联想，是基于具有相似特征的事物之间形成的联系，而由一事物想到另一事物。例如，由春天想到新生，由冬天想到冷酷，由攀登高峰想到向科学现代化进军。文学作品中的比喻，仿生学中的类比，都是借助于类比联想。对比联想，由具有相反特征的事物之间的联系引起，由一种事物想到另一种事物。例如，由寒冷想到温暖，由黑暗想到光明，由物体"高温膨胀"想"深冷收缩"。因果联想，是基于事物之间的因果关系，由一种事物想到另一种事物。例如，由加压想到变形，由高质量想到高销售等。自由联想，是对事物不受限制的联想。例如，由宇宙飞船在太空航行想到建立空中城市，想到在其他星球上安家落户。

为了训练思维的流畅性，还可以运用急骤式联想法。这种方法要求人们像暴风骤雨那样，在规定的短时间内迅速地说出或写出一些观念来，不要迟疑不决，也不要考虑答得对不对，质量如何。评价是在训练结束后进行的。例如，要求说出砖头的各种用途，学生可以答出：砌房子、筑路、磨刀、填东西、敲捶物品……又如，哪些是圆形的东西？学生回答：皮球、纽扣、茶杯、锅盖、圆桌、车轮……答得愈快，愈多，表示流畅性愈高。

猜想是想象的重要形式。猜想是指人们发挥思维的能动性，对事物发展进程和未来关系进行预测、设想的一种思维方法。猜想法基于既有经验、又不受既有经验束缚的跳跃性。科学史上新的认识成果往往都首先来自科学家的某种大胆假说和猜想。"工匠"在企业生产实践活动中还有敢于大胆假设、小心求证，最后付之验证，才能获得真理性认识。

猜想的方式是多种多样的，它可以运用事物的相似、相反、相近关系作联想组合；可以用试错的方法将毫无关联的、不相同的知识要素组合起来；也可以运用创造性想象来补充缺少的事实，设想可能存在的联系。总之，在猜想这一过程中，人们可以尽情地猜测、假设、试错、修改，突破原有的知识圈，在既有的感性材料上起飞，把尽可能多的反映物质世界的思路、方案、模式建造起来，然后再加以对比，进行研究和论证，逐步淘汰错误的猜想，形成真理。

要更好的实现想象，就要冲破现存事物和观念的束缚，对现在尚没有但有可能产生的事物进行大胆设想。要进行大胆设想，首先，要破除迷信，摆脱束缚。要摆脱现有事物和观念的束缚，不能认为现有事物已能满足人们的需要，已经发展完善到完整无缺的顶峰，再无法提高和突破，更不能迷信权威和经典。其次，勤于思考，大胆怀疑。最后，创造想象的"原料"来自丰富的知识和经验，来源于广泛实践基础上的感性想象。要想发展自己的创造想象能力，就必须不断扩大知识范围，增加感性想象的储备。

（3）利用非逻辑思维突破传统观念

非逻辑思维是突破传统观念的有效途径。非逻辑思维楚指在思维过程中有意识地突破形式逻辑的框架，采用直觉的、模糊的和整体的思维方法。非逻辑思维在承认逻辑方法在认识过程中的作用的同时，突出了直觉思维的非逻辑性在认识过程中的重要意义。非逻辑思维主要包括以下几种。

第一种，模糊估量法。在面临一个问题时，先对其结果作一种大致的估量与猜测，而不是先动手进行实验设计或逻辑论证。这是一种直觉方法。这种方法的根据是先前的经验和自己的直觉判断能力。这种方法有时会帮助研究者形成一种总体的、战略性的眼光，有时会导致一种假说的提出。第二种，整体把握法。它要求人们暂时不注重于对象系统的某些构成元素的逻辑分析，而是重视元素之间的联系，系统的整体结构。

非逻辑思维的典型思维方式是超常思维。所谓超常思维是指遇到问题善于冲破常规和习惯势力的束缚，心独运、别出心裁地去思考、探索，寻求异乎寻常的解决途径，争取获得人们意想不到的效果的一种思维方法。应用超常思维方法，一般有以下几种典型情况：第一种情况，冲破束缚，另辟蹊径。当企业生产实践活动面对新情况、新问题时，敢于冲破旧有的各种束缚，开拓新思路，开辟新境界。第二种情况，匠心独具，超凡出众。要实现创造性解决问题，就需要匠心独具，超凡出众的思考。这就要求"工匠"在企业生产实践活动中要善于打破传统思维的一系列传统习惯，才能有所突破。第三种情况，处变不惊，

"化解难题"企业生产实践活动要经常面对突发问题，这个时候必须要冷静分析，才能做出正确判断。第四种情况，因果关联，纵深突破。第五种情况，巧施联想，出奇制胜。"工匠"在企业生产实践活动中根据事物与周围环境之间的相关性原理，进行全方位思考，这样才能保证解决问题的系统性。

2. 保障逻辑思维的严密性

创造性思维是以非常规的思维为基础。但是，真正的创造性的人类成果最终必须是符合逻辑的。因此，要想提高个人的创造性思维能力，就要提高其逻辑思维能力。人们对事物的把握，由浅显到深入，由低级到高级，由现象到本质或从抽象逐渐到具体的过程。因此，比较典型的逻辑思维方法就要由表及里、层层深入、剥茧抽丝。

掌握逻辑思维方法，不仅要学会层层深入，还要善于比较，善于应用比较思维。所谓比较思维是把各种事物和现象加以对比，来确定它们的异同点和关系的思维方法。任何事物性质的优劣、发展的快慢、数量的多少、规模的大小等等，都是相比较而言的。没将比较，就没有鉴别。比较是一切理解和思维的基础。人们认识事物，把握事物的属性、特征和相互关系，都是通过比较来进行的。只有经过比较，区分事物间的异同点，才能识别事物，把它归到一定的类别中去。

比较，一般可分为两种类别：即同类事物之间的比较和不同类事物之间的比较。同类事物之间进行比较，找出其相同点，可以揭露事物的共性；找出其不同点，可以揭露事物的特殊性。不同类事物之间进行比较，找出相同点，可以揭示事物之间的联系；找出不同点，可以揭示事物之间的区别。比较，一般可采取顺序比较和对照比较。顺序比较是把现在研究的材料和过去的材料加以比较。这是一种继时性的纵向比较。如今与古比，新与旧比较等。这种比较，容易说明新事物的优越，新阶段比旧阶段进步等，同时还可以发现优越之特性，进步之表现，从中寻求规律、拓宽思路，预测未来事物的发展进程。对照比较是把同时研究的两种材料，交错地加以比较。这是一种同时性的横向比较。此种比较，可以对空间上同时并存的事物进行对照，以认识事物的异同和优劣。横向比较，必须在同类事物之间进行，如国家与国家比，人与人比，单位与单位比，地区与地区比。进行这种比较时，一定要注意它们的可比性。如在比较社会主义制度和资本主义制度时，只能比那些可比的因素，不可比的因素应当排除在外，这就是所谓"异类不比"。同时，应采取客观、公正的严肃态度。

不论是纵向比较还是横向比较，都要明确为什么而比，并站在正确的立场上，运用正确的观点去比。通过比较做出科学的历史的具体分析。舍此，比较中的纵向可能导致单纯地回头看，产生满足现状或今不如昔的偏向；比较中的横向则可能变成现象间的简单笼统的对照罗列，或者导致对自己、对别人、对事物的全盘否定或全盘肯定，得不出合理的科学的结论。

要更好开展思维活动，进行有效的比较对照，就要关注如下几种形式的比较：首先，进行新知识与旧知识的比较。在比较中了解新旧知识的异同，把新旧知识联系起来，使新知识的掌握建立在旧知识的基础上，加深对新知识的理解。其次，进行新知识与新知识的比较。在比较中认识事物之间的共同性和特殊性，揭示事物之间的联系和区别，使学生所掌握的知识深刻化和精确化。再次，进行旧知识与旧知识的比较。在工作中，把已经拥有的知识相互比较，以加深理解，加强巩固，并把知识系统化起来，形成解决问题的方案。最后，进行理论与事实比较。使思考者根据事实了解理论，并检验理论的正确或错误，把理论和实际联系起来。

一般地说，确定事物之间的相异点比确定事物之间的相同点要容易一些，经常一些。所以，在进行比较时，最好先从寻找相异点开始，再过渡到寻找相同点。最后，明确异同之所在，达到既能看出同中之异，又能看出异中之同。在对事物进行比较时，必须围绕主题进行。当比较事物某一方面的特征时，不能把其他方面的因素掺杂到里面去。要经常注意找出哪些是事物的主要因素，哪些是事物的次要因素，不能将事物的次要因素当作主要因素。分清了事物的主要因素和次要因素，有利于把握事物的本质特征。逻辑上的层层深入和比较分析仅仅是创造性思维的基础，而提高理解力、判断力则是创造性解决问题的关键。

所谓"理解"就是对某个问题、某件事搞懂了、弄明白了。而"理解力"就是衡量一个人对这个问题、这件事搞懂、弄明白所用的时间长短。用时短，相对来说这个人理解力强，反之则这个人理解力弱。一个人的理解力大小、强弱不是天生的，它是人类在从事各种社会实践中不断学习、不断处理与解决各种问题，不断总结正反两方而经验所取得的。在各种实践中，锻炼了人的智力，使人不断聪明起来，从而才有可能使人类的理解力不断提高。这里要指出的是，一个人应该养成坚持学习、热爱学习的良好习惯，坚持活到老、学到老，这样才能给一个人持久地保持敏捷的理解力提供良好的智力基础。所谓判断力是通过人类对某个问题或某些现象的观察、分析，然后进行综合和推理，得出正确与否、是非与否，或者通过观察、分析、综合和推理又延伸得到新的结论。人类发明创造的历史证明：一个人的理解力和判断力的大小是人类取得创造成果或事业成功的重要的先决条件。

要更好地运用逻辑思维就要加强对外界信息的收集，并充分利用这些信息进行分析，做出判断、预测、决策。这一过程，被称为反馈思维。反馈思维是指控制系统把信息输送出去，又把其作用结果运送回来，并对信息的再输出发生影响，起到控制调节作用，以达到预定目的的思维方法。

反馈是自然界的一种普遍现象。在自然现象中，人和动物必须呼吸，吸进新鲜氧气，呼出二氧化碳。如果没有绿色植物吸进二氧化碳、放出氧气这样一种"反馈"，生命运动就会停止。在人体运动中，大脑通过信息输出，指挥人的各种活动。同时，大脑又接受来自人体各部分与外界接触所发回的反馈信息，不断调节并发出新的指令。如果没有反馈信息不断输入大脑，人体运动就是不可设想的。

反馈思维方法被广泛应用于自然科学、社会科学等各个领域。任何一个系统，只要通过反馈信息，才能实现控制，达到预定的目标。没有反馈信息，要实现调节、控制是不可能的。例如，人类复杂的反射活动，都是通过神经系统的反馈而实现的。实现反射活动的神经通路，叫反射弧，它包括感受器、传入神经、神经中枢、传出神经和效应器（肌肉和腺体）等五个环节。前三个环节（感受器、传入神经、神经中枢）的任务是接受信息，后两个环节（传出神经和效应器）是执行机构。但复杂的反射活动，并不是一次单向传导所能完成的，而是经过传入和传出部分来回就近传导，借助大脑多次反馈调节的结果。正是依靠这种反馈调节，才保证了人类对外界精确、完整、连续的反应和对自身活动的准确控制。人的任何有意识的活动，无不含有反馈。简而言之，没有反馈，就没有生命，更谈不上人类的智慧和创造。

人在学知识时，首先是获取大量信息，然后由大脑对它们进行编码、改造，而后将思维的产物，利用各种途径输送出去，公之于众，收回外界对它的评价，从而检验学习效果和学习深度，进而在原有知识基础上，有针对性地进行再学习，再思考，再创造，使之更趋全面和成熟。这一过程也就是反馈思维过程。对一个学习者来说，通常存在两种反馈信息：一是由输入引起的感受器官的反应，称为"内反馈信息"；一是通过输出（即知识的运用），获得来自外界的反应，称为"外反馈信息"。无论哪一种反馈都具有调节学习和激发动机的功能。当反馈信息揭示了学习中的不足时，它就能为调节学习、重新制订学习计划、改进学习方法提供依据；当反馈揭示了学习的成效时，它便能激发学习的积极性，起到鼓舞和鞭策作用，使学习兴趣更浓，信心更足，也更大。

成功的创造者和发明者，都善于进行反馈思维。例如，他们在掌握知识的过程中，能向能者求教，交流探讨，并运用知识于实践，发现问题，总结经验；又能把别人对自己知识的评价，加以整理分析，提取有益成分，反馈至知识的输入端，实现对学习内容、方法和学习目标的选择和控制。由于他们能勤于输出信息，从中获取反馈，所以能获得成功。

总之，反馈思维可以使学习和创造者找到不足，弥补缺陷，改进方法。同时寻找良师益友，加以指导，少走弯路，找到捷径。所以，反馈思维法是加速学习成功的要诀，是人才创造活动的重要智力因素。在学习和创造中，为了取得成功，必须学会反馈思维，如主动质疑，寻师求教，不耻下问，运用知识、同学间相互切磋等等，都是强化反馈信息的有效方法。

反馈思维按照思维方式可以分为前馈思维、后馈思维。

前馈思维指人们在工作过程中，注意在客观情况发生新的变化之前，争取时间，搜集信息，从中洞幽察微、见微知著，从而超前构思相应的对策，超前做好必要的调节控制准备的一种思维方法。也称超前反馈思维方法。前馈思维方法早就引起古人的注意。所谓"凡事预则立，不预则废。"

后馈思维就是用历史的联系、传统的力量和以前的原则来制约现在，使现在按照历史的样子继续重演的思维方法。后馈思维又可称为习惯性思维，是一种循轨思维。它面向历史，总是用过去怎么做、祖先怎么样、以前的经验怎么样来要求现在。后馈思维是思维的一种惯性运动，把思维方式固定化、绝对化。后馈思维总是要把"现在"反馈为"历史"的重复。所以，它也是一种"滞后型"的思维它的向心力和惯性力的基础在历史。

后馈思维具有的典型的特点是指向性。一般来说思维都具有一定的指向性，所不同的是，后馈思维是把现在往历史上引导的指向性思维。它的"兴奋中心"总是历史上的某个阶段、某种情况，是一个通过"想当年""要恢复到某某时的情况"的思维过程。后馈思维的指向性产生两种结果：一种是对现在的缺陷、弊病感到不满，要以历史的成功经验和优良传统"改变"现在，这是积极的；因为，创造是必须以固有的事务为基础。后馈思维的另一种指向性是对历史"理想化","厚古薄今",其结果是以历史来"今变"现在,这是消极的。对此,要进行具体分析。当一件事情已经发生,而对于事情的某些细节不十分清楚,而又要求了解这些细节的时候,就需要以后馈思维对已有的现象进行分析。因为,在后馈思维的指导下,人们就可以进行适当的还原性的模拟工作。

后馈思维既有消极因素,也含有一定的积极成分。我们要发挥它的积极作用,联系客观实际,正确对待传统的文化遗产,以实现思维的创造性。

3. 善于变换思维角度

"工匠"要在企业生产实践活动中实现创造性思维,还要适当改变思维的方向、变换思维的角度。传统的思维是一种正向的思维方式,要变换思维角度,就要采用逆向思维、侧向思维和合向思维、水平思考法,增加思维形式,促进思维的多样化。

(1)逆向思维

逆向思维也叫反向思维,是一种创造性思维,它强调要从事物的反面或对立面来思考问题。逆向思维与正向思维相对应。正向思维是指人们运用过去的知识和经验,在已有理论指导下思考问题和解决问题的一种能力或方法。正向思维在人们日常思考和科学研究中起着巨大的作用。但是,由于人们受心理倾向、心理定式的影响,即在思考问题时,采取特定的思路一次,下一次采用同一种思路的可能性就越大。在一连串的思想中,一个个观念之间形成了联系,这种联系紧紧地建立起来,必然导致它们的联结很难破坏,这样就容易导致人们形成一种固定的思维模式,即习惯性思路或思维定式,如"守株待兔"的千古笑谈就是其中一例。

逆向思维则需要突破这种习惯性思路或思维定式。它是从事物常规的相反方面去探索思考问题和解决问题的一种思维方法。根据唯物辩证法的基本原理,事物都存在着正反两个对立面。所以,人们在对待事物的时候就需要既看到正面也要看到反面,既看到前面又看到后面,既看到外面又看到里面。这就是逆向思维得以成立的基础。

人们的思维,在主流上正向思维,即凭借以往的经验、知识、理论来分析和思考问题。这是人类文明得以源远流长和发扬光大的内在源泉,也是每一个体系得以逐步完善的根本所在。但是,其中的负效应也助长了人们思维定式或习惯思路的形成:知识越多,经验越丰富,思路也就越教条、越循规蹈矩。天才和聪明人正是心中藏着逆向思维才获得成功的。相反,一个知识或经验十分丰富的人，如果堵死了逆向思维的通道，遇到难题就只能一条思路走到底，最后陷入死胡同而不能自拔。由此可见，逆向思维对于开阔人们的思路是非常重要的。

在人们的思维习惯中，逆向思维主要表现为如下几种形式。

首先，在思维活动中，通过正视事物矛盾的对立认识和把握事物。事物都包含着对立的两方面，人们的认识和主观思维必须符合事物的实际，如果只注重一个方面而忽视了另一个方面，只看到矛盾的正面作用或正效应，而忽视了矛盾的反面作用或负效应，就会在实践中碰壁。只有看到事物矛盾的两个方面，在事物对立的两极中思考，才能全面而正确地反映事物、认识事物，在实践中取得成功。爱因斯坦正是有意寻求对立双方的同时存在和相互联结的情形，才能从对立事物中找到完美的统一，从表面上看来似乎不合逻辑的情况提出合乎逻辑的假说。

其次，在思维过程中，通过从事物矛盾的反面来思考，以达到认识事物、表达思想、进行发明创造和实现科学决策的目的。事物都有正面和反面，相反的方面不仅相互排斥，而且可以互相联结，具有同一性。从事物的反面进行思考，比起从事物的正面进行思考来说，显得思考的角度更加广泛。认识事物不是只有一个角度，也不是只有两个角度，而是可以从多个侧面、多种不同的角度来揭示。各种事物、现象之间既有必然的联系，又有偶然的联系；一种原因可以产生多种结果，一个主攻方向上屡攻不克时，应研究推翻以往的分析、解决问题的途径，把问题的重点从一个方面转向另一个方面，从而打开一条新的思路。也就是说，思维在一个方面受阻时，就可以从相反的方向试试；反向思考如果不能解决问题，还可以再改换一下角度，找几个侧面去试探。就如打仗一样，正面攻击敌人不利，就可以从后面或侧面发动进攻。

最后，凡做一件事情都从反面想想，可以弥补只从正面思考的不足。在分析问题、进行决策时，逆向思维的作用不可低估，人们常用"凡事预则立，不预则废"的古训来提醒自己，这里的"预"，也包括把事情反过来想一想。

运用逆向思维，既可以在优越感中警惕危机的因素，又可以在危机中看到优越的所在；在顺利的环境中看到逆境的存在，在逆境中看到顺利的可能；在成功中看到有失败的部分，在失败中寻找成功的基因。富裕和贫乏，团结和分裂，前进与倒退等等都是相互渗透、相互依存、相互交融的。

逆向思维好比开汽车需要学会倒车技术一样。如果不学会倒车技术，一旦你的汽车钻进了死胡同，就出不来了。思考问题时，人们有时也会钻进死胡同出不来，逆向思考就能帮你退出来。正像我们用不着总开倒车来显示自己的倒车技术一样，我们也用不着总使用逆向思维方法，但是一旦需要时，如果不会使用它，你就会陷入困境。

逆向思维主要表现为思维逻辑逆推、方向、位置、顺序等的逆向思考。在具体的应用过程中，主要有如下表现形式：第一种情况，思维逻辑逆推。所谓思维逻辑逆推，就是指从要解决问题的结果出发，从结果推向解决问题的方法。第二种情况，方向反向。所谓方向反向就是通过改变事物的方向，来解决问题。我国北宋大臣、史学家司马光在幼年时候砸碎水缸救人就是利用方向反向，从逆方向思考获得成功的典型实例。第三种情况，位置反向。所谓位置反向就是通过改变事物中组成部分所处的位置，来解决问题。第四种情况，顺序反向。所谓顺序反向就是通过改变事物顺序来解决问题。第五种情况，优缺点反向。中国有句古话叫"有则改之，无则加勉"。就是说，有了缺点和错误，一定要想办法改正；即使没有缺点和错误，也要时刻提醒自己，不要犯类似的错误。因此，一提到"缺点"，人们就习惯地抱以否定的态度。然而世界上没有十全十美的事物，因而事物的缺点在所难免。如果我们能化解对缺点认识的抵触情绪，想到巧用缺点的办法，不但能将损失降到最低点，而且有可能取得意想不到的效果。第六种情况，无用、有用反向。无用、有用反向就是把无用之物变成有用之物，生活中有很多物品往往由于为它寻找到新的适用位置而获得新价值。也可以说是变废为宝。目前高校中经常组织的头脑奥林匹克竞赛，就有一项原则鼓励使用废弃物作为比赛用材料，这样做不仅可以培养学生节俭意识，也是创造性思维的体现。

应用逆向思维要注意以下几方面问题：第一方面，逆向思维的运用有其限度，这个限度就是要符合逆向思维的方便性原则。即在正向思维能充分起作用的限度内，一般不动用逆向思维，只有在正向思维使用不灵便时才起用逆向思维。在数学的证明中就充分体现出这一点，只有当直接证明不能实现时才使用间接证明。第二方面，逆向思维的作用方式有其规范性。虽然，逆向思维既可以从事物矛盾的反面进行逆向思考，但是，其反面必须与事物矛盾的正面相关，否则这种逆向思考将不成立。对待不同的具体需要进行不同形式的逆向思维。第三方面，逆向思维的作用具有不扩散性。逆向思维并不要求对任何的小事都来一番思考，恰恰相反，在大量常规场合，都是正向思维在起作用。比如一个学校的规章制度在制定之后，必须坚决地加以执行，这与逆向思维并不矛盾。总之，我们在使用逆向思维时，需要的是科学的怀疑态度和叛逆精神，而不是逆历史潮流而动；需要的是敏捷创新，而不是畏缩不前，左右摇摆而不进。

（2）侧向思维

所谓侧向思维是指从其他离得很远的事物中，通过联想，获得启示，从而产生新设想的一种创造性思维方法。

在改变思维方向的过程中，思考者可以根据以往的知识和经验或某一指导原则，已判断出解决某一问题的方法所在的方向，于是撇开其他方向，敏锐地直接选择这一方向进行思考和研究的思维方法。这种典型的侧向思维方法被称为直接定向强方法。

在人类历史的早期或者人类刚刚涉足的领域，人们往往在没有经验指导或缺乏足够专业知识的条件下，不得不在多种可能性之间进行反复的比较、分析、试错、修正，最后筛选出解题所需信息的思维方法。这种方法，被称为试错方法，也被称为无定向探试弱方法，无定向探试弱方法，是与直接定向强方法相反的方法。无定向探试弱方法以尝试和易变为特征，思维效率不一定高，有时还要冒几分风险，但选择信息的回旋余地大，运用得当，常可有突破性的创造。无定向探试弱方法常用于那些久久徘徊于创造者脑海中非常规、高难度的创造性课题。面对这类课题，许多常规的、定向的思维方法难以奏效，不得不把它转让给无定向探试弱方法去解决，通过不断摸索，取得突破性的创造。值得注意的是，无定向探试弱方法虽然是一种试探性的、自由度很高的思维方法，但使用该方法决不等于可以无根据地盲目冒险蛮干，否则将一事无成。

侧向思维方法的另一种有效方法是趋势外推法。趋势外推法又称趋势外括法或趋势分析法，是一种属于探索型预测的思维方法。趋势外推法的前提是：过去发生的某一事件，如果没有特殊的障碍，在将来仍会继续发生，它是依据于事物从过去发展到现在再发展到未来的因果联系，认为人们只要认识了这种规律，就可以预见未来。正因为如此，在运用趋势外推法时，对于事物的未来环境并不作具体的规定，而是基于这样一种假说，即影响过去时期发展的主要因素和趋势，在推测时期中是基本不变的，或其变化的趋势和方向是可以认识的。而未来仍将按从过去到现在的趋势发展下去，人们也就可以从现实的可能出发，从现在推向未来。

趋势外推法是以普遍联系为其理论根据的。根据普遍联系的观点，客观世界的事物都是相互联系，彼此影响的。从横向看，每一事物都处于普遍联系的链条中，都是普遍联系的一个环节，认识和把握其中一个环节，可以认识到其他的事物；从纵向看，每种事物都有其自身发展的历程，即都有过去、现在和将来的发展过程。可见，趋势外推法有两个方面：一方面，趋势外推一般从横向联系来预测事物发展的趋势。另一方面，要更好的实现侧向思维，仅仅可以通过"趋势外推"是远远不够的；而通过加强外界刺激来促进思维方向的转移则是更有效的策略，而要更好加强外界刺激就要寻求诱因。寻求诱因是以某种信息为媒介，从而刺激、启发大脑而产生灵感的创造性思维方法。

寻求诱因方法往往是以某个偶然事件（信息）为媒介，它通过刺激大脑而产生联想，豁然开朗，迸发出创造性的新设想而解决问题。当一个问题百思不得其解时，诱发因素是极其重要的，所谓"一触即发"，就包含了诱因的媒触作用。

表面上看，有诱因就可以解决一切问题；事实上，诱因并不是引发侧向思维的关键。面对诱因，只有保持高度敏感、并且积极调动自己的固有知识。而侧向思维并非在任何情况下都能发挥作用，必须具备一定的条件。这个条件就是：所研究的问题必须成为研究者孜孜以求、坚定不移的研究目标，一直悬念在心。只有在这种情况下，人的大脑皮层才会建立起一个相应的优势灶。由于优势灶有两个基本特征，即神经细胞对刺激的敏感性大大提高和脑细胞长时间保持兴奋状态，因此，一旦当侧向思维受到某个偶然事件的刺激，就容易产生与思维相联系的反应，从而对所研究的问题形成新的设想，或者提出新的问题，使侧向思维在创造活动中发挥重要作用。

（3）合向思维

所谓合向思维就是将思考对象有关部分的功能或特点汇集组合起来，从而产生新设想的一种创造思考方法，又称合并思维法、组合法。

合向思维法是一种简单实用的创造性构思法，在不同领域中的表现形式各不相同，常用的合向思维表现为两大类划：

第一类，"辏合显同"法。所谓，"辏合显同"法是通过把原来是杂乱的零散的材料聚合在一起，再从中抽象出一种显示它们本质的新特征的创造性思维活动和方法。"辏合显同"法主要有以下几种类型：第一种，审视法。即对研究的对象用审视的眼光去分析，为能显同打下基础。第二种，综合法。即通过把原来是杂乱的零散的材料聚合在一起，并进行综合考察，分析研究，从而得出创造性效果的方法。第三种，集注法。即集中力量贯注于研究对象的思考方法。在进行按"辏合显同"的思维活动时，必须对大量杂乱零散的材料进行"去粗取精、去伪存真、由此及彼、由表及里"的加工改造制作，即要选择材料、鉴别材料、联系材料和深化材料，只有这样，才能在异中显同，抓住事物的本质和规律。

第二类，添加法。所谓添加法指在现有的事物上增加某种东西，从而产生新设想的一种思维方法。添加法的基本内容就是，根据需要解决的问题，围绕中心词"添加"，提出一连串相关的设问。在这种发问中，能扩大人们探索的领域，开拓人们的视野，启发人们的思路，从而产生新的设想，取得创造发明的成功。

合向思维看似简单，但是如能尽量把不同质的、意想不到的东西加以组合，这个想法便是前所未有的、崭新的了。合向思维的运用很广泛，不仅可以将物体与物体合并，创造出一系列新产品，也可以将某种科学技术同各种方法组合起来，从而形成一种新的解决问题的方法。

（4）水平思考法

人们在思考问题，一般采用垂直的思维方法。而要创造出更大的成果，就要改变思维习惯，分析与待解问题相关的一切因素，建立一个新的思考体系，这就是水平思考法。水平思考法与逆向思维、侧向思维、合向思维有许多相似之处，但从本质上说又是上述三种思维的综合。

水平思考法的提出人英国学者爱德华·德·波诺认为："水平思维与认知联系紧密。在水平思维中，我们努力提出一些不同的观点。所有观点都是正确的，可以共存。不同的观点不是从彼此中衍生出来，而是独立产生的。从这个意义上来说，水平思维与探索有关，正如认知也与探索有关一样。

"水平思考"是相对于以逻辑学和数学为代表的"垂直思考"而提出来的。垂直思考需要一步一步地分析，既不可逾越，也不可出现步骤错误。所谓水平思考法，就好比掘井碰到石头时，不再继续往下挖，而是换个地方再挖。水平思考法是一种既非逻辑性又非因果性，而属于超越性的思考方法。常规逻辑关心的是"事实"和"是什么"。水平思维和认知一样，关心的是"可能性"和"可能是什么"。当今，在信息产业界，这类信息处理被正式称作"模糊逻辑"，因为不存在明确地对错界限。水平思维与改变概念和认知直接相关。在某些方面，改变概念和明确地认知是与新想法有关的创造的基础。这和与艺术表达有关的创造不一定相同。水平思维是基于自我组织的信息系统的行为。因此，从广义上讲，水平思维与探索认知和概念有关，但是从狭义或创新的意义上讲，它与改变认知和概念有关。

水平思维方法的有些方面完全符合常规逻辑，另一方面水平思维方法与发散思维有许多相似之处。使用水平思维方法解决问题时，一般要思考者的思维中做出一个非常简短的有意识或无意识的停顿，来考虑是否可能有替换方案或其他的做事方法。在思考或讨论一般问题时，有许多事被认为理所当然。在创造性地解决问题过程中，停顿的实质是促使思考者稍作停顿去考虑某件事。在思考常规问题时，人们只会考虑被研究问题的现状和困难以及解决途径。要实现创造性地解决问题，就要关注其他人都忽略了的事情来获得思路。创造性的质疑是水平思维最基本的策略。创造性的质疑可以针对事情本身，也可以针对关于这件事的传统思维，还可以针对随时进行的思考。通过质疑，人们就可以发现原来被自己忽略的方面或者被遗忘的解决问题的办法。

使用水平思维方法解决问题时，另一种有效的方法是选择并启用替换方案，它是水平思维的精髓。选择并启用替换方案是指思考者在没有明的需求时候，停下来寻找替换方案；甚至在下一步合理而有效时停下来寻找替换方案；做出努力寻找更多替换方案、而不是满足于已经找到的替换方案的做法。通过改变状况、而不是满足于"分析"给定的状况来"设计"新的替换方案，从而更好地解决问题。人们在过没有桥的河时，往往会选择一块可以用脚去踩踏的石头，这块石头就被称为垫脚石。使用水平思维方法解决问题时，要使用垫脚石，就是在思考问题时，一定要以旧有的方法为基础，吸收原有方法的优点，对原有方法的缺点和不足进行扬弃和改进。这样，就会产生新的有益的方法，并最终获得最佳的解决问题的方案。

第三节 中国第一所培养"匠士"的学校

德胜—鲁班（休宁）木工学校创办于 2003 年，是由德胜（苏州）洋楼有限公司和休宁县人民政府联合创建的，现由长江平民教育基金会资助。学校特色鲜明、特立独行，规模虽小，影响却大。这所学校以创立了全国独一无二的"匠士"学位及培养木工专业人才的职业化教育模式，引起了海内外教育界和众多媒体的关注。

一、办学思路

面对家乡同龄人外出打工的艰辛，面对他们的孩子重走父辈路的困境，创业成功的聂圣哲先生总是想着如何帮助这些孩子走出困境。因为喜欢教育，心存教育情结，聂圣哲先生与家乡领导多次交流之后决定办一所职业学校来帮助他们，同时探索、实验自己的平民教育梦想。

1.农民的孩子出路在何方

休宁县地处皖南山区，俗称"八山半水半分田，一分道路与庄园"，是安徽的林业大县，历史上就有"徽杉仓库"之称。2002 年，由于林农返贫，休宁县被定为安徽省扶贫帮困县。以什么途径、方式扶贫？这是贫困地区政府必须破解的课题。于是，一方面动员、鼓励全县上上下下、方方面面，到省里、部里去争取项目、争取资金尽快改变贫穷落后面貌；一方面大力发展职业教育，培养劳动者技能，从根本上解决脱贫问题。

当时，休宁县教育面临着两难的现实：一是由于普通高中教育资源不足，每年约有 50% 的农村初中毕业生不能进入普通高中继续学习，他们（包括他们的父母）退而想到职业高中学到实用的技能；二是当时休宁县就没有真正意义上的职业教育，职业学校几乎没有实训设备，学生得不到专业技能训练，外出务工，只能从事一些简单的体力劳动，收入微薄。农民的孩子出路问题一直困惑着大家。

2、因为有教育梦想，就自己办学校

创办木工学校的设想源于德胜（苏州）洋楼有限公司总监聂圣哲先生。圣哲先生是安徽休宁人，生长于农村贫苦家庭。后来他在美国学习、工作了八年，回国后在苏州工业园创办了中国第一家美式木制洋楼公司。

因为喜欢教育，圣哲先生大学一毕业就选择在安徽大学执教。早年，他在休宁中学（校址在万安古镇）上高中时就经常听到曾在万安街上吴家私塾读书的陶行知的许多故事，后来对陶行知、杜威的平民教育思想饶有兴趣，就想把陶行知们没有做完的中国平民教育事业继续做下去。

他认为，中国传统教育的主流是精英教育和应试教育，平民的教育问题至今还没有得到解决。平民最需要的职业教育，一直被主流教育视为"二流教育""次等教育"，这导致了我国的职业教育资源是最薄弱的，是国民教育的软肋；而工业化社会需要的恰恰就是有效的职业教育。他强烈地感觉到以一个既

新颖又有效的方式回报家乡、报答社会的机会来了——尝试以职业教育的途径来解决农村孩子的就业问题。

经过多方考察，圣哲先生最后决定办一所木工学校。一是考虑到休宁当地的资源优势，休宁县林业资源丰富，但输出的大多是木材原料和少量的初级产品，林农挣不了几个钱。教孩子们学木匠，从长远看，优秀的木匠多了，迟早会增加木制品的技术含量，从而提高林产品的附加值，使林农增收。二是明清时期，徽商的发达富有造就了美轮美奂的徽派建筑工艺，历练并成就了一代又一代杰出的徽州木匠，而"木工是所有工匠中最严谨、最富有逻辑、技艺最高超的一群。如果把各类手艺都比作演戏，那木工就是这些手艺的'昆曲'，有了木工做手艺基础，再学习其他行当可谓轻而易举……在休宁办一所木工学校，把一部分农家子弟培养成中国一流的木工。这些孩子一旦进入城市，他们会是一丝不苟、最敬业的好员工，制造业的各个领域都会留下他们的身影。"

3. 用心去做一个有意义的实验

按照圣哲先生的办学思路"摸着石头过河"尝试着去做。首先，面向农村孩子招生，通过自愿报名、教师面试、家庭访问、体格检查等程序录取生长在农村的应届初中毕业生；第二，学校自己编写《职业道德与修养》和《木工理论与实践》两本教材；第三，移植德胜公司"诚实、勤劳、有爱心、不走捷径"的价值观作为校训，以此作为学生的核心价值追求；第四，逐步建立一整套学校管理规则和工作秩序，在办学过程中形成《学生制度读本（手册）》；第五，以敬业教育为核心，着力职业精神培养，做人做事教育并举，突出实训教学；第六，使用斧、锯、刨、凿等手工工具学习传统木工手艺，毕业考试就是能独立制作八仙桌和太师椅；第七，毕业授予木工匠士学位；第八，学校实行学分制、承诺制、奖学制、淘汰制，按程序、实行人性化管理，把办学作为一场实现平民教育梦想的实验！

二、办学模式

木工学校的办学模式虽然也是校企合作，但她不是一般意义的合作办学，她的独到之处孕育着深远的平民教育价值追求，一校两制的独创体现了创办者的远见与务实。

1. 独特的校企合作

德胜公司与休宁职业学校合作模式是：德胜捐资在休宁第一高级职业学校

内创办木工学校。德胜负责新建 774 平方米的木工实训车间，内设 50 个木工操作台，100 套手工木工工具，提供木材供学生实训使用；同时还修缮了行政办公楼、学生宿舍和厕所；后来又建了食堂和餐厅。木工学校招生和毕业证书的发放，使用休宁县第一职业高中的名义，教学和管理由德胜公司组织实施。

德胜不仅给钱、设备和实习基地，更重要的是给理念、思想、管理、给企业文化、给教育哲学。

2. 独创的一校两制

木工学校与休宁县第一职业高中同在一个校园，实行"一校两制"。它的含义是：在同一个校园实行两种办学体制和两种教育管理机制。木工学校归德胜管理，学校的办学经费和实习场所由德胜公司提供；教育理念、招生方式、课程设置、教材编写与选择、教学计划、考试考核等都由德胜确定；课程由德胜选定老师来实施，实训教官由德胜选派。

三、办学理念

木工学校的办学理念是传承陶行知的平民教育思想，实验生活教育；坚持传道与授艺同行，做人与做事并举；在学生每天生活的每个场所、各个环节都渗透"诚实、勤劳、有爱心、不走捷径"的价值取向，使学生心灵得到春雨般的滋养，行为得到矫正错误、养成正确。

1. 职业教育是最大的平民教育

世界上绝大多数人都是平民，平民的素质关系到一个国家整体国民的素质。我国有 13 亿人口，9 亿农民，其中平民的比重更高。之所以把义务教育和职业教育放在更重要的位置，就是要使教育成为面向平民的教育，从而使人人得到教育。

我们国家 9 年义务教育虽然是每个国民必须完成的教育，但从实际效果来看，它主要是个训练应试技能的教育，缺乏一个合格公民必须具备的素质和技能。如果一个人接受的教育到此为止，没有平民教育教给他的平民精神和平民技能，没有职业教育教给他的职业精神和职业技能，他是很难在现代社会生存的，更不要谈发展了。因此，平民教育（含职业教育）对于全体平民来说是不能或缺的。

2. 生活教育是平民教育的核心理念

当社会和学校、生活与教育产生良性互动时，生活教育就能得以顺利进行，学生就能得到有效教育、就能健康成长，那么这个社会的前景是非常美好的；当社会与学校产生背离、生活与教育产生冲突时，生活教育就会困难重重、举步维艰，学生就很难得到有效教育，那么这个社会的未来就难以预料了。看一看当下中国的政治生活、经济生活、家庭生活和闲暇生活就清楚当下的中国学校为什么难见陶行知的生活教育踪影。十几年来，尽管木工学校践行陶行知的生活教育做得很艰辛，可能没有把"一锅夹生饭"完全做成可口的"熟饭"；但他们依然坚定信念，不断地实验与探索着生活即教育的理念。

3.传道与授艺同行，做人与做事并举

诚实、勤劳、有爱心、不走捷径是木工学校的校训，是木工学校的"道"和"魂"。诚实与爱心主要是培养如何做人的；勤劳、不走捷径侧重于怎样做事。两者的有机结合就是做一个完整的人。

诚实做人，就是陶行知提倡的"千教万教，教人求真；千学万学，学做真人。"这里的"真人"，就是诚实的人。诚实是做人的根基，圣哲先生要求学校把它作为做人的第一品行来培养。他特别强调："我们特别要让学生形成一种风气，第一次做错事了，主动承认的诚实之人不仅不会受到惩罚，还应该受到一定的表扬。对那种掩盖错误真相的一定要惩罚。要让木工学校形成一个诚实人的天下。"

需要指出的是，学校传导的诚实守信不是那些所谓的国学大师们津津乐道的、中国古而有之的那种仅限于人的道德层面上的虚构与说教，而是致力于构建与现代商业文明社会诚信系统相适应的思维方式、行为方式乃至人的整个生活方式。它与中国传统意义上的诚信是有本质区别的。

没有爱就没有教育！如果一个孩子没有得到爱的教育，他就会变得自私，长大之后很可能是一个冷酷无情、怪谲残暴之人。做人一定要有爱心，有爱心才不会伤害别人，才会尊重别人，才会把事情做好。

勤劳和不走捷径主要是针对如何做事的。勤劳是个宝，人人不可少。不走捷径就是按程序做事，就是认真做事，而不是靠投机取巧、四处钻营走。

第八章　工匠精神的传承与发展

第一节　工匠精神的历史传承与当代培育

所谓工匠精神，简言之即工匠们对设计独具匠心、对质量精益求精、对技艺不断改进、为制作不竭余力的理想精神追求。现代科技时代，"工匠"似乎远离我们而去，"工匠精神"更是淡出哲学思想视野。然而，中华民族的伟大复兴、强国梦的理想实现，不仅需要大批科学技术专家，也需要千千万万能工巧匠。契合时代发展需要，传承和弘扬工匠精神，具有重要的理论与现实意义。

一、工匠精神的历史传承

在西方文化中，工匠 (artisan) 一词的本义源自拉丁语中一种被称为 "ars" 的体力劳动，意为把某种东西"聚拢、捏合和进行塑形"，后来随着这种劳动形式的逐渐丰富才演变为"技能、技巧、技艺"(art) 的意思；而 "artisan" 作为一门特定的职业和特定的社会阶层，即工匠、手工艺人的意思是通过 16 世纪法语 "artisan" 和意大利语 "artigiano" 的含义才确定下来的，并于 17 世纪早期开始广泛使用起来。词源分析不仅表明工匠与劳动的渊源，也为我们考察工匠精神的形成过程提供了可能的历史研究路径。从某种程度上来说，工匠精神的形成发展过程是人们对工匠劳动观念认知不断解放、工匠劳动价值评价不断提高以及工匠传统影响不断外化的历史渐进过程。

1.古希腊—罗马时期的技艺经验是工匠精神得以形成的技术前提

劳动是辛苦的也常常是被迫的，它们大多由工匠、奴隶承担；而理论是在衣食无忧之后的闲暇中完成，是有闲阶级的特权。对劳动的厌恶和对工匠的鄙视是紧密联系在一起的，而远离劳动的思辨和理论则被赋予至上的尊贵地位。古代中国就有"劳心者治人，劳力者治于人"的说法，更有"万般皆下品，惟有读书高"的社会价值观念直接表达。

对于劳动和工匠的鄙视，杜威在《确定性的寻求》一书中给出更为深刻的思考和回答。劳动的对象和环境具有不确定性，劳动的成败就具有偶然性。这种成败得失的不确定性给我们带来困惑、不安和危险，这就是我们生活中的现实劳动处境。正是为了逃避现实困境，人们到哲学、科学等理论构想中找寻确定性，寻求心灵的安慰，劳动、劳动者及其工匠精神淡出了哲学视野。

在崇尚"思想至上"的古希腊，各种与"爱智慧"有关的探讨一直是哲学家、贵族和自由民等有闲阶级所热衷的脑力劳动，而一切与体力劳动相关的"形而下"活动则受到了他们鄙夷和嘲讽。尽管希波达莫斯和亚里士多德都把工匠作为支撑古希腊城邦体系和社会运行不可或缺的社会阶层之一，但工匠的劳动价值并没有得到应有的尊重和理解，而是被当作与奴隶、战俘、劳役一样任由主人驱使的劳动工具。尽管当时社会对工匠阶层充满了鄙夷和排斥，但无法抹杀工匠对古希腊城邦制社会运行和古希腊文明进步所做出的贡献。正如科学史家乔治·萨顿所言，"在那时像现在一样，最出色的专家既不是博学之士也不是语言大师，而是手艺人——铁匠、制陶工、木匠和皮革工等，他们也许掌握了相当丰富的经验和民俗知识。"古希腊在几何学、宇宙学、地理学、生物学取得了突出成就，也为后来西方近代科学的发展奠定了始基，"但在希腊化和希腊—罗马文明存在的800年间，大部分生产仍是手工业，带有地域性，工匠们按照传统总是对他们的手艺严格保密，企图垄断自己的独门诀窍，他们的手艺也未从文字、科学或自然哲学中得到过任何好处。

2. 中世纪宗教改革的劳动观念转变是工匠精神得以形成的思想条件

马克思·韦伯说，"基督教从一开始就是手工业者的宗教，这是它的突出特征。"工匠是促使生活活动(拉丁语，vita activa)和宗教活动相结合并在他们的公众生活和私人生活中找寻宗教意义的人。某种确定的、虔诚的工匠文化是能通过工匠所固有的社会身份、职业身份和宗教身份这几个途径得以呈现的。因为宗教的介入，人们对劳动的看法发生了根本性转变，更确切地说，宗教使劳动成了一种救赎的可能。与经济、社会局势紧密相连，意识形态的格局使对于劳动、技术和手艺人的态度从一种蔑视与谴责的氛围向一种褒扬的倾向摇摆。

11世纪的宗教改革加速了认识上的演变，使人们意识到参加劳动是一种服从上帝的自然表现，并有助于加强对上帝的忠诚。对于中世纪时期的工匠来说，劳作不再是迫于谋生的无奈和必须忍受的惩罚，而是满怀虔诚、敬畏之心从事技艺劳作的自我拯救。工匠在开展技术活动时更加的耐心和细致，把提高技艺水平当作是对上帝忠诚度的一种体现，工匠所拥有的那种对技艺专注、对产品负责、对职业忠诚的职业伦理精神基本形成。在工匠精神开始形成的时期，手工艺理想主义者的手工劳动既是颂扬上帝同时也是拯救自己，手工劳动被看作是净化灵魂和精神的修行。中世纪时期建起那些气势恢宏的大教堂都是为了弘扬上帝的荣耀而建，无数投身其中的工匠也是出于对上帝的虔诚而自愿奉献。

从 12 世纪起，修道院就是技术革命的先驱，这些革命最终改变了中世纪手工艺人的面貌。在中世纪后期的西欧世界，学问的中坚大多为大学中的经院派学者所占据；与之相对应，技术的中坚则主要是出于社会底层的工匠们。也正是由于中世纪宗教改革对整个社会的思想洗礼，劳动不再有高低贵贱之分，工匠们的社会地位得到了空前提高，商人和工匠不再被阻挡在真正的宗教生活之外，他们的财富和技艺，职业团体的礼拜仪式也在意大利和法国所有的教堂里出现了。

3. 手工业行会制度及其技术繁荣是工匠精神得以外化的社会动因

从 12 世纪上半叶起，各城市中按行业划分的手工业工匠的集合，即所谓同业行会建立起来。行会的宗旨是维护技术标准、保护手工艺人免受技术变化的影响、保护他们免受封建制度过重的压榨。到了 13 世纪，所有手工业者均被强制性地要求加入到行会当中。师傅对手下那些领薪俸的"工匠"和不领薪俸的见习"徒弟"们拥有绝对的权威。行会在拜师修行制度（从十二三岁开始，在师傅手下过 2 ~ 8 年的学徒生活后，又作为工匠，利用数年的时间，到各地的师傅手下去进一步提高技艺，最后才被认可升格为师傅的制度）的严格约束中运行。在这种体制下，与技术相关的经验性知识在工匠之间代代相传，形成了一种传统。

手工业行会成立直接促进了行业内的技术分工，某些行业的分工甚至达到这样的地步：生产过程区分为一系列简单的动作，近乎机械地不断重复。这种高效的、高度分化的生产方式距离机器的运用只有一步之遥了。而由此带来的工匠技艺水平的直线提高在当时社会也引起了广泛关注。伽利略就曾高度赞扬过工匠的精湛技艺和高超智慧，"你们威尼斯人在著名的兵工厂里进行的经常性活动，特别是包含力学的那部分工作，对好学的人提出了一个广阔的研究领域。

因为在这部分工作中，各种类型的仪器和机器被许多手工艺人不断制造出来，在他们中间一定有人因为继承经验或利用自己的观察，在解释问题时变得高度熟练和非常聪明。"

机械论哲学家将自然视为一架巨大机器，从当时工匠们的工具制作中受到启发，将创造自然的上帝看作是机械工和机械师的理想化身。学者们为了研究机械的自然，就必然首先去研究工匠们制作的机械构造。制作空气泵、压力计、温度计、望远镜、显微镜、棱镜等一系列用于观察和实验的新器械的不仅仅是工匠，还有那些探究自然的学者们也常常亲自动手，并且在制作中追问那些器械的工作原理。贝尔纳指出："现代科学具有双重起源，它既起源于巫师、僧侣或者哲学家的有条理的思辨，也起源于工匠的实际操作和传统知识。直到现在，人们重视科学的前一方面远远超过后一方面，结果，科学的整个发展就显得比实际情况更富于奇迹色彩。"科学不应当忘记自己的工匠传统起源，现代科学过去是一门技术科学，到如今仍然是一门技术科学。

如果说工匠技艺是其存在的"筋骨"的话，那么工匠精神则是工匠阶层得以传承延续的"风骨"。工匠的劳动价值在得到充分肯定和尊重之后，稳定和壮大了工匠阶层，刺激了他们的创造热情，中世纪欧洲兴起的技术革新运动(水车、风车、农具、马具、帆船、纺车、冶金高炉、机械时钟等)，是跨越几个世纪的工匠们经验技术积累的产物。与工匠技艺相关的手工业行业技术标准、工艺流程和成品质量得以确定，工匠们也逐渐养成了一种精益求精、以质取胜的制造理念。工匠师傅在钻研技艺，向徒弟、雇工亲身示范技艺，传授诸如"秘诀""窍门"和"心法"之类与技艺的意会知识的同时，也在无形之中，把专注、细致、耐心、冷静、果敢等精神品质和忠诚、诚信、友善、仁爱、务实、奉献、敬业等伦理价值传承给了他们；而学徒、帮工在耳濡目染师傅钻研技术问题、勤修技艺本领、追求臻美的"造物"精神后，也自然而然地在相互间掀起了刻苦求学、比试技艺、竞争上游的优良学习风气以及尊师重教、恭勤养德、以技治业的职业伦理。

二、工匠精神的失落及其当代培育

随生产力的不断提高和社会经济发展，社会生产方式以及职业伦理精神悄然转变，中世纪工匠们那种带有宗教奉献和自我拯救的劳动观念受到巨大冲击，工匠及其工匠精神开始逐步走向衰落。首先，一方面是自15世纪以来，在家工作的工匠数量稳步增长，他们没有当过学徒工，也不可能成为短工或师傅。由于政府的容忍，他们越来越活跃地与普通的师傅展开了竞争；另一方面是"行会规则越来越严，许多工匠不堪忍受奴隶般的且不稳定的漫长学徒期，逃离了城市。手工业行会对手工业的发展不再具有统筹力和凝聚力，对行会内工匠的约束力也越来越薄弱。其次，由于科学技术的发展，技术革新不再单纯依赖工匠的长期实践经验总结，科学知识武装的自然哲学家、实验主义者逐渐成为技术革新的主力军。再次，由于新兴产业资本家的出现，工匠们作坊式生产模式在与工场批量生产模式中逐渐处于劣势，手工业逐渐向机械工业化转型。不少工匠因为生计所迫，无奈转入工场谋生，曾拥有精湛技艺的工匠变成了工场车间流水线上的计时计件工。最后，科学知识和传统技艺的结合萌生了技术教育的新形式，出现了以旨在培养高水平的工匠技师和技术官员的国营技术学校，这对传统工匠技能传习的行会师徒制带来致命冲击。

中国的工匠文化深厚而悠久，对于文明创造始祖和历代能工巧匠给予高度评价，如历史传说中的黄道婆、庖丁、鲁班、欧冶子等等。中国工匠群体古代称其为"百工"，俗话说"三百六十行，行行出状元"，指的主要是各行各业的工匠群体。古代工匠分为两类，一类是固定服役于官府手工业作坊的官匠，另一类是为主家制作取酬或者是为自己制作交换用以谋生的民匠。不论是官匠还是民匠，都要严格遵守职业伦理操守，对于技艺要精益求精容不得半点马虎，"炉火纯青"就是源自于冶炼锻造而后泛指高超技艺的表达。中国以实用技术见长，中国古代的丝绸瓷器在世界上享有很高声誉，也是中国古代工匠高超技艺的表现。但随着西学东渐近代工业兴起，工厂化机器化等近代工业制度削弱了传统工匠伦理，某些传统工匠技艺走向衰落乃至失传。

无可否认中国是一个制造大国，然而中国却不是一个制造强国，我们的制造工艺、产品质量、品牌价值与发达国家相比还有较大差距。当今的后工业革命时代，追求个性、特色的差异化生产的手工定制成为新宠和时尚，由工匠们手工打磨制作的名包、名表成为世界名牌，作为奢侈品受到中国消费者的竞相抢购。中国游客在日本抢购马桶盖，虽然后来说这些马桶盖本来就是中国制造，但还是反映出国人对于国内产品质量缺乏信心。中华民族伟大复兴的中国梦，既需要现代科学技术成果的不断创新支撑，也需要千千万万能工巧匠的亲手打造，我们需要唤醒、培育工匠精神。

1.打破就业体制，改革就业观念，提高工匠职业威望

中国具有悠久的农耕传统，农业是华夏文明繁衍的文化内核。对农业的高度重视，自古就有"农本工末"的职业偏见，工匠的发明创造也常常冠之以"奇技淫巧"。我国改革开放后走上了工业化的快速发展道路，现代化流水线生产不仅对于传统工匠，对于传统工人也形成巨大冲击。工匠师傅的技能被生产线分解取代，沿袭多年的师徒制走上末路，工人工匠的社会地位衰落。古代中国流传下来的"劳心者治人，劳力者治于人""万般皆下品，惟有读书高"等社会价值观念的影响，以及现阶段中国国情所固有的体制机制障碍，我国大学生就业首选公务员国营企事业单位，成为体制内的人成为大学生就业的首选原则。如果大学生未能成功进入国家体制，在他们自身、家庭乃至整个社会看来，就算不得就业，就是某种失败。在德国，一个优秀的工匠和一个出色的科学家没什么两样，同样受到社会的尊敬。在美国，一个铺地砖的工人或者一个端盘子的餐馆服务员，从来不会因为自己的职业而感觉低人一等。中国职业等级观念划分由来已久，既有历史文化原因，更有当今体制原因。改革开放，国企改革打破的只是下岗工人的铁饭碗，公务员事业编制的金饭碗还没有打破。随着我国体制机制改革的不断深入，社会主义市场经济将发挥越来越重要作用，在生产一线真正创造社会财富的工人工匠价值将会逐渐凸显，工人工匠的职业威望将会不断提高。

2.树立杰出工艺大师、工人技师榜样，引领工匠精神示范

首先我们要保护传承传统技艺、工艺，抢救挖掘那些濒于绝技失传的独门绝技，请"大师""名匠"著书立说、留下影音资料，为他们撰写人物志和传记，发扬光大传统技艺和工匠精神。其次，我们要培养年轻人对于传统技艺、现代技术的热爱，打造一支年轻的工匠大师、技师队伍，给予他们新时代的荣誉称号如五四奖章劳动模范等，积极树立当代手工业制造中的优秀工程师、优秀技工的典型，让那些能催人上进、激发热情的事迹能更好地感召和吸引工匠从业者勤奋工作。再次，要给予这些技师、能手较高的社会承认，不仅是精神荣誉同时也要提高他们的社会经济地位，要使那些乐于传承、肯于钻研的大师、技师真正成为年轻人乐于学习、效仿的榜样。最后，我们还应该针对工匠阶层的职业伦理观念特点，开展相关伦理研究，编制特色教材，供大学课堂、相关入职培训机构使用。把手工业制造所形成的刻苦钻研、敏而好学、勇于创新等实践精神，在以血缘、地缘为纽带的师徒传授中所形成的爱岗敬业、守时守法、

敢于担当等职业素养，以及在手工业长期发展潜移默化中形成的意志坚强、诚实守信、乐于奉献等道德品质传承、发展下去。

3.保护工匠、技师合法利益，借用现代手段拓展技艺传承

首先，继承传统师徒制的优势所在，注重"手把手""一对一"的言传身教，在动手实践中感悟技艺、提高技能、养育精神。变革传统师徒制的家庭化、家族化弊端，破除师徒之间的人身依附隶属关系。其次，针对传统工匠技艺传习"传内不传外""传儿不传女""传大不传小"等排他性和单一性问题，加强与工匠相关的知识产权、技术专利的保护工作，通过运用法律、制度等形式对工匠的技艺进行专利注册，最大程度的保护传统工匠的合法权益不受侵害。再次，抢救性保护那些濒临失传断代危险的民间手工业技艺，通过影像、走访、录音等形式保全匠人技艺的相关资料。加强对诸如"老字号""百年老店"等一些传统手工业的那些靠"口传心授""心领神会"等才能领会的"诀窍""心法"的"解码"工作，在注重知识技术产业保护的同时，"打开黑洞"提高工匠技艺传习的效率，扩大他们的市场影响力和辐射力。

4.通过传统手工艺生产演示与精美产品展示，传达工匠精神

工匠精神不是理论的空话，而是贯彻在工匠们精益求精的生产过程中，凝结在巧夺天工的精美产品上。首先，在某些传统产品产地、传统技艺发源地，结合当地旅游宣传当地特有的物产文化，不是单纯一味地推销产品，而是要弘扬地域传统文化和物产生态文化。其次，为增加工匠对于其作品产品的责任心和荣誉感，借鉴古代社会"物勒工名"办法，利用条形码、二维码等等现代网络技术手段，对工匠、技师的每一件作品、产品实行责任追究，强化工匠职业伦理精神建设。再次，要对精美作品产品实行奖励制，就像当今建筑界的"鲁班奖"或者是工艺美术界的"金奖""银奖"，树立标杆鼓励赶超。

5.传统与现代相结合，以双元制、双导师制培养工匠技师

传统"师徒制"传习技术、通过行会认定从业资格的旧式技术教育模式，其优势在于切身性、实践性，弊端在于其经验性和封闭性。双元制是源于德国的一种职业培训模式，它规避传统师徒制与现代教育不足，将这二者各自的优势和强项并有机结合。所谓双元，是指职业培训要求参加培训的人员必须经过两个场所的培训，一元是指职业学校，其主要职能是传授与职业有关的专业知识；另一元是企业或公共事业单位等校外实训场所，其主要职能是让学生在企业里接受职业技能方面的专业培训。所谓双导师制，就是学生既有其在学校的

基础课老师，也有其在联合办学的企业实习单位导师。双导师制既有师徒制经验优势，也有现代教育的效率优势，是理论与实践相结合较快培养工匠、技师的有效路径。

6. 加强职业资格认证，实行职前宣誓，将工匠精神社会化、具体化

以 19 世纪的德国为例，当时除了建立和扶持一大批技术学校开展技术教育外，德国还变革了工匠认证制度，并从法律的高度确立和保障了技术教育的顺利开展。1849 年，普鲁士修订职业条例，规定共建考试、师傅考试和学徒修业年限。1885 年符腾堡实行商业学徒结业考试，1892 年德国药商工所实行学徒结业考试。第一次世界大战后，德国职业教育举行国家考试，使全国的职业培训标准统一，有效地制止有关机构滥发文凭，提高职工培训的质量。对于我国而言，除了要加强现行职业教育法的修订工作和执法力度外，要特别强化职业资格认证制度，提高职业资格水准和职业荣誉感。《希波克拉底誓言》是希波克拉底警戒人类的古希腊职业道德的圣典，也是全社会所有职业人员言行自律的要求典范。当今时代，我们就是要对职业抱有一份敬畏之心，心怀虔诚和感恩，实行入职前庄严宣誓制度，强化工匠精神的培育。

第二节　匠心归来，发扬新时代的工匠精神

"工匠精神"在我国早已有之，而且勤劳勇敢的中国人文环境，是很有利于"工匠精神"滋养的。鲁班、詹天佑，"丝绸之父"都锦生、"火柴之父"丛良弼以及"侯氏制碱法"创始人侯德榜等等，都曾是"工匠精神"的代表人物。新中国建立后，也出现许多工匠劳模。木工模范李瑞环、钻头大王倪志福、纺织女工郝建秀、石油工人王进喜、掏粪工人时传祥、"一抓准"售货员张秉贵，等等。以至于当今又涌现很多"大国工匠""上海工匠"一类工匠精神弘扬者。

不过，在当今市场经济环境中，激烈的竞争，快节奏的生活，纷繁复杂的社会现象，强烈追求物质生活的欲望，商人恶性竞争的横行，给人们增加了无形的压力，使一些人的心态浮躁得宛若汤煮，身上或多或少充斥着俗气、燥气，心烦意乱者有之，神不守舍者有之，着急上火者有之，归根结底就是缺少一点静气。反应在工业生产领域，"工匠精神"淡化了，高级技工荒屡屡出现。也正因为如此，我国面临许多尴尬。

一、时代呼唤匠心归来

在今天我国不缺世界 500 强企业，2015 年就有 106 家入围，仅次于美国，专家预测，到 2018 年，中国将赶超美国。但世界百强品牌到现在我国却极少入围。国际品牌集团从 2006 年开始发布全球最佳品牌排行榜以来连续八年我国无一品牌入榜；5000 种世界最知名品牌到目前与我们无缘。国内一家机构派员在美国街头随机调查。对 100 人的调查访问中，在问及"您买过中国产品吗？"92% 的人点头："Yes！"可当问及"您记住中国哪些产品的名字"时，97% 的人竟不停地摇头。

我国每年生产 350 万亿支圆珠笔，全世界每人 5 支，可笔芯、笔水 90% 来自国外，尤其是，我国年产 8 亿吨钢材，可却做不了圆珠笔芯的钢珠；我国是纺织古国，但到目前还没有一样服装成为世界名牌；我国是自行车生产及使用大国，但到目前还没有一个品牌的自行车在全世界走红。

近年来，国人对手机的需求量与日俱增，iphone 手机极为走俏，全世界智能手机 34% 的消费在中国。然而本土品牌却难有高端产品与之媲美，大量资金流入外国公司的腰包。中国有很多生产电饭煲、马桶的企业，可国人却不惜重金、不怕麻烦从日本往回背。我国奶制品企业很多，产量也很高。可去年"双十一"期间，某大型外资超市在天猫卖出了 224 万升进口牛奶，接近中国人每天液体牛奶需求量的一成，成为当天最受国人欢迎的跨境商品。

日本纸尿裤、韩国化妆品、澳大利亚婴儿奶粉都成为最畅销的"海淘"商品。全世界钻石首饰 12% 的消费在中国。连巧克力也占全球消费的 2%。2015 年，国人境外消费竟然高达 15 万亿人民币。在这个数字面前，国人怎不羞愧？

现如今，对于"工匠精神"，人大代表在呼吁，国人在关注。这是因为这种精神是供给侧改革的"新动能"，是经济转型升级的激发要素，是推动大众创业、万众创新的重要路径，是实现"中国制造 2025"、由制造大国转变为制造强国目标的原动力之一。这是时代的呼唤，呼唤匠心的归来。那么想要使工匠精神回归就需要做到以下几点。

1. "工匠精神"的回归，首先要破除思想上的障碍

一些年来，对于精益求精、追求极致的完美主义，被一些人指责为"较真""不合群"；对于专注专一，被一些人指责为"呆板""傻帽"；对于精雕细刻、慢工细活，被一些人指责为"效率低下""不符合市场经济"。至于"一

认真你就输了""差不多就行了"……这样一类声音时常在你我耳畔响起。更有一些人在躁动心理支配下，压根儿就没有一丝不苟、追求极致的准备。凡此种种，都阻碍着"工匠精神"的回归。凡事思想先行，理念引领。要使"工匠精神"回归，一定要破除上述种种思想、观念上的各种障碍。舆论界要大张旗鼓地加以鞭挞，企业界要循循善诱地进行疏导，社会各方面要琴瑟和鸣地进行引导。这样，在不短的时间内就会形成"工匠精神"滋养的舆论环境与氛围。

2.要使"工匠精神"回归，中国工人要自强

有首歌唱到"咱们工人有力量。"在当今，这"力量"，就应是"工匠精神"的弘扬，就应是精益求精、专注专业、一丝不苟、精雕细琢、持久坚韧；就应是对职业的特别敬畏、对工作的极端执着、对工序的严格遵守，对产品的认真负责。央视《大国工匠》、东方卫视《上海工匠》中的个个典型，就是榜样。

3.要使"工匠精神"回归，要从职业教育抓起

毋庸讳言，与德日瑞等国家相比，我国职业教育的差距仍大。办学相对规模仍显不足，层次结构不够健全。在德国、瑞士、奥地利、比利时等国家，选择接受职业教育的适龄学生占比超过了70%，而在瑞士，更有"全民办职教"之说。我国千军万马挤大学"独木桥"的现状要尽快改观，职教则要大大发展。让"工匠精神"在职业教育中深深扎根。

4.要使"工匠精神"回归，还要积极创造平庸受罚、工匠得奖的政策环境

不惟学历惟能力，不看文凭看本事。谁成岗位"大拿"谁英雄，谁是能工巧匠谁好汉，英雄高待遇、高过县处级；好汉得重奖、重过歌星、影星。而且品牌以工匠名字命名，工匠与社会地位挂钩，在全社会形成尊重、崇尚、敬待"工匠精神"的浓郁氛围，"工匠精神"回归就是很自然的事情了。

二、个人匠心的回归

提到工匠精神，首先想到的就是工匠们精雕细琢，不断追求完美，挑战自我，展现他们精湛的技艺。因此，工匠精神的回归首先应该是工匠们个人的回归。下面从工匠角度对匠心的回归进行介绍。

1.扎根价值创造，钻研作品细节

对工匠而言，执着于工匠精神，首先是一种扎根价值创造，钻研作品细节的意愿。这种意愿可以来自钻研过程的成就感，可以来自传承使命的责任感，还可以来自获得长期收益的欣慰感。

钻研生产制造的过程，本分就能够带给钻研者无尽的成就感。通过每一次对材料的雕琢和修饰，工匠为这个世界创造了一个个优秀的作品。通过每一次听取用户的意见并修正设计和产品，他们为社会提供了更多人性的关怀。通过每一次思索和调整生产流程，节约了宝贵的资源和能源。在旁人看来，这些时刻似乎无足轻重，但对工匠而言，这些是他们生命中闪光的时刻，带给他们成就感和乐趣。

就像哈佛大学的心理学家奥尔德弗讲的那样，除了维持生存和建立人际关系，人类不可或缺的一种根本需求是获得成就感的需求。人们愿意谋求改变环境，获得成长，从而获得自我价值的实现。

有记者曾经采访过来自瑞士的制表师，他表示为了让自己的产品能够降低0.001 的日差，他必须和其他技术娴熟的"制表工程师"一起将每个零件打磨得更加精准。尽管这会花掉大量的工作时间，但他们仍然乐此不疲。他说："我们在制造过程中获得的乐趣远远超过你们的想象。每一个细微处的改造都是全新的体验，我们把生命赋予了这一系列机械零件，从而它们可以一直持续到时光的尽头。当人类登上其他星球，我们的手表依然可以为他准确地带去地球的时间。"就像这位制表师一样，工匠们充分理解自己雕琢钻研的价值。不管经济回报如何，在制造的过程中，人一点一滴地改造了自然，赋予了材料意义乃至生命，这确实能够带来莫大的成就感。

秉承工匠精神的意愿也可以来源于对于传统和对自身责任的尊重。产品制造者的一丝不苟和坚持不懈不仅仅是他个人的行为，更是一种香火延绵，几代人共同的追求。中国的瓷器、造纸、篆刻、建筑，不一而足，都是师傅传承给徒弟整个制造的过程。就像在很多文艺作品中展示的那样，徒弟在拜师学艺之时，必须要向祖师爷画像和授业恩师行叩拜大礼。这一仪式能让尚未学艺的徒弟明白自己肩上的责任和使命。师傅的活动是"传道授业解惑"，替祖师爷传道放在第一位。徒弟心里有了"道"，再从事具体的技术制造过程时，便带着几代长辈的叮嘱和期盼，自然会更加卖力。

纪录片《舌尖上的中国》里，陕西的张世新老人十五岁时从自己的父辈那里习得了制作空心挂面的技艺，做了一辈子挂面。他会仔细地筛选制作的时间，1 次和 35 千克的白面，进行 3 次发酵，并在随后完成一系列极为复杂的流程，并没有人监督他的每个生产步骤，靠的全是他自身的责任感。纪录片把他的手艺解释为"心传"，是"流淌在血脉里的勤劳和坚守。"现在的张世新老人已经人到暮年，走动不便，他的儿子张建伟接过他的衣钵，继续把这份手工生产挂面的责任传承下去。耳濡目染，子孙们也明白长辈的心意，反复练习，日积月累，必有所成。

扎根价值创造，钻研作品细节的意愿还来自从在更长的时期获得收益的欣慰感。那些愿意沉下心来，执着乃至于固执地追求产品品质的制作者，几乎不可避免地损失生产的速度：他们需要将每个细节做到准确，花更多的时间和精力检查产品，更频繁地聆听使用者的反馈，更多地思考怎样改进用户体验。相同时间内，坚持工匠精神的工匠们很有可能生产更少但也更好的产品。

如果市场上的顾客没办法当即区分产品的好坏，在短期内，他们会损失一定的财务收入。他们的心态可能会有波动，特别是看到有些同行采取投机取巧的办法快速博取财富。能够支持工匠们继续坚持不懈的一个重要原因是他们对于长期回报的预期。长期内，用户能够更准确地判断产品的质量，更加青睐工匠精神驱动下制造的产品，其所代表的品牌和声誉能够不断地积累，最终带来长期稳定的经济回报。

因此，钻研制造技术过程中获得的成就感，传承工匠传统的历史使命感，和获得长期收益的欣慰感，可以共同促成工匠精神价值观的形成。拥有这种价值观的制造者有强烈的意愿成为一名好工匠。

2. 提升工匠的技术能力

除了拥有意愿，对工匠而言，执着于工匠精神同样需要不断提高自身技术能力，从而能够制造出更完美的产品。这对工匠提出了三个技术层面的基本要求：精雕细琢的习惯、了解用户需求的能力、学习与创新的能力。

（1）精雕细琢的习惯

对于产品的精雕细琢和不断改进，既是一种意愿问题，又是一种能力问题。如果没有形成良好的工作习惯，空有一腔热情，也难以把工匠精神落到实处。

一位优秀的厨师会在他烹饪之前，把所有的原材料准备好，并且有规律地码放。这样，在他烹饪之时，就可以像事先编好的程序一样，把所有步骤有效率地完成。一位优秀的实验物理学家会在一天工作的开始阶段预热他所要使用的机器，并将其调整到最佳状态。一旦实验开始，他可以非常顺利地展开他对物理实务的实验探索。以泰勒和加尔布雷斯夫妇为代表的早期管理学研究就侧重于生产车间中如何提高工匠的生产效率。在 20 世纪早期，管理学家和企业家就共同意识到良好的工作习惯和工作惯例能够很大程度上改变工匠们的最终产品。

精雕细琢的工作习惯会直接影响到所制造产品的细节，而产品的细节会直接改变产品的市场价值。我们生活中有这样的经验：高档服饰和皮包在制作细节上远胜过做工一般的同类产品，即使他们使用了完全相同的材料。曾经有记者去一家高档手工皮鞋生产商那里观摩过老工匠的工作过程，发现整个过程异常复杂。制鞋师为了避免遗漏烦冗的生产步骤，在每一步结束之后都会在自己制作的表格上画上一个对勾。这一习惯伴随他工作多年，虽然增加了额外的时间消耗，但却直接保证了产品的质量。在随后的访谈中，工厂经理以巴黎的时装业为例，强调了他们对品质的追求。事实上，巴黎之所以成为世界时尚之都，不仅是因为拥有这个世界上最好的设计师，还因为他们有最为认真细致、经验最为丰富的裁缝。西方有句谚语上帝存在于细节之中。"这句话对工匠尤为适用，精雕细琢的习惯能够让工匠精神获得完全的体现，产出最好的产品。

（2）了解用户需求的能力

持续地了解用户需求是对葆有工匠精神的制造者又一个重要的要求。工匠制造产品的最终目的是为了提供给他人使用，工匠和用户之间是人与人的交互关系。工匠醉心于改造自己的产品乃至作品，实质上是人和物发生了关系。只有产品被顾客所购买和使用，被改造的物才能再次和人发生关系。如果工匠不能了解用户的需求，即使他对物的改造再彻底，也难以带给用户真正的享受。

在商业环境持续动态变化的今天，对客户需求的了解和尊重显得越发重要。一个年轻的工匠学徒立志"十年磨一剑"，打磨自身的技术和工艺。如果他不能追踪最新的行业进展和流行趋势，很可能在十年之内，他所磨炼的技艺就变得不合时宜，没办法在市场上博得一席之地。

作为中国最负盛名的工匠，景德镇的陶瓷工匠不仅在制造技术上长期领先，他们还是客户需求的聆听者和引导者。历朝历代的景德镇陶瓷都有独特的美学意蕴，反映了当时人们的审美取向：宋代的影青瓷温润如玉绰约典雅，是宋代文化繁盛，思想自由的投射；元代的景德镇瓷器开始向彩瓷转向，缤纷异常，是元代民族融合，文化汇集的反映；明代的景德镇瓷器吸收了舶来文化的精华，造型与装饰获得极大丰富，是明代瓷器出口关注更广阔顾客需求的表现。景德镇陶瓷工匠因时而动的历史经验启示当代工匠吸纳用户诉求的重要性。

（3）学习与创新的能力

学习与创新的能力是将工匠精神转化为工匠成果的必要条件。优秀产品的打造不是一蹴而就的。工匠们需要反复迭代产品，学习他人经验，推陈出新。

一位我国本土汽车行业的高级管理者曾经表示，他们的工程师希望通过自主研发的六代产品的迭代以追赶上国际汽车制造的主流水平，以每一代产品周期 5 年计算，这一过程需要 30 年。第一代产品的研发建立在对国外技术基础的学习之上，这需要汽车工程师们对西方技术进行充分学习和吸收内化。同时结合我国具体的文化传统、使用情景、审美偏好进行客户导向性创新。在此思路指导下的产品投入市场之后，汽车制造者要吸收市场的反馈，修正产品设计。同时，当国际上有更为优秀的制造技术和制造理念时，随时派遣人员进行学习，快速缩小本土产品和领先产品的技术差距。在中国的特定市场需求还可以启发制造者在特定的领域改进技术，做出渐进性的技术创新。在第二代产品中，将上述知识成功纳入到产品中。在随后几代产品中，伴随着制造工匠们不断的学习过程和创新成果积累，该企业在制造上同西方领先企收的技术差距会不断地缩小，并最终获得超越的机会。

当今时代，创新和学习的能力对于工匠精神所能起到的作用，已经被东西方的实业家们所充分认识。通用电气的首席营销官在接受《哈佛商业评论》采访时，直言不讳地指出了该公司选择人员的第一标准——能够通过学习和调动资源，搞定各种新出现的问题。真正有能力的工匠能够了解他们的产品是怎样融入顾客的生活与工作中的。通过针对性的产品服务和以客户需求为导向的反复改进，工匠们能够适应这个需求越来越多变的时代。

在更广阔的意义上，工匠精神并不仅仅是制造业者的专利，工匠精神同样适用于每一个普通人。当每个社会成员都能够从他们的事业里获得成就感、使命感和长期受益，他们就会拥有充足的意愿去发挥自己的工匠精神、精益求精、追求完美。同时，他们也会不断提升自己的职业素养来改善自己的工匠能力。一个拥有良好职业素养的人同样也培养出良好的工作习惯——教师一丝不苟地确定问题的正确答案，医生在诊疗时充分了解病人情况，司机出发前仔细检查车辆状况等，不一而足。同时，职业素养高超的人不会只是埋头工作，他们通常会抓住一切机会与自己产品的服务对象进行沟通，并基于此进行持续的学习和创新，以期在未来更好地服务用户。

总之，通过培养精雕细琢的工匠习惯，不断了解用户需求，持续学习和创造性思考，工匠们建立起了优秀的技术能力。这些能力同他们坚持工匠精神所获得的成就感、历史使命感和长期收益相结合，共同促成了工匠精神在工匠个人层面上的回归。

三、企业匠心的回归

随着现代经济的不断发展，生产过程也日益分化。"工匠"的生产活动地点，从过去的个体手工作坊逐渐演化为现代的企业。身处现代组织的个体工匠，其行为必然会发生变化。企业的管理者和创业者需要从公司战略、企业文化、组织结构、人力资源和生产运营等方面着手，激发和保持制造者的工匠精神。

1. 工匠精神，企业更易获得差异化竞争优势

从公司战略角度考虑，拥有工匠精神的企业更容易获得差异化的竞争优势。"个性化定制"和"柔性化生产"的核心就是强调企业的产品要依据用户的不同需求进行差异化生产，做到规模少量化，品种多样化。这种差异化需要不断提高水准，从而对"精益求精的工匠精神"提出了要求。最终，差异化的产品能够"创品牌"，形成了与众不同的良好声誉，从整体上有助于增强中国产品的国际竞争力。

战略大师麦克·波特曾将公司的竞争战略分为三种主要类型：成本领先战略、差异化战略和聚焦战略。聚焦战略是在特定的利基市场上选择成本领先战略或是差异化战略，所以企业对竞争战略的选择主要是在成本领先战略和差异化战略之间展开的。在波特的经典分析框架下，分析低成本和差异化的根本差异，得出企业难以二者兼得的结论。

在改革开放进四十年中蓬勃发展起来的我国大量制造业企业，主要选择了成本领先的战略。这一战略能够充分利用人口红利和改革开放的政策红利，以及承接发达国家产业转移的机会窗口期。采用成本领先战略促成了企业的快速发展，但也留下了产品差异化程度不高，客户满意度不足的缺陷。随着国际竞争的加剧和人口红利的减少，继续成本领先战略的发展模式难以为继，企业需要在差异化路上寻找自身的优势。

制造者的工匠精神能够为组织所用，精益求精地雕琢产品，从而长期为公司提供价值。由于长期采用成本领先战略，钻研技艺的工匠代表了一种高度稀缺的人力资本，对工匠技艺的模仿难以在短期内实现。依照资源基础观的"价值—稀缺—可模仿性—组织性"标准来看，工匠精神是组织得以建立持续性竞争优势的一种重要的战略性资源。企业的管理者应当充分认识工匠精神的战略价值，并在日常运营中注意充分使用这种战略性资源。

2.认同并形成精益求精、追求完美的价值观

企业文化是指企业在生产经营活动中所形成的一种共同意识和价值观念。企业并不是一架理性机器，而是由生活在社会中的人所组成的，组织成员不可避免地形成一些相似的价值取向和思考方式。企业文化能够引导组织成员的行事方式，能够软性地约束组织成员的行为，还能够将目标不同的组织成员整合在一起。在日本经济的崛起过程中，日本企业的学习文化受到广泛瞩目。近年来风头正劲的苹果公司也以其创新和设计的文化著称。中国制造业企业的再发展，可以通过建立工匠文化来实现。

企业层面的工匠文化是指整个组织的成员认同并实践精益求精、追求完美的价值观。每个组织成员都在各自的组织位置上不断地挑战自我，进行创新，从而达到让社会和客户更为满意的状态。拥有工匠文化的企业、组织成员会因为雕琢产品的需要而凝聚起来，拒绝短期的诱惑，制造更为负责任的产品。

要建立起独特的工匠文化，企业的管理者可以参考如下3种基本思路：

（1）高层管理者的承诺和践行

孔子所说的"其身正，不令而行"就启示企业管理者通过自己的行为，而非强行施加的命令来引导组织成员的行为。西方组织学的前沿研究也指出，高层管理者的价值观会直接影响组织成员的价值观。如果企业的高层管理者能够首先做到对产品精雕细琢、严控质量、关注细节，就为整个组织的工匠精神氛围打下了坚实的基础。

（2）借助正式仪式和活动

与工匠文化有关的正式仪式能够提供帮助组织成员认识到组织文化变化的时间节点，从而更为严肃认真地对待手头的工作。同时，通过经验分享会、研讨会、技术比武、文体比赛等形式的活动，组织成员能够更加切实地体会工匠文化的具体表现，为今后的工作提供参考脚本。

（2）提供物质和精神激励

企业的管理者要敏锐地观察组织成员的行为。对于符合企业工匠文化的行为，要在短时间内进行正面激励，甚至是树立为典型。正面激励既可以是物质性的，也可以是精神性的。如同纪录片《我在故宫修文物》里的文物修复师王律师傅那样的先锋人物，如果能够得到持续性奖励，将会带动整个组织共同进步。

3.组建专业化和创新型组织

组织结构对于企业培育工匠精神作用也非常重要，即使企业的管理者能够

充分认识到工匠精神的战略和文化意义缺乏组织结构和制度安排上的支持，工匠精神的践行仍可能落空。从组织结构的角度看，专业化组织和创新型组织最有利于工匠精神的实现。

（1）组建专业化组织

专业化组织是一个基于制造者技能标准化的组织结构，组织最关键的部分是他们的基层操作者。它不同于传统的机械型科层制组织，接受过专业化培训的专业技术人员在组织中处于支配地位。

例如医生在加入医院这个组织之前就已经接受了大量专业训练，获得了基础性的技艺。进入组织之后，通过大量实践中的钻研和探索，进一步提升了自己的技艺。组织赋予他的成员相当大的权力，从而有助于后者充分发挥自身的优势来完成工作任务。这种结构对于制造业同样适用。今天的景德镇瓷器生产就采用了类似的模式：陶瓷制造师在进入企业之前就从陶瓷学院和美术学院等地接受了专业的训练。进入组织之后，他们被赋予了较大的自由权力，直接利用自己的经验进行产品制造。

（2）组建创新型组织

创新型组织尤为适用于现代动态且复杂的企业运营环境，方便具有工匠精神的制造者以较为复杂的方式进行创新。创新型组织的突出特点是"项目结构"——把不同专长的工匠融入一个运转良好的创造性小组之中。项目领导者起到教练的作用，负责将整个团队整合起来。项目中的工匠有各自擅长的部分，从而获得了较大程度的授权。为了保证项目的顺利进行，组织需要提供技术娴熟、经验丰富的后勤保障人员。

纪录片《我在故宫修文物》就为我们展示了创新型组织的基本模式。为了修复已经严重受损的文物"万寿紫檀屏风"，项目组同时囊括了青铜、木器、漆器等方面的工匠。每个工匠在其所负责的部分都是专家，拥有进行创造性操作的权限。为他们提供支持的后勤保障人员也是身经百战，能够提供及时有效的技术支持。这种创新型组织结构支撑了整个复杂项目的运转。

管理实践中的组织结构调整殊为不易，并不总能保证工匠在专业化组织和创新型组织中工作。对于在短期内力图塑造工匠精神的制造业企业，提供强有力的后勤保障人员和较高程度的授权是可以参考的两条基本原则。

4.做好人力资源的管理规划

个人是工匠精神的载体，企业层面上工匠精神回归的基础是组织成员一举一动中透露出的工匠精神。如果企业无法通过其良好的人力资源实践留住并激励好工匠，即使一个曾经很有工匠精神的个体也可能无法制造出优秀的产品。通过人力资源实践来促成工匠精神的回归，管理者需要成功地识别和甄选潜在的优秀工匠，随后还需要向所选择的组织成员提供必要的知识和技能。培养出合格的工匠之后，企业还需要通过适当的激励制度来留住他们。

因为工匠精神是一种隐性的特征，对人力资源部门来说，识别和甄选潜在的优秀工匠难度较大。企业的人力资源部门首先需要根据企业战略，做出人力资源规划，确定组织工匠所需要完成怎样的工作，需要具有的技能和性格特征。参考微观组织行为方面的研究，具有优秀工匠潜质的人员需要有较强的自我激励倾向，能够从精益求精的过程中获得足够的成就感。同时，潜在的工匠需要有较高的自信心。

工匠在探索技术前沿时，需要经常面对不确定性。自信的工匠才能够更好地适应这种不确定性，从自己的工作中获得更高的满意度。甄选工匠时应该做到不拘一格。具有工匠精神的人通常观察力敏锐，动手能力强，从转换行业而来的工匠也应该被更多的重视。例如一个曾经在手表制造公司工作的制表师，在经过有效的培训之后，可以转行成为一名优秀的飞机机械师。

拥有成为优秀工匠的意愿并不等同于成为优秀工匠，工匠们还需要不断提高自己的技能来适应用户的需求。提供持续的知识和技能培训是人力资源部门工作的又一个重要组成部分。对未来工匠的岗前培训，公司应该侧重于"工匠文化"的灌输，使之充分理解工匠精神对于组织的重要意义。

定期在岗培训有助于工匠们在短期内弥补自己技术上的短板，从而提高制造的水平。也有一些企业选择了比较传统的师傅带徒弟的办法。这种方法的好处是徒弟能够在很多细微之处受到师傅的指点，减少摸索的时间。但它的适用范围相对狭窄，只有市场需求和生产技术没有发生根本性变化的行业，师傅的经验才能够继续有用武之地。

当企业培养出了杰出的工匠，管理者还需要通过一系列正确的措施留住这些组织的宝贵人力资源。企业首先需要设定一个能够准确估算工匠绩效的评估和薪酬系统。对于从事高技术含量工作的工匠而言，以计件工资为基础的薪酬方式很可能低估工匠的实际劳动成果。有些企业采用了基于技能的薪酬系统，尤为适用于制造业组织。在这一体系下，工匠的收入由技能水平决定，他的行政头衔并不会对收入产生影响。除了财务回报，企业还可以考虑定期嘉奖杰出工匠，授予荣誉称号，在精神层面上提供正面激励。

5.关注基层管理者和技术创新

工匠精神的承载者往往是处于生产一线的操作人员，激发他们的工匠精神实际上也是一个企业生产运营的问题。在这里，企业的高层管理者需要尤为关注基层管理者和技术创新两个方面。

（1）关注基层管理者

首先，基层管理者需要和具有工匠精神的产品制造者频繁互动。基层管理者应该给予工匠们充足的激励和足够的尊重。基层管理者首先要树立新的绩效观，改变过去以产量压倒一切的传统思维。工匠生产的差异化产品凝结了大量的心血，如果只以产量论英雄，势必会低估其贡献，从而产生负面的激励效果。

其次，基层管理者需要给予工匠更多的尊重，培养融洽的关系。在服务业中，管理者通过让自己的雇员满意，间接改善了服务业从业者对顾客的态度。制造业企业也可以从中获得启示。获得尊重的工匠更有可能积极地钻研技术，改进产品。

最后，基层管理者需要培养对不确定性的承受能力。在过去成本领先战略的时代，企业大干快上，产量指标能够提供给基层管理者很强的确定性。但在讲求工匠雕琢的时代，基层管理者必然地会面对无法确定产量的焦灼。他们应该调整自身的心态，更加坦然地面对生产制造过程。

（2）关注技术创新

技术创新是工匠在制造过程中提供的另外一个重要成果。工匠之所以不同于普通工人是因为他们对自己的产品有高度的责任感。这种责任感驱动工匠们精益求精，刻苦钻研，不断通过学习充实自己，甚至创造性地采用新的技术和方法。在这个技术创新的过程中，企业需要提供充足的学习机会。这种学习机会可能来自企业内部工匠们的相互交流，也可能来自同其他企业合作时的互通有无。对于工匠们的新尝试要提供充足的保护，即使有些尝试在最开始看上去并不能奏效。企业的后勤部门都需要随时待命，满足工匠们的需要。

世界上最具有创新能力的企业恰好在他们的运营过程中做到了以上几点。谷歌公司提供了大量源代的，方便组织的成员和外部开发者互通有无；明尼苏达矿业公司将工匠们的创造过程制度化，不断提供进行试验的机会；苹果公司为他们的员工提供了一系列支持性措施，保证了创新过程的顺利进行。

综上所述，企业管理者需要在战略上思考工匠精神的意义，树立一种工匠文化，同时选择适当的组织结构，辅以良好的人力资源实践和生产运营过程，这样有助于企业层面上的工匠精神回归。

四、社会匠心的回归

无论是工匠个人，还是制造业企业，都是更广阔的社会文化环境的一部分。如果我们能在全社会弘扬工业文化，重视培育工匠精神，塑造有助于工匠创新的社会氛围，那么每个社会成员和企业组织都会从中受益。在社会文化的范围内呼唤工匠精神的回归，既需要弘扬工业精神文化，还需配合制度化的思路，将"工匠精神"长期保留下来。

1. 弘扬工业精神文化

工业精神文化包括工业科技与技能、宣传展示活动、价值观念和规范、文艺作品和历史典籍等，是与工业化社会相匹配的精神文化，是目前人类社会最为先进的一种文化元类别。工业精神文化具有与时俱进的特征，有很多子类别，凸显出地域性和时代性。例如，在英国工业革命之后，随着工业化生产方式的快速扩展。人们逐渐形成了强烈的竞争意识，这就是工业精神文化的一个子类别，这种价值观能够影响社会公众对于日常生活和现实事物的具体理解。类似的，工业化风暴在德国兴起之时，配合工业化生产方式，德国形成了讲求细节严谨，持续创新技术的工业精神文化，影响到了整个日耳曼民族的价值观念。

同其他国家相似，工匠精神也是在我国工业发展过程中逐渐形成的一种工业精神文化。我国的工业化进程带动了社会分工的全面深化，而社会分工的进程又直接带来了经济的增长。在这一过程中，行业日益分化、科技不断进步，工匠们得以在所从事的领域不断深入进行专业化发展。制造的专业化和精尖化的过程正是工匠们不断精益求精，塑造产品的过程。从这个角度来说，讲求工匠精神本身就是弘扬工业精神文化。

弘扬工业精神文化的好处是多元的。

首先，工业精神文化可以直接为工业发展提供精神动力。当整个社会都拥有工业精神，制造业将被高度重视，处于优势经济地位，从而直接提升社会生产力。

其次，从工业发展中诞生的工业精神文化具有与时俱进的特征，能够推动工业发展方式的变革。现代经济越进步，人们越倾向于选择科学、人性化和可持续的发展方式。工业精神在吸收了这种社会观念之后，会直接作用于生产过程，促成发展方式的演进。

再次，工业精神文化的发展能够增加工业软实力，从而提升综合国力。当今社会，国家之间的竞争不仅仅是硬实力的竞争，更是文化软实力的竞争。作为最先进的文化和价值体系，国际之间的工业精神文化同样存在竞争。如果工匠精神能够实现社会回归，这将是我国工业精神文化的一支强心针，会在与其他国家的竞争中为我们带来竞争优势。

最后，工业精神文化能够直接提升制造业产品的经济交易价值，打造更有世界影响力的中国企业。以工匠精神为代表的工业精神文化驱动下的产品能够更好地满足用户需求，从而通过差异化优势占领市场，获得更高的经济价值。中国企业走向国际化的道路离不开这样有市场竞争力的产品。

工业精神拥有很多子类别，弘扬其他类型的工业精神也能够直接促成工匠精神的社会回归。"筚路蓝缕"的创业精神本身意味着对于事业的艰苦奋斗、奋勇开拓，这种承诺和责任感会激发工匠精神的再发展；"日新月异"的创新精神包含着对于更高水准产品的期待和准备，拥有创新精神的制造者更愿意雕琢产品，从而发扬了工匠精神；"物勒工名"的担当精神强调分工协作、各负其责的合作制造方式，这正符合工匠们对于自己工作极端负责的现实情况，从而与工匠精神殊途同归；"千金一诺"的契约精神孕育了诚信观念，要求人们竭尽全力尊重契约与合作关系。拥有工匠精神的制造业者对于自己产品的使用者做出了高于合同的承诺，所以能够秉承工匠精神的个体通常能够保持诚信。

总之，工匠精神是工业精神文化的重要组成部分，工匠精神在社会层面上的回归本身就是对工业精神文化的弘扬，弘扬工业精神文化本身也有助于工匠精神的社会回归。在工业化发展过程中，社会对制造的要求是不断提升产品水准和人性化程度，满足更多社会成员的切实需要。技术性工人和操作者的工匠精神恰好符合了这种时代潮流。工匠文化既依托于当前的工业精神文化，同时又能激发工业精神文化的持续发展。

2.将工匠精神制度化

我国工匠身上承载的工业精神文化是工匠精神文化回归之源，建立制度化手段是工匠精神回归的路径和桥梁。通过一系列制度安排，工匠精神的持续和发扬才能成为现实，从而继续推动中国制造业向未来发展。

（1）将重塑的工匠精神纳入到更为宏大的国家发展战略层面上。

事实上，李克强总理关于工匠精神的报告和批示已经显示了我国领导层对

273

干工匠精神和工匠文化战略意义的判断。工匠精神本身就是制造强国战略的题中之意。通过制造强国的"二步走"战略，我国将在2025年缩小差距，迈入制造强国行列，并在2045年实现跨越，迈入制造强国"第一方阵"。

制造强国不仅需要资金的投入和技术的创新，还需要操作一线的工匠们的精益求精和不断探索。这也就是为什么"制造强国"的八项战略对策中涵盖了"人才战略"。事实上，具有工匠精神的制造业者本身也是技术创新的排头兵。工匠们通过仔细钻研产品，能够准确地理解技术和产品之间的互动关系；工匠们通过充分了解用户需求，能够深刻把握产品与用户的交互方式。所以，融合了技术与现实，工匠精神成为未来制造业发展不可忽视的催化剂。

（2）建立更有效率的信息分享机制，为工匠提供更多有益的参考。

工匠们"十年磨一剑"是一个漫长的过程，会使用大量的社会资源。但是现代社会科技发展极为迅猛，市场的需求瞬息万变，工匠的技艺有可能刚刚磨炼完成就面临过时的窘境。如果我们能够建立起有效的信息分享机制，将市场现有的和未来的需求传递给工匠，从而保证工匠们能够在未来获得足够的回报，能够大大激励工匠们继续钻研技艺。这种信息分享机制既可以包括企业、科研机构、培养机构之间的频繁互动，也可以包括与国外同行的定期交流，还可以包括权威机构发布的预测报告，形式的多样会带动信息内容的多样。

（3）健全社会保障体系，为技术性工人提供系统性的支持。

促成工匠精神在社会层面上的回归需要在物质层面提供系统性支持。类似于我国部分地区为海外留学归国人员提供的人才支持计划，社会保障体系应该给予技术性工人额外的关注。

专注于某一特定行业的技术性工人有时候会面对产业转型带来的失业，通过健全的社会保障体系，为他们的转行过程减轻财务压力，并提供潜在的新岗位，能够减少工匠们的后顾之忧。在收入制度安排上，优秀的技术性工人能够得到更优厚的税收政策，从而获得额外的物质待遇。对于特别接触的顶尖人才，地方政府部门可以建立特殊津贴，直接增加其收入。在职称评定过程中，技术性人才可以享受特殊优待。通过综合社保、收入、税收、晋升等手段，技术性工人能够享有系统性的制度化优待。

（4）通过教育宣传途径，引导社会公众改变"重学历，轻技能"的观念，鼓励年轻人培养自身技能。

当前，我国社会公众心态倾向于认为高校等教育机构提供的学习经历最有益于青年人成长，而往往忽视务实有益的技能训练的重要性。事实上，每个人的天赋和成长经历不同，有些适合成为优秀工匠的人才未必能够在学术领域有所斩获。同时，现代经济对于人才的需求也是多元化的，大量操作性职位更需要拥有精尖技术、经验丰富且训练有素的工匠。

个人特征和经济发展共同要求社会公众改变其观念，更加重视"技能"而非"学历"。我们社会的年轻人正处于接受训练，积累个人人力资本的时期。如果能够形成重视技能的价值观念，有助于他们在未来更好地为社会服务，加入到"制造强国"的参与者行列中。

（5）完善社会诚信体系建设，有效保障工匠和企业的劳动成果。

工匠在自己的产品上不断投入精力，本身就拥有很强的利他精神。为了保护他们的奉献精神和利他主义行为，世界各国的实业家都竭尽全力。100年以前，亨利·福特为了保护他雇佣的工匠们，打破行业惯例，主动将工资提高到原来的两倍。工匠们深感自己的工作得到了充分的认可和欣赏，更加投入地进行生产制造。但是，在我们现实生活中，仍有部分工人在认真投入之后没办法足量地获得自己应得的收入，他们精益求精的积极性为此而受到损害。只有我们的社会诚信体系能够更加健全和完善，工匠和企业的合法利益能够得到充分的保护，工匠和企业的劳动成果才能在社会范围内获得充分的尊重。

（6）通过定期的仪式与活动，塑造一种对于工匠高度尊重的社会文化氛围。

在美日德等国家，拥有技术能力的工匠有非常高的社会地位，受到人们尊崇，直接促成了工匠们不断打磨自己的产品，精益求精。如果能有更多类似《我在故宫修文物》的纪录片，人们就会更多地发现生活中默默无闻的杰出工匠。如果能对产品制造者有更多的奖励和荣誉授予仪式，工匠们会更乐于分享自己的故事，传承精湛的技艺。这些活动、仪式、奖励、纪录会共同促成全社会对于工匠的尊重，达成工匠精神的文化回归。

（7）建立非物质文化遗产保护制度来传承历史悠久的传统技艺。

伴随着现代技术的进步和商业的持续发展，许多传统的工匠技艺失去了生存的空间。这类工匠技艺虽然在效率上已经落后，但作为非物质文化的活化石，有其独特的文化和历史意义。建立起非物质文化遗产的保护制度，在帮助这些技艺实现继续传承的同时，能够给社会公众一个强有力的信号——我们的社会充分尊重工匠们的创造，并愿意持续地保留它。此外，过去的制造技术很有可能在未来的某个时段继续启发工匠们的创造。从这个角度看，保留工匠们的非物质文化遗产既有文化历史意义，又有现实经济意义。

总之，工匠精神的回归并非仅仅是工匠个人和工匠所在企业组织的目标。整个社会文化环境也需要找回工匠精神。传承我国历史上绵延至今的工匠精神传统，同时吸收其他国家保留工匠精神的正面经验，使工匠精神的文化回归成为有源之水。为工匠精神的保留建立支持性的制度安排，将工匠精神落实到具体之处，工匠精神的文化回归成为有曙光之路。当我们加快培育工匠精神，弘扬工业文化，为实施"中国制造2025"提供强大的道德支撑、价值引领和精神动力，才能更加有力地撑起"中国制造"的强国梦。

参 考 文 献

[1] 亚力克·福奇著；陈劲译. 工匠精神 缔造伟大传奇的重要力量 [M]. 杭州：浙江人民出版社. 2014.

[2] 付守永. 工匠精神 向价值型员工进化 [M]. 北京：中华工商联合出版社. 2013.

[3] 郭峰民. 工匠精神 [M]. 北京：电子工业出版社. 2016.

[4] 王苗. 颜值时代的工匠精神 [M]. 北京：清华大学出版社. 2016.

[5] 杨润，史财鸣. 互联网＋工匠精神 [M]. 北京：企业管理出版社. 2016.

[6] 宋犀堃. 工匠精神 企业制胜的真谛 [M]. 北京：新华出版社. 2016.

[7] 肖群忠，刘永春. 工匠精神及其当代价值 [J]. 湖南社会科学，2015, 06: 6–10.

[8] 叶桉，刘琳. 略论红色文化与职业院校当代工匠精神的培育 [J]. 职教论坛，2015, 34: 80–85.

[9] 查国硕. 工匠精神的现代价值意蕴 [J]. 职教论坛，2016, 07: 72–75.

[10] 王新宇. "中国制造"视域下培养高职学生"工匠精神"探析 [J]. 职业教育研究，2016, 02: 14–17.

[11] 孔宝根. 高职院校培育"工匠精神"的实践途径 [J]. 宁波大学学报（教育科学版），2016, 03: 53–56.

[12] 史俊. 工匠·工匠精神·工匠文化 [J]. 思想政治课研究，2016, 04: 70–74+87.

[13] 成海涛. 工匠精神的缺失与高职院校的使命 [J]. 职教论坛，2016, 22: 79–82.

[14] 梅洪. 论高职学生工匠精神的培育 [J]. 职教论坛，2016, 25: 79–81.

[15] 黄君录. 高职院校加强"工匠精神"培育的思考 [J]. 教育探索，2016, 08: 50–54.

[16] 芮明珠. 略论当代工匠精神与高职学生社会责任感的培育 [J]. 学校党建与思想教育，2016, 22: 54–56.

[17] 陈立平 . 高职学生工匠精神养成教育的路径研究 [J]. 职业教育研究 , 2016, 10: 13–15.

[18] 王丽媛 . 高职教育中培养学生工匠精神的必要性与可行性研究 [J]. 职教论坛 , 2014, 22: 66–69.

[19] 郭巍巍 . 高职学生工匠精神培育与核心素养提升研究 [J]. 齐齐哈尔大学学报 (哲学社会科学版), 2016, 12: 165–168.

[20] 胡冰 , 李小鲁 . 论高职院校思想政治教育的新使命——对理性缺失下培育"工匠精神"的反思 [J]. 高教探索 , 2016, 05: 85–89.

[21] 李梦卿 , 杨秋月 . 技能型人才培养与"工匠精神"培育的关联耦合研究 [J]. 职教论坛 , 2016, 16: 21–26.

[22] 杨红荃 , 苏维 . 基于现代学徒制的当代"工匠精神"培育研究 [J]. 职教论坛 , 2016, 16: 27–32.

[23] 张坤晶 . 论工匠精神培养与高职思政教育的有效融合 [J]. 职教通讯 , 2016, 16: 32–35.

[24] 韩英丽 , 马超群 . 论应用型人才培养中的工匠精神培育 [J]. 湖北第二师范学院学报 , 2016, 06: 91–94.

[25] 刘文韬 . 论高职学生"工匠精神"的培养 [J]. 成都航空职业技术学院学报 , 2016, 03: 14–17.